# 图书馆知识管理与服务研究

TUSHUGUAN ZHISHI GUANLI YU FUWU YANJIU

韩洁 郝昕 王兆/著

中国戏剧出版社
CHINA THEATRE PRESS

## 图书在版编目（CIP）数据

图书馆知识管理与服务研究 / 韩洁，郝昕，王兆著 . 北京：中国戏剧出版社，2024. 11. -- ISBN 978-7-104-05578-5

I. G251；G252

中国国家版本馆 CIP 数据核字第 202434CC52 号

## 图书馆知识管理与服务研究

**责任编辑：邢俊华**
**责任印制：冯志强**

| | |
|---|---|
| 出版发行： | 中国戏剧出版社 |
| 出 版 人： | 樊国宾 |
| 社　　址： | 北京市西城区天宁寺前街2号国家音乐产业基地L座 |
| 邮　　编： | 100055 |
| 网　　址： | www.theatrebook.cn |
| 电　　话： | 010-63385980（总编室）　　010-63381560（发行部） |
| 传　　真： | 010-63381560 |

**读者服务：** 010-63381560
**邮购地址：** 北京市西城区天宁寺前街2号国家音乐产业基地L座

| | |
|---|---|
| 印　　刷： | 廊坊市印艺阁数字科技有限公司 |
| 开　　本： | 787mm×1092mm　1/16 |
| 印　　张： | 16 |
| 字　　数： | 249 千字 |
| 版　　次： | 2024 年 11 月　北京第 1 版第 1 次印刷 |
| 书　　号： | ISBN 978-7-104-05578-5 |
| 定　　价： | 98.00 元 |

**版权专有，违者必究；如有质量问题，请与出版社联系调换。**

# 前言
## PREFACE

  图书馆是一个地区集教育、文化、信息、休闲于一体的重要机构，其发展除受科技信息的深刻影响外，还与本地社会、文化、教育等发展现状密切相关，随着社会对文化发展的日趋重视，图书馆也逐渐成为人们工作、生活之余学习和休闲的"第三空间"。社会对图书馆的重视以及读者对图书馆服务内容和服务品质的期望推动图书馆改变原有老旧的管理和评估模式，引进先进的管理理念、做法和制度，提高工作效率和读者满意度。塑造图书馆新形象，已经成为图书馆发展的当务之急。

  在古代图书馆工作中，文献的收藏无疑占据着核心地位。那时候的图书馆管理者们往往将重心放在馆藏文献的数量上，而非其利用率上。他们的角色似乎更多地倾向于图书文献的守护者，细心照料每一卷珍贵典籍。这种管理实则是一种自发式的经验管理。管理者们依赖个人的知识和经验，结合手工作业的技术设备，进行文献的采集和整理工作。他们的目的并非追求现代化的管理效率，而是完好地保存文化典籍，确保这些知识得以流传后世。这种管理方式的特点是重藏轻用，服务对象相对有限，主要满足少数人的需求。管理职能与日常业务工作紧密结合，难以明确区分。在那个时代，图书馆的管理更像是一种艺术，而非科学，它需要的是对文献的敬畏和热爱，以及对知识的尊重和守护。

  近代图书馆的崛起以公共图书馆的建立为主要标志。图书馆从少数人的占有转变为社会化的资源，从一个封闭的藏书楼逐渐成为社会大众普及文化和社会教育的开放场所。这种变化的基础是图书馆管理活动不再局限于对藏书的整理，而是扩展到了对图书文献的采集、处理、存储、传递和利用等，形成了一个科学、完整的工作体系。在这个过程中，图书馆的管理职能也发生了深刻的变化。虽然藏书保管仍然是其核心职能之一，但图书馆已经开始承担更多的社会责任，将藏书的使用和管理相结合，以满足社会大众的需求。然而，这种服务模式仍然停留在满足读者表层需求阶段，对于读者的个性化需求和深层次需求缺乏深入的分析和研究。近代，图书馆工作人员往往被视为一种可以被随意安排的一般生产要素，这无疑限制了他们的工作积极性和专业才能的发挥。这种情况在一定程度上制约了图书馆的发展和进步，使得图书馆在管理和服务上难以取得更大的突破。

现代图书馆的重要标志是新技术、新设备在图书馆的广泛应用。这一阶段的图书馆资源类型更加丰富，除传统的图书、期刊等纸质文献以外，还出现了电子文献、音视频等新型载体。图书馆还利用现代信息设备对馆藏的古籍、地方文献等进行扫描和缩印，这更有利于老旧文献的保存和利用。在业务管理和读者服务中，图书馆引入知识管理和创新服务，更加注重在管理和服务中贯彻以读者为中心的服务理念，通过多种途径加强与读者的沟通和联系，听取读者对图书馆服务的反馈意见并加以改进，更好地满足了读者的个性化知识需求。现代图书馆工作非常重视图书馆馆员队伍建设，通过讲座、交流等多种方式提高馆员的业务水平和专业素养，激发馆员的主观能动性和创新能力，推动图书馆业务工作的发展和进步。现代图书馆也加强了与其他图书馆等文化机构的沟通和联系，成立区域联盟、业务联合体共享知识资源，共同为读者提供文献和服务，这些管理方式的改变，使现代图书馆更好地适应社会发展的需要，满足了读者日益增长的个性化知识需求。

随着知识管理理论的进一步发展，知识管理在多个领域得到应用，它正逐渐为人们所认识、接受并实施。作为保存和传播知识的社会组织机构，图书馆被誉为"知识的殿堂"，因此，实施知识管理显得尤为重要。近年来，众多图书馆学专家和从业者对图书馆知识管理的概念、内容、特征、目标及实施策略与方法进行了深入研究，这些研究成果为图书馆的管理实践提供了有力的指导，图书馆的服务效率、服务层次与服务水平得到显著提升。图书馆知识管理的实施是图书馆事业发展的必由之路。通过知识管理，图书馆能够更好地整理、组织、传播和应用知识，满足读者的多元化需求。同时，知识管理还能够提高图书馆的核心竞争力，使其在信息爆炸时代立于不败之地。

本书共分为九章，第一章是知识管理概念与理论，研究了知识管理的发展历程、知识的特点与分类，并对国内外知识管理的相关文献进行统计与分析；第二章到第四章分别研究了图书馆知识管理的流程，包括图书馆知识获取与组织、传播与共享、转化与评价，对其中的重要环节展开论述；第五章介绍了知识图谱、语义网络、数据挖掘等图书馆应用知识管理的工具与技术；第六章针对参考咨询领域和数字图书馆领域对知识管理服务的应用和实践进行探究；第七章和第八章重点研究图书馆知识评价的内容和要素，包括知识传播与评价、知识创新与评价；第九章整理了图书馆知识管理文献。

# 目录
## CONTENTS

前言 ································································································· 1

第一章 知识管理概念与理论 ································································· 1
 第一节 知识管理理论溯源 ································································· 1
 第二节 国内外知识管理文献的分析与研究 ··········································· 6

第二章 图书馆知识获取与组织 ······························································ 19
 第一节 知识获取 ············································································ 19
 第二节 图书馆机构知识库的组织与建设 ············································ 31

第三章 图书馆知识传播与共享 ······························································ 44
 第一节 图书馆知识传播路径研究 ······················································ 44
 第二节 社交媒体在图书馆知识共享中的应用 ····································· 56

第四章 图书馆知识转化与评价 ······························································ 64
 第一节 知识转化与应用价值 ···························································· 64
 第二节 图书馆知识管理对绩效评价的影响 ········································ 73

第五章 图书馆知识管理的工具与技术 ···················································· 85
 第一节 知识图谱技术与语义网络技术 ··············································· 85
 第二节 数据挖掘技术与机器学习技术 ··············································· 98

第六章 图书馆知识管理的应用与实践 ··················································· 104
 第一节 图书馆知识服务概述 ·························································· 104
 第二节 基于知识管理的图书馆阅读推广服务 ···································· 110
 第三节 基于知识管理的数字图书馆服务 ·········································· 115

第七章 图书馆知识传播与评价 ···························································· 122
 第一节 知识传播与价值实现路径 ···················································· 122

第二节　图书馆知识评价体系探究……………………………………131
　　第三节　定量与定性方法在图书馆知识评价中的应用………………137
第八章　图书馆知识创新与评价……………………………………………147
　　第一节　知识创新………………………………………………………147
　　第二节　图书馆知识创新的路径与效果………………………………153
第九章　图书馆知识管理文献提要…………………………………………161
参考文献………………………………………………………………………242

# 第一章 知识管理概念与理论

## 第一节 知识管理理论溯源

### 一、知识管理的发展历程

知识管理的发展可以追溯到20世纪80年代，从最初的知识整理到今天复杂的知识生态系统，共经历了四个阶段的演变和发展。

**第一阶段：信息管理（1980—1990）**。这一时期是知识管理的早期阶段，知识管理的主要对象是信息，主要内容是信息的收集、存储和检索利用。在这个阶段，信息工作者所关注的主要是信息的数量和可用性，目标是建立可以集中存储和便捷获取的信息管理系统，因此，数据库、文件管理系统和知识库等信息管理工具开始出现。但是这一阶段的信息管理多局限于对信息的浅层存储和管理，缺乏深层次的理解和分析，信息处理的过程也并未涉及知识的深层加工和应用，对知识的创造、共享和应用较为有限，虽然能够高效获取和存储信息，但信息仍然以孤立和碎片化的形态呈现，未能在更广泛的背景中构成有机的知识体系。随着时间的推移，信息工作者逐渐意识到现阶段信息管理的局限，开始将重点转向更深层次的知识加工和应用，逐渐从简单的信息处理发展转为复杂的知识创造、共享和应用。知识管理的发展使人们认识到知识不仅是信息的简单积累，还是对信息的深刻理解、整合和创新，进而影响管理的创新和竞争力。

**第二阶段：知识管理的萌芽（1990—2000）**。20世纪90年代，随着信息技术的发展，信息工作者开始认识到知识不仅是信息的积累，还可以创造巨大的价值，是组织管理的核心资源。知识管理成为一种战略性方法，可以有效捕捉、创建、共享和应用知识并推动组织创新和竞争力的提升，开始从信息收集和存储转变为更深层次的知识加工和应用，更加注重整合、传播和运用。这一阶段出现了经验分享和计算机专家系统等早期的知识管理实践：员工的经验和专业知识被认为是宝贵的资产，可以通过分享在组织内部进行传播；专家系统的引入使得组织将专家的知识和经验转化为计算机程序，在特定领域为决策提供支持。这个阶段也出现了知识地图、社区论坛等知识管理的方法和工具，一方面帮助管理者更好地了解知识的结构和关系，加快知识的整合和利用；另一方面实现了员工在开放的平台上的交流和分享，加快了知识的共享和互动。

  **第三阶段：知识管理的全面发展（2000—2010）**。这一时期是知识管理迅速发展的时期，在这个阶段人们愈加认识到知识的价值，知识管理成了被纳入组织的战略规划、推动创新和竞争力的重要因素，信息管理者开始在管理的各环节全面引入知识管理理论和流程。首先，知识创新变得更为重要。创新不仅是组织内部的创新，还包括与外部合作伙伴的知识共享和合作，组织鼓励员工参与创新活动，培养创新文化，促进新知识的产生和发展。其次，知识的获取、存储和共享变得更加系统和高效。知识管理工具的引入让知识能够更好地整合、传播和交流，组织开始建立知识库和门户网站，方便员工获取和分享知识，促进内部的协作和学习。此外，知识应用逐渐成为知识管理的核心，信息管理者开始将知识应用于实际工作，提高了支持决策和行动的效率。这个阶段的知识管理逐渐成为组织战略的一部分和推动创新的重要手段，为组织提供了更强的灵活性和适应性，使其在不断变化的环境中保持竞争优势。

  **第四阶段：新媒体时期的知识管理（2010年至今）**。这一时期，随着社交媒体和协作平台的兴起，知识管理的重点逐渐转向协同创新和社交导向，人们开始强调知识的共享、互动和交流，以更加开放和互联的方式推动知识的创造和传播。新媒体和协同创新平台的兴起为知识的共享和互动提供了全新的途径，企业和组织不再仅依赖传统的知识库和内部门户网站，逐渐转向借助微博、论坛等平台创设更具交流性和互动性的知识共享环境。协同创新平台打破了时间和空间的限制，成为知识创造的重要工具，员工在协作环境下通过多方合作和融合多元思维，加快了知的创新和发展。此外，社交媒体的兴起也推动了知识的传播，用户通过微博、微信等社交网络平台将知识分享给更广泛的受众，实现知识传播和影响的最大化，其开放传播模式将知识从封闭的内部环境拓展到更广泛的社会范畴，为创新和变革提供更多的可能。这个阶段的知识管理不再依赖于组织内部的控制和管理，强调用户通过社交互动的方式互相学习、互相启发，使知识的创造和传播更加开放、灵活和创新。

当前，高质量发展的人工智能技术正逐渐渗透知识管理领域，为知识的获取、管理、应用和创新带来前所未有的机遇和变革。基于自然语言处理和语义理解的智能检索逐渐取代传统的关键词检索，能够更加准确地理解用户的检索意图，快速从海量信息中获取用户所需知识并提供检索结果，成为知识管理的重要组成部分；自动分类技术利用机器学习算法自动分类知识和添加标签，让知识组织变得更加系统和结构化，为用户提供了便捷的访问方式，可以实现高效的知识管理和检索；自然语言处理技术帮助计算机理解和处理人类的自然语言，让知识的表达和交流更加顺畅，促进了知识的共享和互动；机器学习和数据分析通过对大量知识数据进行分析，揭示隐藏在数据背后的模式和趋势，为知识管理带来了更深入的洞察和更强大的决策支持，此外，机器学习还可以为个体提供个性化的知识推荐，帮助个体有效获取所需知识。人工智能技术的应用不仅为组织提供了更大的竞争优势，还为个体在知识获取和应用方面提供了更丰富的资源和支持。

## 二、知识的特点与分类

知识是人类认识的产物，是通过感知、观察、思考和实践形成对客观世界的抽象认识；知识具有真理性，只有经过实践检验的才是知识。知识所具有的多重特点可以从不同角度体现其深度和广度。

首先，知识是动态和发展变化的。知识作为真实世界的反映，具有动态和发展变化的特点，随着科学技术的发展和社会实践的变迁，人类对未知领域的探索越来越广泛和深入，出现了大量新的知识和理论，知识不断更新、完善和扩展的过程反映了人类对世界的持续探索和认知的深度。随着新知识的涌现，知识之间的逻辑关系也出现了变化和拓展,将新变化的逻辑关系合并到已有的知识体系,更新和完善知识体系,为知识的进一步拓展提供了广阔的空间。同时,社会的变迁对知识的动态发展产生了深刻影响,经济的高质量发展、社会生活方式的变化、文化价值观念的传承与发展都影响着人们对知识的需求和认知方式,也推动了知识不断适应并影响社会经济文化的发展。另外,知识的动态发展意味着对知识的学习需要不断更新和长久坚持才能跟上知识的发展脚步,这需要个体保持学习的意识,主动寻求新的信息和知识,不断更新自己的认知体系,更好地适应不断变化的社会环境,应对新的挑战,解决问题。随着科学技术的进步,知识也在不断更新、完善和扩展中蓬勃发展,逐渐成为人类认知的源泉和引领,为个体和社会的可持续发展提供了坚实的基础。

其次,知识是主体内化的个体构建,具有多样性和差异性的特点。知识的本质是个体在与世界互动的过程中主观构建的产物,个体在接收外部知识的同时通过解读、整合和加工,将知识融入自我认知体系并建立独特的认知结构。这一主体内化的构建过程是个体将新获得的知识与已有的知识、经验进行对比和关联,并赋予新知识以特定意义和价值的过程。个体实践经验、知识背景和价值观念的差异丰富了知识的内容,即便是相同的知识,不同个体也可能基于自身认知结构对其有不同的解读和理解。因此,知识的主体内化不仅是知识的简单积累,还是个体根据自身的经验、背景和价值观对知识重新加工、解释和整合,融入了个体的思考和主观判断,丰富了知识的内容,为个体的思维方式、行为和决策奠定了基础。

最后,知识的实践性和应用性是其最终价值的体现。知识不仅是抽象的概念和理论,还是在个体实践中能够转化为解决问题、作出决策的能力,成为人类认知的精髓,因此,知识的真正价值在于其在实践活动中的应用。知识在实践中的应用要求个体具备深刻的理解能力,只有深入理解知识的内涵,个体才能够抓住问题的本质,在实践中准确地运用知识并找到最合适的解决方案。创新的思维也是知识应用的重要因素,面对复杂多变的实践环境,个体需要从已有的知识中发现新的联系和可能,并提出创造性的解决方案,因此创新思维不仅是知识的延伸,还是对知识的重新整合和创造,为解决问题提供更多元的视角。知识的实践性和应用性不仅停留在概念和理论的层面，还体现在个体在实际行动中将知识转化为解决问题、作出决策的能力，这种能力要求个体具备深刻的理解、创新的思维、灵活的适应性和解决问题的能力，从而将知识的潜力转化为实际的成果和价值，推动个体和社会的持续发展。

综上所述，知识的动态性、多样性和实践性是其核心特点，这些特点使知识成为推动社会进步和个体发展的重要力量，引领着人类走上不断探索、学习和创新的道路，知识的独特价值在于其不仅是抽象的信息，还是个体思想和行动的指导，为个人、社会和文明的持续发展奠定了坚实基础。

按照不同的标准和角度，可以把知识划分为不同的类型。按知识的性质，可以划分为实践知识和理论知识。实践知识是在实践中积累的、应用于实践且指导实践取得更好效果的知识，我们日常见到的非遗工艺、果树栽培技艺等都属于实践知识的范畴，具有较强的应用性，一般仅适用于单一实践领域；理论知识是在实践知识的基础上进一步抽象得到的概念、原理和规律，是逻辑严密、体系完整的抽象知识，哲学原理、经济学原理都属于理论知识。按知识的范围，可以划分为学科知识和非学科知识。学科知识是涉及学科领域的知识，具有知识体系完整、内容成熟的特点，随着新型学科领域的发展也出现了两个或多个学科交叉的知识；非学科知识是学科知识之外的所有知识，其包含的范围广泛，实践、经验、技能都属于非学科知识范畴。按知识的层次，可以划分为表层知识、深层知识和元知识。表层知识指基本的事实和信息，可以通过常用检索途径获得；深层知识是基于理解和分析并对知识进行深层次整合和加工的结果；元知识是关于如何获取、组织和应用知识的知识，即关于知识本身的知识。表层知识、深层知识和元知识构成了知识的多层结构，它们之间存在着紧密的逻辑关系，共同构成了人们的认知能力和知识应用水平。表层知识是知识结构的最外层，涵盖基本的事实、信息和数据，可以通过网络信息检索等途径为知识体系提供基础和框架，是进一步深入理解和探索的起点。深层知识是对知识的进一步分析和加工，能够帮助人们更好地理解事物的本质及其背后的规律。深层知识涉及更深入、抽象的概念、原则和关联，依赖于个体的思考、推理和创造性思维，因此要求个体具有将表层知识整合加工后从中提取出更深层次知识的能力。元知识是"知识的知识"，帮助个体更有效地获取、组织、应用和评价，包括学习策略、思维技巧、信息检索方法等其他知识。这三种层次的知识之间存在着协同和相互促进的关系，表层知识为深层知识的构建提供了基础数据和事实，使深层知识的理解更加具体和实际；深层知识的建构需要依赖元知识，通过学习和思考帮助个体更好地理解和整合各种知识；元知识的应用需要基于深层知识，因为它通常涉及更复杂的情境和更抽象的概念，需要在深层知识的基础上作出判断和决策。因此，表层知识、深层知识和元知识之间是逐层递进的，表层知识为深层知识的构建提供了基础，深层知识的理解又为元知识的应用提供了实际基础。这些层次之间的相互作用和融合，共同构成了个体丰富而复杂的知识体系，推动着人类认知的发展和进步。

## 第二节 国内外知识管理文献的分析与研究

国内外诸多学者对知识管理进行了深入系统的研究，产生了多种学术观点和成果，笔者经过综合分析，认为知识管理方面的研究成果主要分为四个方面。一是关于知识管理传统理论的研究，知识管理传统理论主要是知识管理的概念、发展溯源以及演变，包括对知识管理的内涵与外延、特点和功能、作用与意义、要素与流程、流派与框架等进行深入研究的成果；二是关于知识管理与企业发展相促相融、共同发展的成果，从知识管理在企业的实践与应用角度阐述知识管理与企业管理、企业知识评价、企业发展战略的辩证关系，以及知识管理如何促进企业文化的发展和标准的制定，从而构建学习型企业；三是从知识管理所应用的技术层面探讨如何以知识管理工具、相关技术发展与应用、知识管理系统与评价等应用促进知识管理的发展与更新；四是从更广阔的领域挖掘知识管理在多个行业的应用与发展，随着知识管理体系的完善和发展，其管理和评价机制在档案管理、图书管理、市政管理、高校行政管理等多领域得到应用并取得长足发展。

# 第一章 知识管理概念与理论

## 一、国内知识管理成果分析之学术论文

笔者在中国知网以知识管理为题名，以2002年至2024年为时间段，共检索到15595篇中文学术期刊论文（其统计结果见图1-1），13738篇外文学术期刊论文；检索到硕博士论文2138篇（其主要主题分布见图1-2），学科发文分布见图1-3。

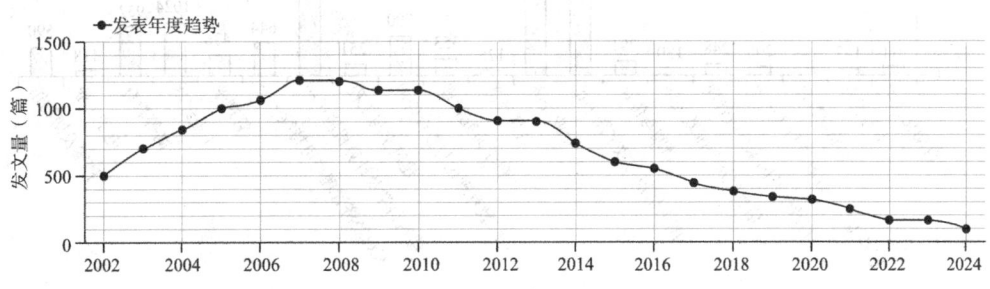

图1-1 知识管理学术期刊论文发文年度统计（2002—2024）

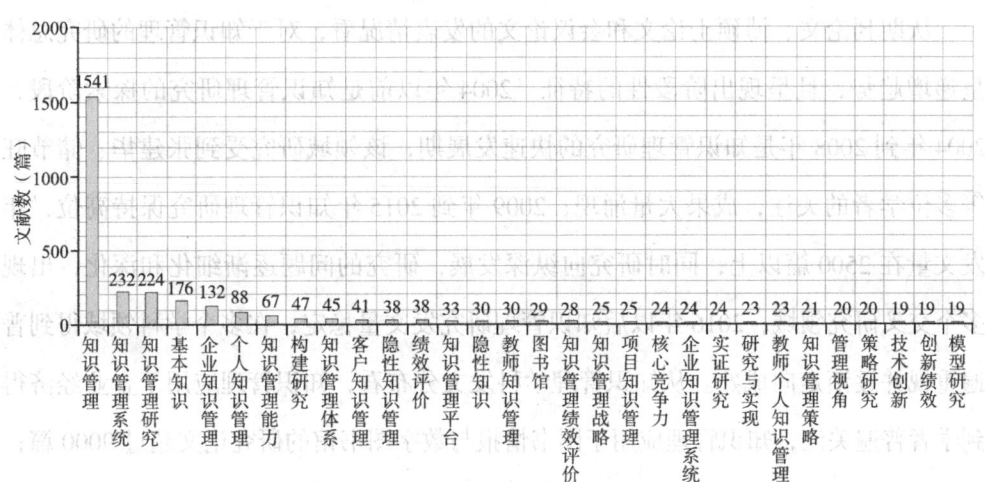

图1-2 知识管理硕博士论文主要主题年度统计（2002—2024）

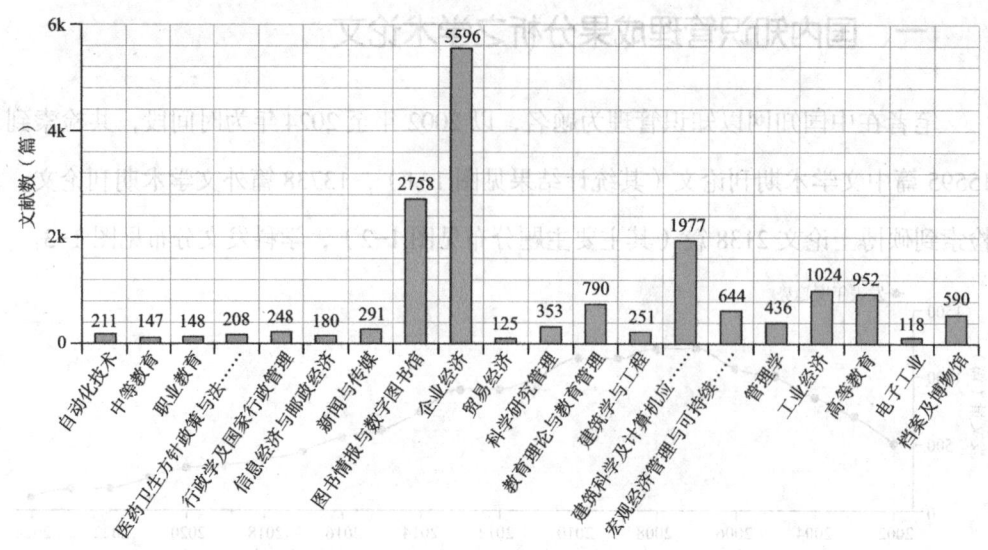

图1-3 知识管理学科发文分布（2002—2024）

从期刊论文、博硕士论文和会议论文的发表情况看，对于知识管理的研究总体呈递增趋势，且呈现出阶段性的特征。2004年以前是知识管理研究的探索阶段，2004年到2008年是知识管理研究的快速发展期，该领域研究受到张建华、储节旺等多位学者的关注，成果大量涌现；2009年到2015年知识管理研究保持高位，年发文量在2500篇以上，同时研究向纵深发展，研究的问题逐渐细化和深化，出现多个交叉研究领域；2016年以后知识管理研究发文量稳定，在多个学科领域得到普遍重视并逐渐走向成熟。从知识管理学科发文分布看，知识管理应用于企业经济得到学者普遍关注，知识管理应用于图书情报与数字图书馆的研究论文超过9000篇；划分在工业技术大类下的知识管理研究关注的是知识管理的实现技术，研究论文超过7000篇；以博硕士学位论文为例，以知识管理与知识共享为主题的研究论文超过2000篇，占比为35%。

## 二、国内知识管理成果分析之学术著作

笔者在超星读秀数据库以知识管理为题名共查询到2013年至2023年10月共185部著作，表1-1为知识管理著作年度统计。

表1-1 知识管理著作年度统计表（2013—2023.10）

| 年份 | 2013 | 2014 | 2015 | 2016 | 2017 | 2018 | 2019 | 2020 | 2021 | 2022 | 2023 |
|---|---|---|---|---|---|---|---|---|---|---|---|
| 数量 | 21 | 22 | 30 | 23 | 20 | 16 | 11 | 14 | 10 | 13 | 5 |

国内出版的知识管理著作，根据文献引用率筛选出其中20部专著，介绍如下（见表1-2）。

①王众托，吴江宁，郭崇慧.信息与知识管理[M].2版.北京：电子工业出版社，2014.

该书分为十五章，分别是信息与知识、信息管理概述、知识管理概述、信息与知识资源及其采集、大数据与数据科学、知识表示、信息与知识的组织、信息与知识的检索、数据挖掘与知识发现、Web挖掘、知识系统的技术体系结构、知识系统的工作过程分析、知识系统的开发、决策与创新中的知识过程和知识管理的典型应用。信息管理是知识管理的基础，二者的一些方法有共性或连续性，因此该书以信息管理为先导，介绍信息与信息管理概述，继而介绍知识与知识管理的基本概念，以及二者有共性和相互关联的方法与工具，着重讲述知识管理系统的结构与工作过程，知识管理的典型应用及知识管理项目的开发等。

②阿肖克·贾夏帕拉.知识管理 一种集成方法[M].2版.安小米等译.北京：中国人民大学出版社，2013.

该书是《管理科学与工程经典译丛》的分册之一，分为五篇十章，分别是知识的本质、利用知识、创造知识、知识工具和激活知识，反映了知识管理的最新发展趋势，强调了知识管理思想与业务职能的关联，每章后补充了选自世界知名组织的最新案例。

③储节旺，郭春侠.文献计量分析的知识管理学科规范研究[M].北京：中国社会科学出版社，2015.

该书分为十五章，分别是学科规范内涵和内容的研究，知识管理学科核心概念规范研究，知识管理学科规范的整体研究，知识管理学产生与发展研究之学科定位、基本因素、关键因素；知识管理研究方法规范之定性定量维度、图量质维度；知识管理的典型研究方法之基于国内硕博论文的分析、基于国内期刊论文的分析、共词分析法原理及使用，知识管理学科理论体系规范之因子分析、聚类和多维尺度分析、综合集成，知识管理标准研究之应用规范。概括了知识管理和评价机制在档案管理、图书管理、市政管理、高校行政管理等多领域应用和发展的学术成果，深入探讨了知识管理的内涵与外延、特点和功能、作用与意义、要素与流程，初步搭建了一个综合性强、系统完善的理论体系和评价机制，推动了知识管理系统向规范化、标准化方向发展。

④韩珂.知识管理的核心理论体系及方法探究[M].北京：中国水利水电出版社，2015.

该书从知识管理的概念入手，从知识管理理论与模式研究、知识的获取、创造与共享、知识创新与国家创新体系、知识管理技术、知识管理的运作方式和知识管理的实施与评价等方面进行了阐述，形成了一个完整的知识管理内容体系。

⑤王连娟，张跃先，张翼.知识管理[M].北京：人民邮电出版社，2016.

该书分为知识共享、知识积累、知识创新、隐性知识管理、团队知识管理、知识员工的管理和知识管理系统八个章节，着重论述了创新管理、知识联网、学习型组织、企业文化、新管理模式，最后从哲学的高度指明了管理变革的方向：破除还原论，重视系统整体性。

⑥储节旺，郭春侠.知识管理学科的兴起、理论发展与体系构建研究[M].合肥：安徽大学出版社，2014.

该书分为八章，分别是知识管理的发展历史及阶段划分、知识管理学产生存在与发展的关键因素、知识管理学学科定位、知识管理学的研究对象、知识管理学的研究领域及流派、知识管理学理论体系的构成、知识管理学学科体系的构建探索和国内外知识管理学教育，就知识管理研究的国内外现状以及研究内容、学术流派、研究成果等进行了概述。尤其对知识管理研究的内容体系进行了深入探讨，提出了许多不乏见解的设想，具有创新精神，具有很高的研究价值，对知识管理学发展有一定的影响力。

⑦ 承文. 创新型企业知识管理 [M]. 北京：机械工业出版社，2015.

该书针对创新型企业的特点，深入研究了企业知识管理演进与发展、创新型企业知识管理战略推进与策略制定、知识管理体系建设、知识管理模型分析、知识管理绩效评价和知识管理实施等方面的问题，对直面创新的知识管理理论、方法和实践应用进行了系统全面的阐述，并探讨了创新型企业知识管理的未来发展方向。

⑧ 陈文伟，陈晟. 知识工程与知识管理 [M]. 2版. 北京：清华大学出版社，2016.

该书共八章，主要阐述了知识工程和知识管理相关理论和应用，研究了知识工程和知识管理的基本概念与原理、技术支持手段、未来发展方向，其中技术支持手段探讨了智慧系统、仿生技术、数据挖掘等新兴科技在知识管理与知识工程领域的应用，整本书通过理论、技术支持、应用实践三部分系统介绍了知识管理和知识工程的知识与应用、发展与案例，便于读者从理论与实践两个方面交叉深入掌握知识管理和知识工程的相关内容。

⑨［美］卡拉·欧戴尔，辛迪·休伯特. 知识管理如何改变商业模式 [M]. 胡瀚涛，郭玉锦，姚楠译. 北京：机械工业出版社，2016.

该书共十一章，分别是知识管理的未来定位、行动呼吁、知识管理战略和企划案、选择和设计知识管理方法、有效的知识管理方法、新兴的知识管理方法、工作社交网络、管理-角色-资金、构建知识共享的文化、测量知识管理的效果和做出你的最佳实践。针对实际经营实践的知识管理进行探讨，涵盖各种组织知识管理的价值主张并提供可行战略和有效方法，分享了如何衡量知识管理效果和精彩的案例研究。

⑩ 龚胜泉，汪红军. 知识管理与数字图书馆建设研究 [M]. 成都：四川大学出版社，2014.

该书共七章，分别是知识管理理论在数字图书馆中的应用、知识管理方法在数字图书馆中的应用、知识管理技术在数字图书馆中的应用、基于知识管理的数字图书馆的建设策略、基于知识管理的数字图书馆系统解决方案，主要研究了知识管理与数字图书馆之间的关系，系统阐述了知识管理理论的研究，主要对知识管理的概念、发展溯源及演变，包括对知识管理的内涵与外延、特点和功能进行了深入的梳理，并在知识管理相关理论的基础上结合数字图书馆学的理论和研究，分析了知识管理在数字图书馆领域的应用与发展，提出了在知识管理框架下数字图书馆建设策略和管理优化的方案。

⑪ 龚蛟腾. 图书馆知识管理范式研究 [M]. 北京：知识产权出版社，2013.

该书共五章，分别是图书馆知识管理范式的雏形初现、业务维度、技术维度、制度维度和未竟之途。托马斯·库恩的范式理论是学科演变与发展的重要依据，该书的内容特色和创新之处在于从库恩的学科范式革命理论入手，率先深入探讨了图书馆管理范式的演变与发展，首次全面系统地探讨了图书馆知识管理范式的三维体系，即提出并详细分析了图书馆知识管理范式体系的业务维度、技术维度和制度维度，形成了图书馆知识管理范式的三架马车，探究了图书馆知识管理的发展趋势，规划了图书馆知识管理的发展趋势。

⑫ 杨靖，王震，杨双琪，等. 大学隐性知识管理研究 [M]. 保定：河北大学出版社，2015.

该书共十章，分别是绪论、隐性知识的基本理论、大学隐性知识活动、管理与核心竞争力、管理的外部环境分析、管理的内外部环境分析、共享与组织学习、学习与知识联盟、评价以及河北省大学隐性知识管理对策，针对大学知识管理特别是隐性知识管理意识淡薄、水平较低的现状，对大学隐性知识的相关问题进行了论述。该书是国内首部系统论述大学隐性知识管理问题的著作，对在大学中普及隐性知识理念，改进隐性知识管理以提高教学、科研工作水平和人才培养质量具有指导和借鉴价值。

⑬ 王连娟，田烈旭. 项目团队中的隐性知识管理 基于社会网络分析的视角 [M]. 北京：中国社会科学出版社，2014.

团队对知识管理，尤其是隐性知识管理的作用尤为明显。有效知识共享是团队绩效的一个重要方面，以实现项目目标和建立团队信任。该书基于这样一种态度，通过研究提出现代组织的基本学习单位是团队而不是个人，团队学习是极为重要的。

没有团队学习，就没有组织学习。项目团队为项目组成员提供了一种密切沟通、交流的环境，这种环境可以为组织学习搭建一个承上（企业整体）启下（团队成员）的桥梁，将个人隐性知识转化为组织显性知识。

⑭樊平军．高校协同创新的知识管理[M]．沈阳：东北大学出版社，2016．

知识管理是源于企业的一种科学的新型管理理念，目前，我国高校已经开始有意识地引入知识管理理念和方法，并且取得了一定的成效。该书在学习和借鉴国内外相关研究成果的基础上，吸纳了有关知识管理的最新实践成果，同时又考虑到了国内知识管理研究现状和发展趋势，以知识管理理论为指导，系统论述了高校知识管理与协同创新的内在联系及高校协同创新的治理系统。高校协同创新是目前我国高等教育领域的热点话题，知识管理是目前管理学领域追踪的热点学术领域，以知识管理的视角审视高校协同创新的管理具有较强的学术价值和实践意义。

⑮刘璇，张朋柱．知识管理在科研网络及企业中的应用研究[M]．上海：上海交通大学出版社，2015．

该书共分为上篇和下篇两个部分。上篇主要研究了科研网络与知识扩散的关系，科研网络与知识扩散是相互交叉的两个理论体系，在科研网络中研究知识扩散的动态机理和发展变化，有助于分析科研发展态势可视化和知识扩散的多变性；下篇主要从多学科应用领域挖掘知识管理在行业的实践与发展，随着知识管理体系的不断完善和发展，主要是知识管理的应用对企业发展的影响，内容包括企业知识库的调研与需求、企业知识库框架与流程、企业知识管理应用与评价机制的建立等。

⑯余呈先．产业技术创新战略联盟知识管理研究[M]．合肥：中国科学技术大学出版社，2015．

该书共八章，前两章为研究综述，第三章开始为产业技术创新战略联盟知识管理的影响因素、运行机制、模型建构、实证分析、对策及总结展望，从知识管理的视角研究产业技术创新战略联盟，在绪论和文献综述的基础上，分析产业技术创新战略联盟知识管理的影响因素、运行机制，然后构建其知识管理模型，并进行实证，最后提出相应的策略。

⑰李红兵，李蕾. 建设项目知识管理理论与方法研究 [M]. 武汉：武汉理工大学出版社，2018.

该书以管理学、经济学、系统论、控制论等基础理论为指导，采用理论与实践相结合、定性与定量相统一、普遍介绍与典型分析各有侧重的方式进行研究，介绍了知识管理的概念、发展溯源以及演变，包括知识管理的内涵与外延、特点和功能、作用与意义等，同时引入项目概念，针对知识管理在项目领域的应用，将项目按不同阶段进行划分，针对各阶段项目呈现的不同特点展开深入系统的分析，构建了在项目实施中知识管理的理论研究框架和应用模型，总结了知识管理在项目建设各阶段的主要知识要素，提出了如何应用知识管理系统更好促进项目实施以及如何在项目中更好构建知识管理框架与评价机制的方法与策略。最后，通过实践案例，提出如何在项目中优化知识管理举措，从而实现绩效管理的改进与发展。

⑱葛新权等. 知识管理研究 [M]. 北京：经济科学出版社，2017.

随着知识经济的发展，市场环境充满复杂性和不确定性，单纯的金融资本或自然资本不再是企业的核心资源，企业只有合理利用知识和资源才能在激烈的社会竞争中赢得一席之地，知识管理成为企业更好管理知识、优化资源配置的重要理论和实践工具。该书总结了我国企业应用知识管理系统管理知识和资源的现状，在现有企业知识管理理论的基础上，归纳了企业知识管理的内容体系，以及企业知识管理研究的重点和难点，对目前存在的问题提出针对性建议。

⑲王悦. 企业信息管理与知识管理系统构建研究 [M]. 北京：中国人民大学出版社，2014.

该书在对原有知识链模型改进的基础上，提出企业知识管理系统框架，并进一步探讨该系统的实现技术。为了克服综合评价过程的随机性与评价专家主观上的不确定性，该书在仿真实验的基础上，构建了基于人工神经网络的企业知识管理综合评价模型。供应链知识管理体系的重要内容是知识在供应链体系的应用与发展，随着知识与供应链体系的融合，供应链知识管理体系也将不断发展并扩大研究领域。该书以供应链理论为基础，研究了知识创新在供应链体系的应用与融合，进一步探讨了供应链知识管理体系的发展创新策略。

⑳ 徐修德，李静霞.组织学习与知识管理[M].北京：经济管理出版社，2019.

该书对组织学习、学习型组织、知识管理以及智慧型组织等管理学理论和原则等进行了梳理，认为这些理论在一定程度上存在共性，这种共性就是如何把组织打造成像有机体一样具有学习能力的组织，这样的组织成功、高效，充满创新性和竞争力。在此基础上，作者结合我国实际情况，通过研究详细阐述建设这种组织的方法和手段，具有一定的理论价值和现实意义。

表 1-2  20 部知识管理著作一览表

| 序号 | 作者 | 书名 | 主题词 |
| --- | --- | --- | --- |
| 1 | 王众托，吴江宁，郭崇慧 | 信息与知识管理 第2版 | 信息管理-高等学校-知识管理 |
| 2 | 阿肖克·贾夏帕拉著；安小米等译 | 知识管理 一种集成方法 第2版 | 知识管理 |
| 3 | 储节旺，郭春侠 | 文献计量分析的知识管理学科规范研究 | 文献计量分析-知识管理 |
| 4 | 韩珂 | 知识管理的核心理论体系及方法探究 | 知识管理 |
| 5 | 王连娟，张跃先，张翼 | 知识管理 | 知识管理-高等学校 |
| 6 | 储节旺，郭春侠 | 知识管理学科的兴起、理论发展与体系构建研究 | 知识管理-学科发展 |
| 7 | 承文 | 创新型企业知识管理 | 企业管理 |
| 8 | 陈文伟，陈晟 | 知识工程与知识管理 第2版 | 知识工程-知识经济-应用-企业管理 |
| 9 | [美]卡拉·欧戴尔，辛迪·休伯特著；胡瀚涛，郭玉锦，姚楠译 | 知识管理如何改变商业模式 | 企业管理-知识管理-影响-商业模式 |
| 10 | 龚胜泉，汪红军 | 知识管理与数字图书馆建设研究 | 数字图书馆-图书馆管理-知识管理 |
| 11 | 龚蛟腾 | 图书馆知识管理范式研究 | 图书馆管理-知识管理 |
| 12 | 杨靖，王震，杨双琪，等 | 大学隐性知识管理研究 | 知识经济-应用-高等学校-学校管理 |

续表

| 序号 | 作者 | 书名 | 主题词 |
|---|---|---|---|
| 13 | 王连娟,田烈旭 | 项目团队中的隐性知识管理 基于社会网络分析的视角 | 企业管理－知识管理－研究 |
| 14 | 樊平军 | 高校协同创新的知识管理 | 高等学校－科研管理－知识管理 |
| 15 | 刘璇,张朋柱 | 知识管理在科研网络及企业中的应用研究 | 知识管理－研究 |
| 16 | 余呈先 | 产业技术创新战略联盟知识管理研究 | 产业－技术革新－知识管理 |
| 17 | 李红兵,李蕾 | 建设项目知识管理理论与方法研究 | 基本建设项目－知识管理－研究 |
| 18 | 葛新权等 | 知识管理研究 | 知识管理 |
| 19 | 王悦 | 企业信息管理与知识管理系统构建研究 | 企业管理－信息管理－知识管理 |
| 20 | 徐修德,李静霞 | 组织学习与知识管理 | 知识管理－组织管理学 |

## 三、知识管理的流程与结构

知识管理流程是系统性结构，涵盖了知识的获取、存储、共享、应用和创造等多个环节，用于解释、指导和实施知识管理。

知识获取是获取内部和外部知识资源，主要包括内部的学习、观察和研究，以培训、课程、观察现象和数据分析等形式从已有的知识中创新见解，以及在机构外与专家、合作伙伴互动获得来自不同领域和角度的知识。社交媒体和在线社区提供了与他人分享和交流知识的平台，拓宽了知识获取的视野；大数据和智能检索技术让知识获取更加高效，为知识创新和问题解决提供了资源和可能。

知识存储是知识管理的中间环节，主要将获取的知识按照一定的方式和体系进行保存和管理。图书馆利用数据挖掘技术、知识库对知识进行主题和分类标引，根据知识的内容、关键词等自动分类并组织资源，为读者提供精准的主题检索，提高知识检索和利用的效率，加快了知识的检索，更好地实现了对知识的归纳整理、输出和利用。

知识共享和传播可以实现知识在组织内的广泛传播和流动。开放性的知识传播模式不仅有助于知识共享，还促进了创新和问题的解决，个体通过传播平台将知识、经验和见解分享给广大受众，推动了跨部门、跨团队的知识交流和合作。在知识共享过程中，组织文化和领导力起到了至关重要的作用，鼓励开放的交流文化能够营造积极的知识共享氛围，领导者的支持和示范也可以激励员工效仿，此外，制定对优秀知识分享者的奖励机制可以进一步激发员工分享知识的积极性，使员工愿意分享见解和发现。

将知识应用于实践和决策环节是知识管理的最终目标，也是知识价值的体现，这一过程不仅仅是简单地收集知识，更需要将知识转化为实际行动，从而创造出实际价值。知识应用与个体能力、组织文化密切相关，个体需要具备深刻的理解、创新的思维、灵活的适应性和解决问题的能力，可以在特定情况下灵活运用、融会贯通，为问题解决寻找最佳路径，将知识有效地运用于实际情境；组织文化对知识应用产生了重要影响，在知识共享和合作的文化氛围中，员工可以大胆尝试将知识应用于实践并分享其知识和经验，加速知识的转化和应用。

知识创造阶段强调知识的新建和创新。知识创造在知识管理中具有重要意义，Nonaka 和 Takeuchi 的"知识融合"理论为这一过程提供了深刻见解。该理论包括四个阶段：社会化、外化、组合和内化。社会化强调个体通过交流和合作，将个人隐性知识转化为共享知识，促进知识共建；外化是将隐性知识通过记录、呈现等方式转化为显性知识的过程，实现知识的共享和传播；组合强调融合不同领域、个体中的知识并形成综合创新；内化是通过学习和实践将组织内显性知识重新变为个体隐性知识，形成个体的知识能力。"知识融合"理论通过知识的共享、外化、整合和内化不断地创造新的知识，保持竞争优势，凸显了知识创造的社会性和个体参与的重要性。

知识评价与反馈可以持续评价知识的有效性和实际应用效果，并进行必要的调整和改进，这一过程对知识进行综合评估，以实现其对组织价值的最大化。评价知识质量是知识评价与反馈的重要一环，主要是从准确性、全面性、实用性等方面评价所存储和共享知识的准确性和可靠性，为解决实际问题和作出决策提供有价值的指导。评估知识的适用性也至关重要，知识可能在某些情况下有效，在某些情况下并不适用，因此，评估特定知识在何种情境下最为有效可以帮助组织更好地选择合适的知识，并将其应用于特定问题的解决。另外，知识管理的目标是为组织创造价值，因此可能需要比较知识应用前后的业务指标，以衡量知识应用对业务绩效的影响。定期对知识的有效性和实际应用效果进行动态跟踪，评估需要更新、调整或淘汰的知识，以保持其活力和实用性。

除知识的获取、存储、共享、应用和创造等多个环节外，知识管理还与知识安全、组织文化和领导力密切相关。知识作为组织的重要资产，评估其不当使用、泄露以及未经授权访问的风险至关重要。首先，要设置适当的访问权限和准入机制，通过分级权限设置，在不同层次和部门之间划定不同的访问权限，保护机密信息和核心知识。其次，采用加密技术、身份验证、防火墙等措施加强网络安全保护，防范知识泄露，确保知识在存储、传输和共享过程中的安全性。最后，要加强员工安全技能的培训，帮助员工掌握机密知识的范畴、正确处理和保护敏感信息的途径以及使用知识共享平台和工具的方法，鼓励员工共同保障知识的安全。

知识管理的成功不仅依赖于技术和流程，还与组织的文化和领导力密切相关，这直接影响了知识管理的有效实施和成果。鼓励知识共享、创新和学习的文化是成功的知识管理的基础，当组织文化强调学习和不断改进的重要性，鼓励分享经验、见解和知识时，员工就愿意积极参与知识共享和合作，提升自己的能力。促进创新和持续学习的文化也可以激发员工寻找新的方法和解决方案，为知识管理提供源源不断的动力。领导者的支持对于知识管理的实施至关重要，领导者认识到知识是组织的重要资源，并积极支持知识管理的战略和实践，其示范和参与可以激发员工的积极性，推动知识共享和创新的文化。文化和领导力之间相互影响，良好的领导力可以塑造积极的文化，积极的文化也能支持领导者的愿景和目标，领导者积极支持并鼓励知识共享、创新和学习的文化，可以为知识管理的成功奠定坚实的基础。

知识管理的流程凸显了其多维度特点，从知识的创造到应用涵盖了知识管理全过程，帮助组织更系统地规划和实施知识管理策略，提升创新能力和竞争力，同时，这个流程也随着新技术和新知识的出现在不断演进，知识管理理论和实践也将不断地进行扩展和更新。

# 第二章　图书馆知识获取与组织

## 第一节　知识获取

### 一、知识获取的概念与特点

知识获取是知识管理过程的首要环节，涵盖知识检索与筛选、学习和教育、经验积累、互动交流、研究和创新等多个方面。知识检索与筛选是知识获取的第一步，个体和组织需要从图书、期刊、互联网等各种知识源中检索需要的知识，而在知识爆炸的今天，知识源纷繁芜杂、良莠不齐，有效的筛选和鉴别可以帮助个体和组织去粗取精、去伪存真，并从海量信息中提取出所需而又可信的知识，这已经成为知识获取的重要手段。作为学习和教育重要途径的知识获取具有积累和传承的作用，个体通过教育和培训机构提供的结构化平台，以课程、培训、研讨会等活动形式获得系统的知识和技能，可以提高专业素养，不断充实和完善学习能力，更好适应社会环境的变化和发展。经验积累也是知识获取的重要渠道，在实践经验中积累的宝贵知识、从成功中吸取经验和失败中吸取的教训都独特且宝贵，成为个体积累知识的重要内容，不仅基于理论更基于实际情境，对实践问题的解决和决策制定具有重要指导作用。与此同时，与行业专家和同行伙伴的互动交流可以帮助个体积累已经总结好的经验、见解和知识，可以提升知识的传播速度，引导个体从多角度思考问题，推动创新和跨领域思维。最后，研究和创新是知识获取的高级形式，它推动着知识的前沿扩展，个体通过科学研究、实验探索和创新活动可以探索尚未被揭示的领域，观察新现象、挖掘新理论、形成新知识，在促进学科进步的同时为创新提供源源不断的灵感和基础。综上所述，知识获取具有丰富多样的内涵，涵盖了知识检索、学习、经验积累、互动交流、研究和创新等多个方面，这些方面相互交织、相互支持，为个体和组织的发展提供广阔的空间和机遇。通过有效的知识获取，个体和组织可以不断拓展知识边界，保持创新活力，为未来的发展奠定坚实的知识基础。

知识获取是横跨多学科领域、借鉴多类型资源的过程，在不同领域的个体和组织通过多种途径获取知识，丰富自身的认知和能力。学科领域是知识获取的重要环境，知识工作者根据不同学科领域的特点采用恰当的方式获取相关知识，科学领域通常采用实验、观察、理论探索等方式获取自然规律和现象的知识；利用工程领域的技术手册、工程规范、实验数据等资源可以了解最新的技术发展和应用趋势，帮助知识工作者获取解决实际问题的知识，推动技术创新和应用；社会科学领域通过研究社会现象、人类行为等获取人类社会的知识；商业管理领域通过不断获取市场趋势和竞争对手、消费者的行为等即时信息作出正确的商业决策；艺术设计领域从绘画、音乐、文学、设计和创意产业获取知识，在审美和情感层面得到丰富的体验。不同学科领域知识获取的相互交叉共同推动了整个知识体系的进步。在知识获取的过程中，文化背景和生活环境的差异导致知识获取具有主观倾向性，不同文化背景和生活环境下，甚至同一个人在不同的人生阶段对世界的认知和理解都会有所不同，通过文化传统、社会经验和价值观获取知识的内容、层次和深度也有所差异，同样影响着知识的获取和应用。

知识获取具有三个突出的特点，不仅影响知识获取的方式和效果，还直接影响个体和组织的发展和创新。一是知识获取具有多样性和广泛性，多样性既包括学科领域、技术平台、社会文化等多种信息源，又包括阅读文献、参与培训、与专家互动、实践探索等多种知识获取方式，个体和组织可以从不同领域、途径和资源中汲取知识；广泛性强调了知识获取覆盖面的广阔性，不仅涵盖专业领域的知识，还包括与个人兴趣、文化背景、社会互动等有关的知识。知识获取的多样性和广泛性丰富了个体认知，发展了跨学科思维，为创新提供了多元的资源。二是知识获取具有动态性和持续性。知识获取并非一次即完成的事件，而是一个持续发展的过程，随着科学技术发展和社会变迁，知识也在不断更新、完善和扩展，因此，个体和组织需要一直保持对新知识敏锐和开放的科学态度，及时调整知识获取的策略和途径。持续性意味着知识获取不是静止不变，而是通过不断学习、调整和适应满足不断变化的环境和需求，这就要求个体和组织需具备终身学习和自我更新的能力，以保持在竞争中的优势。三是知识获取具有个体差异性和主体性。每个个体都有其独特的知识背景、实践经验、学科兴趣和需求，在知识获取的过程中，不同个体会选择最适合自己的路径来获取所需的知识内容。另外，知识获取是个体主体性的客观表现，个体主体性的特点强调了知识获取不仅是被动接受，更是积极主动的行为，个体在知识获取中扮演着主导角色，根据自身的情境和目标，通过自主选择、判断和决策获取知识，同时根据自己的需要和兴趣进行选择和塑造。知识的三个特点不仅丰富了知识获取的内涵，还为个体和组织更好应对变化，拓展认知边界，实现可持续进步带来了机遇和挑战。

## 二、图书馆知识获取路径

图书馆是知识的集散地和研究中心，通过购买文献、订阅杂志、纸质资源数字化、馆际合作、使用开放获取资源、数据库检索等获取大量的知识资源，丰富馆藏数量与种类，为读者获取知识提供了多种路径。

**1. 购买与订阅文献**

图书馆购买和订阅了大量的图书、期刊、报纸等纸质文献资源，这些文献资源各有特点、互相补充，涵盖各个学科领域，是读者获取知识的重要途径。纸质图书所包含的知识全面系统，是读者回溯基础理论的重要帮手；纸质期刊出版周期短，内容多以学科领域最新的研究成果为主，是读者了解理论前沿的主要途径；报纸内容简短，主要报道时事新闻，专业知识涉及较少。

**2. 捐赠与赠送**

文献捐赠是图书馆资源获取的有力补充，这些由个人和机构捐赠的著作和研究成果可以为图书馆补充丰富而独特的知识资源，尤其是地方作家捐赠的文献资源多为作者收集或收藏多年的地方文史研究资料，是图书馆获取地方特色资源的途径之一；机构捐赠一般为机构研究相关且为机构收藏或出版的文献，具有较强的专业性和系统性，是读者个性化文献利用的重要来源。捐赠文献在图书馆具有特殊的作用和价值，应加大图书馆的捐赠文献的宣传力度，拓展捐赠渠道，更好地利用和保护读者捐赠的文献资源。

### 3. 纸质资源数字化

这里的纸质资源数字化主要指图书馆收藏的老旧文献数字化。老旧文献是图书馆重点保存的资源，其不可复制的特性决定了利用的单一性。老旧文献数字化是将老旧文献内容以电子文献的方式呈现，可以更好地保存和传承老旧文献，也可以方便读者的便捷利用。首先，纸质资源数字化让更多藏于图书馆深处的知识被读者认知且利用，传统的图书馆收藏着大量珍贵且老旧的纸质图书和报刊资料，其中包含丰富的历史、文化和学术知识，然而这些资源往往受限于储存空间、保存环境以及保护措施，影响了读者的阅读和使用。纸质资源数字化可以将这些珍贵的资源转化为电子格式，不仅可以避免因时间和环境条件而受损，还能够更好地利用和传承。其次，纸质资源数字化为读者提供了在线访问的便利服务，纸质资源数字化以前，读者需要到图书馆才能够查阅特定的纸质文献或期刊，而数字转换后这些资源变成了可以随时随地通过互联网访问的电子资源，读者只需连接到网络便可使用图书馆的在线目录、数据库和数字图书馆，检索、浏览和下载所需的老旧文献资源，满足了读者追求即时、便捷知识的需求，极大提高了知识的获取效率。此外，纸质资源数字化转换为图书馆开展远程学习和在线研究提供了支持，在远程教育、远程培训和在线研究项目中，数字转换都为学习者和研究者提供了大量的在线资源，方便读者在不受地域和服务时间限制的情况下进行学习和研究，让图书馆资源的利用极具自由度和灵活性，在拓展读者知识获取范围的同时推动了学术合作和跨地域的知识交流。但是，纸质资源在数字化过程中面临着数字资源长期保存条件、版权管理和数字鸿沟等问题的挑战，图书馆需制定可操作性强的纸质资源数字化保存策略，确保电子资源的长期可用性，同时做好版权保护工作，切实保护知识创作者的权益，使纸质资源数字化工作能够长久发展。

**4. 馆际合作与图书馆联盟**

在当今知识急剧增长的时代，读者知识获取的需求多样且庞杂，单个图书馆的资源数量很难满足所有读者知识获取的需求，为了更好地应对这一挑战，为读者提供更丰富多样的学术和文化资源，实现知识的传播和创新，图书馆可以与其他兄弟馆、文化机构、学校等建立馆际合作与图书馆联盟，共享知识资源，实现资源的整合和互补，弥补自身资源的不足，共同为读者提供完善的知识服务。从现有的服务模式和服务内容来看，馆际合作与图书馆联盟扩大了知识获取的范围，不同图书馆、文化机构和学校拥有各有特色的藏书范围和侧重点，也购买和建立了不同的数字资源和特色数据库，建立馆际合作与图书馆联盟能够使各加盟馆共享联盟的所有知识资源，获取更多的纸质图书、学术期刊、研究报告和学位论文，覆盖更广泛的学科领域，整合不同图书馆的多种资源，建立更全面、多样的知识库，满足读者多元的知识需求。馆际合作与图书馆联盟也能够提高资源的质量和价值，不同机构和图书馆可能在知识获取和馆藏管理方面有着不同的专业经验和优势，馆际合作可以借鉴其他机构的最佳实践经验，提升自身资源的管理和服务水平，为读者提供高质量的知识资源。馆际合作与图书馆联盟所实现的资源共享和互相借鉴也可以让图书馆将有限的资源用于更有价值的领域，优化图书馆的资源配置，促进图书馆之间以及图书馆和机构之间的创新和合作，减少重复投资，节省经费，提高资源的利用效率和经济效益。由于不同机构文化氛围、管理模式、合作意愿等方面都存在差异，需要图书馆合作或联盟整体进行协调和沟通，以确保合作的顺利进行，也可根据各馆情况制定联盟管理办法，构建联盟内部文献的版权管理、知识共享、成员馆的权利与义务等业务框架来保障知识资源的合理合法使用。

截至目前，我国已经建立了多个图书馆联盟和馆际合作组织，共同为读者提供高质量的知识服务。

（1）国家科技图书文献中心（National Science and Technology Library，NSTL）。国家科技图书文献中心成立于2000年，是由国家科技部、财政部、国家经济贸易委员会、卫生部等联合成立的重要的图书馆联盟组织，主要面向理、工、农、医四大领域提供文献服务。国家科技图书文献中心主要提供科技类图书、期刊、报纸和电子资源，依托中国科学院、中国科技信息研究所等多个文献资源单位组建，是我国最早成立的自然科学类图书馆联盟体系，面向全国高校图书馆、公共图书馆提供文献传递和馆际互借服务。

（2）中国数字图书馆联盟。中国数字图书馆联盟侧重于成员馆数字资源和应用技术的建设和发展，以国家图书馆为核心，吸纳国内具有文献资源特色和技术实力的图书馆为成员，涵盖了高校图书馆、公共图书馆、情报研究所、科技研究院等多类型机构，联合开展成员馆资源整合、技术迭代等创新性服务。中国数字图书馆联盟自成立以来，合作开展了多项图书馆应用技术研发、数字资源建设、读者信息保护等前沿性研究，并将研究成果推广应用于多家图书馆，推动我国数字图书馆事业的发展和壮大。

（3）天津市高校联合图书馆（TianJin Academic Library Information System，TALIS）。天津市高校联合图书馆是在天津市政府教育委员会的领导下成立的天津市高校图书馆联盟，共享成员馆的资源，共同为读者提供文献服务和参考咨询服务。天津市高校图书馆联盟成员馆共同使用CERNET设备，统一使用文献管理集成系统，便于各成员馆数据端口的对接和联合服务的开展。联盟共同选举出工作委员会，制订联盟工作条例和业务规范，监管联盟开展的各项业务工作，在联盟实际运行中发挥了重要指导和协调作用；各成员馆根据业务规范分工协作，共同开展联盟业务。天津市高校联合图书馆联盟的领导关系和组织机构如下图所示。

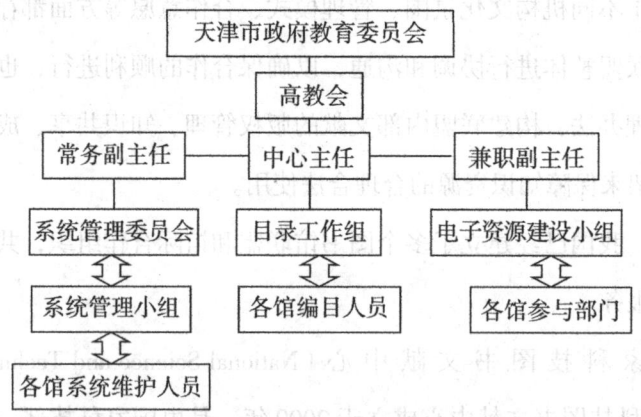

图2-1　天津市高校联合图书馆领导关系和组织机构

天津市高校联合图书馆主要采用集中运行的模式开展联盟活动，分析其原因，具体如下：受办馆经费和空间的限制，天津市高校图书馆普遍存在馆舍面积不足、经费有限、馆员老龄化的问题，依靠单个馆的实力加强智慧化图书馆建设并不现实，馆际之间采用不同的文献集成系统和服务器加大了数据对接的难度，采用集中运行模式可以最大限度节省经费和人力，共享优质资源与服务，为读者提供高质量的服务。另外，天津依托完善的网络基础设施，为线上联合办公和开展服务提供了便利。

**5. 网络与数据库检索**

图书馆的网络与数据库资源包括开放获取资源（OA）、学术期刊、研究报告、学位论文等丰富多样的数字资源内容，涵盖从基础研究到前沿科技，是知识获取的重要途径和平台。读者通过图书馆的在线目录或数据库平台，利用关键词检索、主题浏览等方式可以快速准确地找到所需的知识资源，这种高效的获取方式不受空间和时间的限制，读者无须实际到馆，只要连接互联网便可以在任何地方和任何时间访问和利用图书馆资源，节省了时间和精力，提升了知识检索的效率。开放资源和及时更新数据库资源，汇总最新的学术进展和研究成果，读者可以迅速了解最前沿的领域动态，从而开展学术研究工作，这已经成为图书馆提供服务的主要方式，也成为读者利用图书馆资源的主要途径。需求量的增加使数据库产品大量涌现，图书馆需要做好基础调研并确定如何在有限的预算内选择高质量且符合本馆需求的数据库。

在知识获取的多种途径中，图书馆馆员的资源检索服务具有不可替代的作用，图书馆馆员能利用资源检索工具从多种路径检索并收集与图书馆收藏相关的知识资源、及时维护和更新馆藏、发现最新研究成果和领域动态。现代科研成果和学术文献多分布在数量繁多的数据库、学术期刊、论文集中，图书馆馆员通过合适的工具检索多种资源，可以精准定位相关领域并及时发现新的研究成果和领域动态，利用工具发现其他资源的引用和相关性也可以帮助研究人员深入了解某一领域的重要著作和研究方向，拓展研究者的视野和信息源。在资源检索的过程中，图书馆馆员也需要应对信息爆炸的挑战，大量的信息需要被筛选、评估和整理，以确保所采集的资源真实可靠并满足图书馆的需求，应定期检查已有馆藏中的知识资源是否有更新版本和重要补充，从而进行相应的采集和更新，以保持馆藏的时效性和完整性，提升图书馆的服务质量和学术价值。因此，图书馆馆员在知识获取的过程中不仅是知识的筛选者和整理者，还是知识的发现者和传播者。

## 三、图书馆知识获取技术

在知识获取过程中，图书馆将理论成熟、实践丰富的信息技术与业务结合，可以更好地挖掘并分析知识资源与读者数据。

**1. 数据挖掘技术**

数据挖掘是通过对大量数据进行自动分析，发现其中隐藏的模式、关联、趋势和信息的过程，它是从海量数据中提取有用知识，用于制订决策和预测未来发展趋势，开启人类社会利用数据价值的另一个时代。数据挖掘技术面对的是海量的数据和信息，这些数据和信息主要来自以下方面：原本存贮在本地，没有开放给互联网用户且以模拟或数据形式存在的数据记录；随个人移动终端设备普及而出现的数量庞大的浏览和下载数据；网上购物产生的用户检索、浏览、购买、支付、物流以及偏好设置、售后评价等大量网上交易数据；智慧搜索引擎大量出现后，用户利用智慧搜索引擎进行检索、提问产生的大量数据；进入社交网络时代，大量互联网用户在社交网络发帖、互动、交流产生的海量社交行为数据。数字挖掘技术应用计算机科学和统计学从庞大的数字数据中提取、分析和发现有价值的信息和模式，对图书馆的应用具有重要意义。利用数据挖掘技术分析读者借阅的书籍、参考的学术论文、检索的信息主题，图书馆可以了解读者的知识领域和学术关注点，从中挖掘读者的偏好和兴趣并提供个性化资源推荐，满足读者资源的使用需求；分析读者访问图书馆网站的时间、频率、持续时间等数据，揭示读者的使用习惯和行为模式，可以了解读者的学习和研究习惯，从而优化图书馆的开放模式和资源布局，提供更贴近读者生活和学习习惯的服务；跟踪读者检索过的关键词、阅读主题等信息，挖掘不同时间和学术阶段读者信息需求的变化趋势，及时调整图书馆资源采购和服务策略，始终保持与读者需求的同步。数据挖掘技术还能够帮助图书馆预测读者的未来需求，通过建立并分析读者借阅和信息检索行为的模型，预测读者未来可能感兴趣的主题和领域，主动向读者推送相应资源，提供更智能化的服务。图书馆在使用数据挖掘技术时需要保护读者的隐私信息，合法、透明地使用相关读者数据，确保读者的权益不受侵犯。

**2. 自然语言处理技术**

自然语言处理技术（NLP）是让计算机拥有人类语言理解能力的技术和方法，能够准确识别人类用户的意图并按照人类用户的语言方式输出结果，简单来说就是让计算机能够像人一样具备正常的语言理解能力。自然语言理解是所有支持机器理解文本内容的方法模型或任务的总称，包括分词、词性标注、句法分析、文本分类聚类、信息抽取/自动摘要等技术任务。在引入人工智能前，计算机只能基于规则去识别意图，比如将"订机票"作为关键词，如果文本中没有该关键词将无法准确识别用户的意图；或者出现关键词的同时也出现了其他意图，比如"我要退订机票"，那么也会被处理成用户想要订机票，与用户的真实需求大相径庭。自然语言生成是自动将结构化数据转换为人类可读文本的过程，其目的就是准确识别用户的意图。NLP分别从词语、句子和语义三个方面进行处理和分析，对词语的分析包括分词和词性标注两个步骤，分词是将输入的文本切分为单独的词语；词性标注是根据每一个词本身的性质以及在文本中的作用赋予其名词、动词、副词等类别并将同类别的词语进行归类，在句子中具有相似的作用；句法分析是以文本中的句子为对象，在词性标注的基础上理解分析句子的本意并试图理解其在文本中的深层次含义和作用。短语结构句法体系、依存结构句法体系和深层文法句法分析是三种比较主流的句法分析方法，其最终目的是通过语义角色标注和联合模型理解句子表达的真实语义。自然语言处理技术在图书馆的应用是为了更有效地理解和处理大量文本数据，更好地组织和呈现知识资源，提供更精准的信息检索和服务。

在了解与分析文献内容的基础上，图书馆需要将文献资源进行分类，以便读者找到所需的相关知识，自然语言处理技术可以根据文本的内容、关键词等自动分类并组织知识资源，提供精准的主题检索。在读者检索资源的过程中，自然语言处理技术可以帮助图书馆挖掘文本和抽取信息，发现文本中的模式、关联和趋势以及隐藏在文本背后有价值的信息，为读者提供更丰富的知识视角。在智慧图书馆的建设中，自然语言处理技术可以提供智能信息检索和问答服务，读者用自然语言在以自然语言处理技术开发的智能搜索引擎中检索，系统可以自动匹配主题词语言，给读者反馈更准确与关联的检索结果。在使用自然语言处理技术时，不同文本的语言、风格和结构会带来歧义和语义理解方面的限制，仍需要图书馆对检索过程和检索结果进行人为干预。

**3. 纸质资源数字化技术**

图书馆利用数字化技术将纸质文献、图片、音频、视频等资源转化为电子文献格式，这一过程不仅方便了读者知识获取，还在保护和保存文化遗产方面发挥了重要作用。图书馆纸质资源数字化是采用多种技术将传统的纸质资源转化为数字格式的复杂信息处理过程，从扫描纸质文献开始，使用高分辨率扫描仪或数字相机将每一页或每篇文献转化为数字图像，再应用光学字符识别（OCR）技术将图像中的文本内容转换成可编辑的数字文本，以支持全文搜索和复制粘贴等功能，在这一过程中为了提高数字化文献的质量，可采用数字图像结合的图像处理技术去除背景噪声、增强图像对比度以及校正变形。文本提取成功后，运用文档结构化功能添加章节标题和创建目录，让读者更轻松地导航文献内容，此外，资源数字化过程包括用标题、作者、出版日期和关键词等优化文献分类和检索。数字化文献通常存储在服务器、云端或数字图书馆系统，由数据库管理系统定期更新索引，以维护其长期保存和可访问性。数字化技术带来了从便捷的访问到长期保存的许多优势，为知识资源的有效管理提供了新的途径。

**4. 网络爬虫技术**

网络爬虫技术是运用自动化程序或脚本在互联网自动浏览、检索和收集信息的技术，它模拟了人类浏览网页的行为，能够以高效的方式处理大量网页并检索到目标资源。爬虫的工作始于选择一个或多个起始网址，通过下载并解析这些网页的HTML内容，识别并提取其中的文本、链接、图像等信息。爬虫还会跟踪这些页面上的链接继续浏览和抓取其他相关网页，形成广泛的数据集，这些收集到的数据通常被存储在数据库或文件中，以供后续分析、索引构建或其他应用使用。网络爬虫的工作可以设置深度优先或广度优先，深度优先会首先深入探索一个网站的多个链接，广度优先会逐级遍历不同网站的链接，这将由用户的检索需求决定。网络爬虫技术可以应用于图书馆资源的发现、获取和管理，更高效地扩大图书馆数字资源和文献收集范围并提供更丰富的知识资源，以满足读者的知识需求。另外，图书馆利用网络爬虫自动获取互联网文本信息的特性设置爬虫程序并指定特定的网站、主题或关键词，由爬虫技术自动抓取相关网页内容和文章，既能快速、高效地收集大量知识资源，又节省了手动检索的时间和精力。这样一来，图书馆可以定期检索并更新互联网的开放获取文献、学术期刊和书评等信息并将其整合到系统，为读者提供更广泛的资源选择。网络爬虫在检索更新资源的同时可以监测链接的可用性，及时发现死链接和坏链接，确保图书馆网站上的链接始终有效和资源始终可以被访问。在数字图书馆构建过程中，网络爬虫技术可以将纸质文献转化为数字形式并收集和管理，创建可供用户在线检索和阅读的界面，以提高资源的可访问性，更有效地保存了数字文化遗产。在应用网络爬虫技术时需注意合法合规地获取信息，加强信息筛选和质量评估，以保障所提供的资源可信可用。

**5. 社交媒体分析**

社交媒体分析是利用相关工具对社交媒体软件或在线平台的帖子、评论、分享和点赞等信息进行收集和深入分析，整理成相关分析报告并提供给用户和企业，以便更好了解其在社交媒体中的影响力和竞争力。社交媒体分析可以清晰地反映市场趋势，社交媒体是为市场业务服务的，市场出现新的变化首先会在社交媒体中有所体现，因此分析社交媒体可以及时关注到市场变动，为调整数字营销和客户关系赢得先机。图书馆利用社交媒体分析可以及时调整资源采购和服务策略，使其向读者热门话题倾斜，为读者推送更符合其需求的优质资源，满足读者的知识需求；及时抓取读者发布的评论和讨论，了解其对图书馆资源和服务的反馈，提供改进管理和优化服务的重要关注点；分析并预测新的学术增长点，引领文化和学术发展方向。

**6. 知识图谱技术**

知识图谱技术是革命性的知识组织和表示方法，旨在将丰富的知识和信息以图谱的形式呈现，便于计算机系统更深入地理解和处理。知识图谱技术的核心思想是将数据从离散、无结构的形式转化为高度结构化的知识网络，其中实体、关系和属性是其中的关键元素。在知识图谱中，实体可以是人、地点、物体、概念等任何具体事物，每个实体可以有多个属性，分别代表其特征和文本、数字、日期等不同类型的属性值；实体之间的关系描述了事物本身的层次、关联、因果等多种形式的联系。知识图谱通常以图形结构的形式呈现，其中节点代表实体，边代表实体之间的关系，这种图形结构使知识的组织和检索更加直观和高效。知识图谱还使用了本体和标准化词汇的丰富语义注释，在搜索引擎、自然语言处理、智能助手等多个方面广泛构建了智能的计算系统，以更好地理解和应用丰富的知识，让实体和关系的含义能够被准确捕捉，提高了实践应用的效率和性能。

知识图谱技术为文献链接和引用分析的应用领域带来了革命性的变化，它以图谱的形式将学术文献、作者、引用关系和相关信息进行结构化组织，不仅为研究提供了智能工具，还为学术管理、合作和创新带来了更多的可能。应用知识图谱技术首先需建立文献链接模型，将文献表示为图谱中的节点，包括文献的作者、出版日期、主题等关键元数据；引用关系用边表示，捕捉文献之间的引用链接，揭示了文献之间的关联和引用模式。研究人员利用知识图谱技术可以更容易地发现前沿课题和相关研究，揭示研究领域内的关键文献和研究趋势并评估文献的影响力和重要性，及时调整研究方向。此外，知识图谱技术的个性化资源推荐可以根据研究人员的兴趣和引用历史推荐相关知识，提高了资源的发现率，加快了知识传播和共享，使图书馆知识获取更加高效。

## 第二节 图书馆机构知识库的组织与建设

### 一、机构知识库概述

**1. 机构知识库的溯源与发展**

机构知识库是组织或机构内部用来集成、管理和存储知识资源的系统化平台，其目的是促进知识在组织或机构内部的传递、交流和共享。机构知识库是知识管理的实践基础，其发展历程与知识管理的发展历程密切相关，信息技术的快速发展和计算机在各学科领域的实践应用，推动了知识管理理念在20世纪后半叶的兴起。随着研究的深入，机构知识库也随之演变和发展，在20世纪70—80年代，出现了计算机文件管理系统，用于存储、检索和保存信息文档，实现了电子文档的高效管理，为后来的机构知识库发展打下技术基础。但是由于技术尚不成熟，当时的计算机文件管理系统多采用单机操作，没有实现联机管理，且这个阶段知识管理的理念相对模糊，缺乏深度整合和分析。随着计算机技术的发展，知识管理逐渐从单纯的信息处理转向知识的整合、创新和应用，开启了机构知识库发展的新篇章。知识管理理念的深化让人们逐渐认识到知识是组织最重要的资产以及对其进行有效管理和应用具有重要意义。20世纪90年代，逐渐引入机构知识库的概念，知识管理不再仅关注信息的处理，更强调将隐性知识转化为显性知识，为知识的分享、共享和创新提供理论基础和实践指导，机构知识库不再仅是文档的存储和检索，而是成为知识整合和应用的平台。随着学者的相关研究不断深入，SECI模型和知识融合理论等早期机构知识库模型出现，这标志着知识管理领域的进一步深化和创新，堪称知识管理发展历程中的重要里程碑。SECI模型由日本学者野中郁次郎和武内进一于20世纪90年代初提出，他们认为知识分为社会化、外化、组合和内化四个阶段，知识的转化是从个体内隐性知识发展为组织内显性知识的过程，强调了知识共享和传递的重要性。另一早期的机构知识库模型是知识融合理论，主要强调知识的创造和共享，这需要不同背景和专业领域的人员互动和融合才能够实现。随着这一理论的提出，在交流和协作中逐渐形成不同视角融合和整合知识的模式，推动了创新和知识的跨领域应用。这一阶段机构知识库的发展不仅是技术层面的进步，还是对知识管理思想和方法的深入探索，这一转变推动了知识管理的进一步深化，使知识不再局限于个体，而是作为组织的重要资源被有效整合和应用，为知识管理的进一步发展提供了重要的思想和方法基础。21世纪初，随着互联网的普及、信息技术的迅速发展以及数字化媒体的广泛应用，构建机构知识库不再局限于单一的技术手段和形式，开始朝着多样化的方向发展，传统文本文档与图像、音频、视频等多种媒体结合形成多媒体，丰富了机构知识库的内容，同时提升了用户体验，提供了更丰富的资源，满足了用户对多元知识形式的需求。在这一阶段，网络化机构知识库也逐渐兴起，组织间通过网络化方式就可以共享和协同利用知识资源，加快了知识的传播和应用，推动了跨界合作和跨组织创新。网络化机构知识库也为个体用户提供了更便捷的访问路径，使知识的获取更加及时和高效，并为机构知识库的未来走向奠定了基础。21世纪中期开始，随着人工智能技术的蓬勃发展和数字化媒体的广泛应用，自然语言处理、机器学习、数据挖掘等技术大量应用于机构知识库，提高了知识检索、分析和整理的效率，自然语言处理技术让用户能够以自然语言进行查询，提高了机构知识库的可用性和用户体验；机器学习和数据挖掘帮助机构知识库从海量数据中发现隐藏的模式和关联，为用户提供更精准的知识和推荐；智能化功能提升了用户在机构知识库中的获取效率，为知识的挖掘和分析提供了更强有力的支持。与此同时，协作化也成为机构知识库发展的重要趋势，社交媒体、协作平台等工具的使用使机构知识库成为一个连接不同人、不同背景的平台，用户通过社交媒体分享自己的想法、见解和经验，与其他人互动并讨论，促进了知识的共享、交流和协同创新；协作平台为多人合作创设了便利的工作环境，满足了多名用户在同一平台上实时协作、讨论和文档共享的需求，推动了知识的协同创新。智能化和协作化的方向发展使机构知识库不再仅是信息的静态存储和检索工具，而是成为具有智能化和社交化特征的平台，为机构知识库的未来发展提供了更多可能，继续推动知识管理领域的创新和进步。

近年来，机构知识库在知识管理领域经历了一系列重要的变革，大数据技术的迅速发展为机构知识库的建设和应用带来了新的机遇和挑战。知识图谱概念的引入也为机构知识库带来了新的视角和方式。传统的机构知识库主要关注知识的存储和检索，而大数据技术的引入使机构知识库能够整合和处理大量的数据源，并迅速从海量数据中发现隐藏的模式、趋势和关联，优化知识资源的组织和呈现方式，实现对知识的深层挖掘和分析，为用户提供准确和有价值的信息，更好地满足用户需求的同时提升用户的体验和满意度。与大数据技术相结合的知识图谱也逐渐应用于机构知识库领域，知识图谱是将不同的知识元素通过节点和边连接并形成一个动态且可交互的知识网络，推动知识融合和交流的同时将知识资源之间的联系可视化，能够帮助用户更好理解知识的结构和内容并快速获取所需资源。随着知识图谱技术的进步，机构知识库逐渐将全球范围内不同领域、不同地域的知识资源整合在一起，形成更大、更丰富的知识网络，加快知识的传播和融合，推动不同领域的跨界合作和创新，最终形成全球范围的知识图谱网。

综上所述，机构知识库的发展历程经历了从电子文档管理到知识整合与协作的不断演进，从最早的信息存储到智能分析、知识图谱的应用，机构知识库在信息技术的推动下逐步成为知识管理的核心工具，未来，随着人工智能和大数据技术的发展，机构知识库还将继续在促进知识创新和传播的过程中扮演重要的角色。

**2. 机构知识库的应用特点**

机构知识库是包含大量信息和数据的集合，充斥着各种各样以不同形式呈现的信息和数据，具有内容和表现形式的双重多样性，其内容丰富多样、检索便捷高效的特点能帮助用户更好地理解世界、作出决策并解决问题。机构知识库的内容源自科学、技术、文学、艺术等多个学科领域和知识，包括基本事实、概念以及专家观点、评论和解释；机构知识库中的照片、图表、地图等大量图片的可视化信息也可用于视觉分析、地理信息系统等应用；音乐、语音识别和声音效果等音视频数据也作为极具信息量的媒体类型传递了大量的视觉和听觉信息。

机构知识库的检索具有便捷高效的特点，用户能够轻松地找到所需知识并与机构知识库进行交互。首先，机构知识库的搜索引擎和算法提供了强大的检索功能，用户可以在庞大的机构知识库中利用关键词、标签、类别等多种方式检索并迅速找到所需知识；其次，机构知识库按照既有分类主题标准将知识进行分类、标记和归档，形成良好的组织结构，并提供网页界面、应用程序、API等多种访问途径，用户根据知识导航在特定主题或领域检索的同时可以更深入地了解其知识体系，并利用机构知识库集成和嵌入其他应用程序的功能多次跳转不同的应用程序，满足不同的使用场景和需求。

**3. 图书馆机构知识库的重要作用**

机构知识库在图书馆智慧服务中发挥着重要作用，不仅丰富了图书馆的资源种类和数量，还提升了读者的知识获取和应用能力。

首先，机构知识库丰富了图书馆的资源和服务。传统图书馆资源以纸质图书和期刊为主，在数量和种类上难以满足日益增长和多元化的读者知识需求，应用机构知识库将焦点从单一文本转向了电子文档、图片、音频、视频等多形式的知识资源，拓展了馆藏内容和形式，这一应用让图书馆成为知识获取与分享的重要平台，满足了不同层次、不同领域读者的知识需求。电子文档是机构知识库中的重要组成部分，将学术论文、研究报告、学位论文等纸质文献转换成电子形式存储于机构知识库，可以随时被用户在线访问和下载；图片、音视频资源具有生动、直观表达的特性，图书馆将图片、音视频资源整合嵌入机构知识库，为读者提供了更多元和全面的知识体验。图书馆的读者来自多个领域，有不同的学术背景、兴趣爱好和研究方向，机构知识库丰富的资源种类和内容可以满足不同层次领域读者的多样化知识需求，学术研究人员可以检索并获取最新的学术论文和研究成果，学生可以检索与课程相关的教材和资料，一般读者可以浏览各类主题的图书、文章和多媒体资源，提高了图书馆资源利用率和读者满意度。

其次，机构知识库提升了图书馆知识管理和服务的效能。机构知识库不仅是资源的集合，还强调了对知识的整合、组织和应用，机构知识库在图书馆的应用不仅拓展了资源的内容和类型，更重要的是它使图书馆具备了深层挖掘和分析知识的能力，可以发现隐藏的知识模式和关联，优化资源的组织和呈现方式，提供更符合读者需求的推荐和服务。机构知识库通过数据挖掘技术可以分析读者的文献借阅和检索行为，了解读者对资源需求的兴趣偏好和感兴趣的学科，有针对性地为读者推送相关资源，提高读者对图书馆服务的满意度。图书馆还可以利用机构知识库进行资源的主题和分类标引。一直以来，图书馆都采用传统的图书目录和分类体系以固定的主题分类、作者索引等方式组织知识资源，虽然有一定的作用，但受限于固定的分类结构和标准，常无法反映知识资源之间复杂的关联和语义联系，不能完全满足读者对复杂关系的知识需求，而自然语言处理技术可以根据文本的内容、关键词等信息自动分类，更好地组织知识资源，提供精准的主题检索。在读者检索资源的过程中，机构知识库还可以挖掘文本和抽取信息，发现文本中的模式、关联和趋势，从而发现隐藏在文本背后有价值的信息，为读者提供更丰富的知识视角。

最后，机构知识库加强了图书馆与读者之间的互动和合作。机构知识库的引入为读者提供了更加便捷和多样的知识获取与交流途径，读者不仅可以通过机构知识库进行在线阅读和学习，还可以利用其智能化和协作化功能更便捷地获取和分享知识。读者通过社交媒体、协作平台等工具与其他读者进行交流和合作，不仅丰富了知识体验，还促进了知识的共享和交流，使图书馆真正成为知识创造和协同创新的平台。机构知识库可以为读者提供在线阅读和学习的便利条件，读者通过机构知识库平台不再受限于实体馆藏的开放时间和地点，可以访问大量的电子文献、期刊、报纸等资源，实现随时随地的在线阅读和学习，获取知识的方式更加灵活。社交媒体和协作平台的引入也加强了读者之间的交流和合作，他们既可以在机构知识库平台与其他读者分享学习和研究心得、互相交流意见和建议，还可以通过社交媒体等工具将自己关注的知识话题分享给更广泛的社群，与其他感兴趣的读者互动，拓宽了读者的知识视野，加强了读者之间、读者与图书馆之间的互动和合作。此外，机构知识库的互动和协同办公为知识创新提供了平台，读者在机构知识库针对同一研究项目参与共同讨论和开发,可以产生新的创意和见解,特别是在跨领域合作中,不同学科的专业知识相互碰撞和交融可以产生更具创新性的成果,推动知识的进一步深化和应用,为知识创造更大的实践价值。

## 四、机构知识库在图书馆的服务应用

机构知识库在图书馆的应用包括读者需求分析、知识组织与分类、资源多样性整合、个性化服务与互动体验、数据安全与隐私保护、技术支持和平台建设、业务培训和推广等诸多方面,加快了知识在图书馆业务和服务中的传递和利用。

**1. 读者需求分析**

读者需求分析是采用多种途径调研读者对图书馆服务的反馈和倾向,深入了解读者对知识资源的需求和期望。在调研读者需求的基础上构建的机构知识库功能与大多数读者的需求和期望一致,能提高图书馆知识管理与服务的效率和读者满意度。调研读者需求一般应结合读者沟通和采集行业数据进行,以达到最优调研效果。与读者沟通主要是通过随机访谈、座谈、电话交流、发放调查问卷等方式,在各类读者群取样调研,找到图书馆知识管理的矛盾和焦点,明确机构知识库的建设方向与重点,让机构知识库建设更加符合图书馆管理实际和读者知识需求。图书馆还可以调研已有文献、类似机构知识库平台的使用分析、行业报告等内容,以获取更深入的信息,了解机构知识库的行业发展趋势、最佳实践路径和服务创新点,确保机构知识库的构建与读者需求紧密契合,为读者提供有价值的资源和服务,同时在构建过程中借鉴其他机构和图书馆的成功经验,降低试错的不利影响。图书馆基于读者需求和行业调研的数据可以明确机构知识库的范围、内容和功能,并根据本馆经费、技术水平和资源量确定是否覆盖特定主题领域和资源形式以及是否支持个性化推荐和互动功能。通过充分的需求分析和调研,最终制定项目的时间表、预算、人员配置、技术选型等方面的建设计划,确保机构知识库建设能够实现预期目标并满足读者的实际需求。

**2. 知识组织与分类**

机构知识库设计应建立清晰的知识组织结构和分类体系，让读者能快速定位所需内容。知识组织与分类在图书馆机构知识库设计中扮演着关键的角色，是可以让读者快速、准确定位所需内容的基础，良好的知识组织和分类系统能够提升资源的可发现性，优化读者的浏览和检索体验，从而为读者提供更高效的知识获取途径。图书馆需要根据机构知识库的内容和读者需求建立具有较强可操作性的分类结构，既便于读者使用，又利于图书馆管理的结构体系，能将大量的知识资源有机组织起来，具有层次清晰、条理分明的特点。分类结构可以根据读者的研究领域、学科关注点和检索偏好采用层级、分类、主题等方式来实现，根据知识的相关性划分不同的层级，层级中具有层次分明、逻辑清晰的结构，层级间建立知识关联体系。根据多维度的信息连接，资源之间可能存在相关性、引用关系、相似性等多种关联，因此，通过标签、链接、引用等方式将相关资源连接起来，可以让读者在浏览机构知识库时更全面地了解知识体系，根据检索需要迅速浏览和选择相关主题，找到自己感兴趣的知识。

恰当的标签和分类能够增强资源的可发现性，在机构知识库中为每个文档、图像、音频、视频等资源添加标引和关键词，描述知识的内容和特点，能够提供关键词、分类号、主题词等更多的检索入口，供读者查找资源。标引和分类词的设置可以更好满足读者需求而非为读者检索设置条件，所以检索词的设置应具有一定的普遍性，可以选择资源的内容、主题、作者等元素，避免读者因不了解设置规则而误检或漏检，同时要根据读者的需求和使用习惯随时调整和优化，确保读者能够轻松找到与其兴趣相关的内容。元数据是描述作者、出版日期、主题等资源属性和内容的信息，为每个资源添加丰富的元数据可以提供详细信息，帮助读者理解资源的特点和内容，图书馆可以根据资源的属性和元数据建立索引体系或目录，同时借助内容管理系统（CMS）、知识管理系统（KMS）等技术和工具自动管理和维护分类体系、标签和元数据，保证知识组织和分类的有效性，方便读者了解知识体系，提高资源的可发现性和检索效率。

综上所述，知识组织与分类通过清晰的分类体系、为资源添加标签和索引以及丰富的元数据，为读者提供更好的浏览和检索体验，帮助他们快速找到所需知识资源，合理的知识组织结构也为机构知识库的后续管理和维护提供了基础。

**3. 多样性资源整合**

多样性资源整合可以为读者提供丰富多样的资源类型，满足不同层次和兴趣的知识需求，在这个过程中，图书馆需要规划、设计更有效管理、存储和呈现各类型知识资源的路径和方式。首先，需要选择适当的技术支持和工具，以整合不同类型的知识资源，对于文档、文章等文本类型知识资源，可以借助内容管理系统（CMS）来管理和组织；对于图像、音频和视频等多媒体资源，可以使用专门的媒体管理工具或数字资产管理系统（DAM）进行管理和存储。其次，制定针对资源的文件格式、命名方式等统一资源管理标准，可以更好地管理和维护多样性知识资源，同时方便读者在机构知识库中进行资源检索和浏览。在重视资源管理的同时还应重视机构知识库中资源的呈现方式，检索界面提供的友好交互方式可以方便读者访问、检索和利用不同类型的资源。提供对音频和视频资源在线播放和下载的选项，读者可以根据自身需求选择在线使用还是下载；对于图像资源可提供缩略图和放大查看功能，节省读者的检索和浏览时间，优化资源的呈现方式并提升读者的使用体验。图书馆在整合多样性知识资源的同时需考虑资源的版权和使用权限，一些可能受到版权保护的资源需要确保其在机构知识库的使用合理合法，避免产生知识产权方面的纠纷。此外，图书馆可以与创作者、出版商合作以获取知识使用授权，向读者提供更多种类的知识资源。图书馆通过选择适当的技术工具、建立统一的标准和规范、优化资源的呈现方式来提供丰富多样的知识资源，满足读者不同层次和兴趣的需求，提升机构知识库的价值和吸引力。

**4. 个性化与互动体验**

个性化推荐是通过分析读者的借阅历史等实际入馆行为、检索电子资源的检索记录和偏好推算出读者的研究领域和学术兴趣点，从而为读者量身定制资源内容并进行个性化推送。机构知识库资源内容的增加可能让读者面临信息过载的困境，个性化推荐是通过分析数据从而了解读者的兴趣和偏好并为其推荐相关、有价值的知识资源，不仅能够提高读者的浏览效率，帮助读者更快找到目标信息，还能够帮助读者发现可能被忽略的学科研究领域和内容，提高了机构知识库的实用性。读者互动体验是读者通过发布状态、分享文章、上传图片和视频等方式表达自己对图书馆业务和服务的观点、感受和经验，其他读者通过评论、点赞、分享等方式即时与发布者互动，分享他们的反馈和看法，这不仅拉近了读者之间的距离，还促进了知识的多元化传播，能推动读者更积极地使用机构知识库。互动体验功能还可以共享资源利用过程中遇到的问题并以头脑风暴的方式提出创新思路和办法，加快读者之间知识共享和交流的同时赋予了读者创造和展示的机会，读者通过互动反馈可以感受自己的影响力从而增强自信心和自我认同感，提高了对机构知识库的投入感和忠诚度。此外，读者参与互动体验能够帮助机构知识库收集读者反馈的意见和建议，更好了解读者的需求和期望，逐步优化内容、界面和功能，提升读者的满意度和体验感，这样持续的互动过程能够建立机构知识库与读者之间的密切联系，使读者感到被重视和关心。个性化推荐和互动体验需要依赖先进的技术支持，数据分析和数据挖掘技术可以分析读者行为数据，为读者生成个性化知识内容推荐；社交媒体和集成协作平台可以实现读者之间、读者和图书馆之间的互动和交流，在这里需要注意的是个性化推荐的分析过程应该是透明的，读者需要清楚知道他们的数据将如何被使用，图书馆也需要建立读者隐私保护机制，适当管理和监控读者互动的内容，防止恶意行为和虚假信息的传播。

通过图书馆机构知识库的个性化推荐和互动体验功能，读者可以轻松地获取感兴趣的内容并与其他读者交流和互动，更好提升读者的使用体验感和参与度，丰富机构知识库的内容和功能，使其成为一个更有价值和吸引力的资源平台。

**5. 读者安全性与隐私保护**

随着数字化时代的发展，读者隐私和信息安全愈加受到重视，设计机构知识库需要考虑不同读者访问需求，也需要采取适当的安全措施防止信息泄露，确保读者的隐私安全，保障多样化读者群体的使用体验。机构知识库数据的安全性和可访问的广泛性是设计机构知识库需要平衡的两个要素，因此，做好网络环境下机构知识库数据安全和保护需要从政策法规层面、管理层面、技术支持层面和业务培训层面采取一定的约束措施。为了保障网络时代的数据安全，国家相继出台了《中华人民共和国网络安全法》《中华人民共和国数据安全法》以及《网络数据安全管理条例（征求意见稿）》等相关法律法规，用户的隐私数据要在遵循相关法律法规的前提下被合法合理地使用；图书馆需要在法律法规的指导下制订符合本馆实际情况的数据安全管理和监督机制，以制度的形式落实读者数据的收集和使用，保护读者的隐私数据不受侵害；在服务设施之间进行传输和存储时对读者数据采用加密技术，建立健全身份认证和访问控制机制，有效防止未授权的访问和数据泄露，确保用户数据不被窃取或篡改；对参与读者数据安全保护的馆员和第三方人员进行数据安全业务培训，增强其数据安全责任意识，提高保护数据安全的业务水平，同时对读者进行网络数据安全素养教育，增强个人安全防范意识，共同创设一个安全可信赖的机构知识库使用环境。此外，图书馆可通过定期安全审计和漏洞监督，不断优化安全保障措施，确保机构知识库的安全和隐私保护长期有效。同时，可访问性也是保障机构知识库服务多样性的重要原则，不同读者有不同的个人特点和知识需求，机构知识库设计在考虑一般读者知识需求的同时也不应忽视特殊读者群体的使用体验，提供语音导航、屏幕阅读器兼容等无障碍设计和易于访问的界面和工具，以便特殊读者群体在机构知识库内获取知识资源；为了满足不同语言背景的读者需求，可访问性还应支持多语言检索并提供相关界面和内容翻译，使更多的读者可以无障碍使用机构知识库，推动知识的全球传播和分享。

**6. 技术支持和服务平台建设**

在图书馆机构知识库的构建过程中选择适合的技术平台工具，能够提供稳定、可靠和高效的运营保障，常用的机构知识库管理工具有数据库管理系统（DBMS）、内容管理系统（CMS）和人工智能技术。数据库管理系统（DBMS）是机构知识库构建的核心技术之一，按管理的数据结构可分为关系型数据库和非关系型数据库；按设计架构可分为集中式数据库和分布式数据库；按部署模式可分为本地数据库和云数据库；按应用场景可分为 OLTP 事务型数据库、OLAP 分析型数据库和 HTAP 混合型数据库；按存储介质可分为磁盘数据库和内存数据库。图书馆可根据本馆馆舍面积、经费预算、硬件设施和技术团队情况选择合适的数据库管理工具，对存储在机构知识库中的知识进行收集和管理。内容管理系统（CMS）是重要的机构知识库管理工具，涵盖范围广泛，机构知识库的维护、用户搜索引擎、知识标引模式等都属于内容管理系统的范畴，图书馆通过内容管理系统可以更新和维护机构知识库存储的知识，确保其始终具有强时效性和真实性。人工智能技术在图书馆的主要应用是知识图谱和机器学习技术，知识图谱是表示和组织知识的语义网络结构，它将现实世界的实体、概念、事件和关系以图形的方式呈现，形成丰富而有层次的知识表示，图书馆应用知识图谱可以呈现以知识为单元的检索结果页面，节约读者的检索时间，提高检索效率。读者检索得到的是综合了图书、期刊、报纸、数据库、音视频资料所有资源类型的结果，对资源的路径指向将从以书、期刊等为单元转移到以知识为单元，节约了读者筛选资源的时间，提高了机构知识库服务质量。机器学习技术是人工智能的分支领域，涉及多学科交叉知识，是计算机通过模拟人类在学习中总结积累知识的过程从而增强在决策和预测中的主观能动性。图书馆应用机器学习技术可以迅速识别文献所属主题，自动生成关键词和摘要，更高效地组织和维护机构知识库中的知识资源。

技术支持和平台建设是构建图书馆机构知识库不可或缺的关键要素，选择适合的技术平台和工具可以为读者提供稳定、高效、智能的知识获取和交流服务，让读者享受优质的服务体验，提升图书馆的运营效率和管理水平。

**7. 培训和服务推广**

培训和推广主要包括对图书馆工作人员和读者的培训以及服务推广活动。对图书馆工作人员的培训涵盖机构知识库技术细节、操作流程以及常见问题的解决方法，馆员掌握机构知识库系统内容上传、分类管理、信息更新等操作和管理技能，可以维护和管理机构知识库的稳定性和不间断性。推广是通过开展线上活动、编制宣传材料、举办讲座、开设培训课程等方式向读者介绍机构知识库的功能和优势，展示机构知识库的价值和用途，激发读者的使用兴趣和欲望，提升图书馆资源和管理的使用度和影响力。读者培训是在读者初步了解并开始使用机构知识库时，通过组织培训课程、现场讲解等方式，引导读者正确高效地利用机构知识库进行知识检索和资源获取，从而更好地了解和使用机构知识库。培训和推广活动不仅能够维护机构知识库稳定运行和有效管理，还可以扩大机构知识库的影响范围和受众群体，读者的积极参与和使用反馈也是机构知识库改进的重要参考，可以增强机构知识库的可用性、可持续性和影响力，满足读者的需求和期望。

　　机构知识库建设是通过内部和外部两个部分发展和提升的持续过程。随着技术的进步和读者需求的变化，图书馆应定期收集读者对机构知识库使用需求、满意度和期望的反馈，分析机构知识库的访问数据、热门资源等信息使用情况，揭示读者的使用习惯和偏好，并进行相应的改进，推动机构知识库发展与读者需求同向，保持机构知识库的活力和影响力。机构知识库内部的持续发展是内容优化、功能强化、读者体验优化、安全性和隐私保护的综合体。内容优化涉及调整资源布局、增加高价值资源、删除过时或无效资源，保持机构知识库的新鲜度和实用性；功能强化是根据读者需求逐步引入新的功能来提升读者使用的便捷性及其体验感和满意度；读者体验优化主要指简化检索界面设计和操作流程，使读者更方便地体验机构知识库的各项服务功能；安全性和隐私保护是指图书馆在使用的各环节都需要加强对读者数据的保护，让读者在机构知识库的使用中始终保持安全感。通过持续优化，图书馆将保持机构知识库的活力和吸引力，提供更好的资源和服务，以满足读者需求，提升自身价值和影响力。外部提升主要是指图书馆机构知识库建设应加强与其他馆、机构的合作与共享，不同图书馆和机构拥有不同领域的专业知识和资源，建立合作与联盟关系可以将特色知识资源整合到一个平台，共享各自的研究成果和学术资源，形成丰富的机构知识库内容，为读者提供多样的资源选择，在知识资源获取和共享方面实现双赢。联盟体模式可以汇集文献、图书、期刊、数据库等多类型资源，为读者提供多元的知识获取途径，丰富读者学习内容的同时为他们提供更广泛的知识视角。不同的图书馆和机构之间也可通过联合采购、合作项目和学术研讨等方式共建资源，共享技术平台和管理经验，节约资源和提高服务效率，推动知识的创新与传播。

因此，设计机构知识库在图书馆服务的应用需要综合考虑读者需求、资源整合、技术支持、安全保障等多个方面，通过系统规划和执行建立符合实际需求并易于读者使用的机构知识库平台，为读者提供丰富的资源和优质的服务。

# 第三章 图书馆知识传播与共享

## 第一节 图书馆知识传播路径研究

### 一、社交媒体

**1. 社交媒体的兴起与发展**

社交媒体是 21 世纪出现的重要社会现象，涵盖社会、文化、经济和个人层面的多重价值和功能，已经深刻改变了人们的生活方式、社会结构和信息传播方式。

社交媒体打破了地域的限制，创造了全球范围的虚拟社交空间，人们可以在其中互相连接、交流和分享，这种连接不仅是人际联系，还包括了人与信息、人与事件之间的交互，人们可以借助社交媒体轻松获取和分享新闻、时事、娱乐，信息的传播速度更快、范围更广。社交媒体的崛起也影响了个人和社会的身份认同和表达方式，个人在社交媒体构建数字化身份展示自己的兴趣爱好、价值观和生活经历从而实现自我表达，增强了个人对社会的价值影响，创新性地为人们提供了交流和沟通的途径。与此同时，社交媒体以更加透明的方式逐渐成为社会文化活动和倡议的平台，不断推动社会文化的发展。社交媒体在诸多消费领域也起到了积极的效果和影响，越来越多的企业开始利用社交媒体直接与消费者开展市场推广、品牌建设和客户服务的互动，更准确地了解消费者的实际和潜在需求，及时调整服务方向，提高产品竞争力；同时，社交媒体平台为创业和创作者们提供了展示和销售作品的新空间，推动了创意经济的发展。随着社交媒体的发展，信息在各渠道的快速传播造成的泛滥和虚假现象逐渐成为制约社交媒体发展的瓶颈，这些负能量信息在社交媒体发酵并给公众带来一定的误导，影响了公众的判断和决策；社交媒体上的信息过载也可能导致人们对信息的选择出现偏差和迷茫，人们容易沉迷于虚拟世界，与现实社交脱节，造成心理焦虑与抑郁。此外，大量社交媒体的使用引发了专家对隐私和个人数据安全的关切，这些都成为社交媒体进一步发展亟须解决的问题和困境。因此，社交媒体在带来机遇和便利的同时带来了困难和挑战，我们在享受便利的同时也需理性、负责地使用社交媒体，不断提升数字素养和信息识别的能力，与此同时，政府和社交媒体平台也应加强监管，打击虚假信息和有害内容，保障公众的信息安全和隐私，最大化实现社交媒体对个人和社会的积极影响。

除了传统的社会交流、信息传递作用，社交媒体已经影响社会、政治、文化、经济、教育等多个领域，塑造了一个全新的数字化社会生态。在社会层面，社交媒体已经成为公众参与话题和互动的平台，提供了表达个人见解、参与公共事务讨论的渠道，让人们对社会热点和焦点的关注关心能够引起官方重视，普通民众的呼声和诉求也更容易被社会知晓，因此，社会焦点问题将得以更加公平解决。社交媒体也促进了文化领域的多样性传播和交流，人们可以跨越国界和文化差异，通过社交媒体分享自己的文化、风俗和艺术作品，认知和尊重文化的多元性；社交媒体催生了表情符号、网络用语等许多新的网络文化现象，成为社会文化创意的重要来源。在经济领域，社交媒体成为商业和品牌推广的重要渠道，企业通过社交媒体直接与消费者互动，了解其需求和反馈，精准定位市场和营销策略；创业和创作者们在社交媒体平台可以展示和销售作品，推动了创意经济的繁荣。教育领域也受到了社交媒体的深刻影响，在线学习平台、教育社群等社交媒体的发展改变了传统教育模式和方式，教育工作者和学生通过社交媒体共享学习资源和教育经验，促进教育信息的传播和互动，自助学习和终身学习成为教育的新发展。

**2. 社交媒体的特点与作用**

社交媒体作为现代信息社会的重要组成部分，具备互动性、即时性和虚拟社交性等多重特点，塑造了其在社会交往、信息传播和文化变迁等方面的独特作用。

社交媒体的一个突出特点是互动性。社交媒体的互动性能够极大改变人们与信息、他人的互动方式。传统媒体时代的信息传递通常由专业媒体机构主导，信息的流向是从媒体到受众的单向不可逆流动，受众只能被动地接收信息而缺乏直接参与和表达见解的机会，人们有时会对信息的真实性和公平公正质疑；社交媒体的兴起颠覆了传统的信息传递模式，搭建了开放、双向的互动平台，赋予了普通用户与媒体内容、其他用户之间多向互动的权限，让每个人都有机会成为信息的创造者和传播者，在极大程度上打破了信息传播的壁垒，人们可以更好地表达自己和拓展人际关系，将社会交流提升到全新的层次。用户通过发布状态、分享文章、上传图片和视频等方式表达自己的观点、感受和经验，其他用户通过评论、点赞、分享等方式即时与发布者互动，分享自己的反馈和看法，这样的实时互动不仅拉近了人与人之间的距离，也加快了信息的多元化传播。社交媒体的互动性还表现在用户之间通过关注、加好友、建立粉丝群等途径建立联系并形成网络社交圈，分享彼此的生活、喜好、见解，自由地表达自己的情感和情绪，从而更深入地了解对方，与身边的人建立更加真实和亲近的连接。

社交媒体另一个特点是具有强即时性。即时性作为社交媒体的显著特点可以迅速改变信息传播的速度和效果，深刻影响人们的生活和社会互动方式。过去获取信息主要依赖于电视、报纸和广播等传统媒体，这些传统媒体对信息的加工和传播往往需要一定的制作、编辑和传输时间，传播速度相对较慢，很多信息在被传统媒体报道出来之时就已经过时了。相较之下，现代社交媒体主要通过信息快速传播机制，让信息极快地在全球范围无差别传播，无论是重大事件、时事新闻还是个人的动态和见解都能够在社交媒体实时更新，用户只需通过手机端或PC端就能轻松获得。社交媒体的强即时性能够让人们及时了解全球范围发生的新闻和事件，不再被动接收信息，而是以参与者的身份参与信息的传播和发展过程，通过评论、点赞和分享将自己的见解和情感即时传递给他人实现互动和交流，加快了信息的传播和进一步发展，形成了信息的多重涌现。社交媒体的强即时性在应对突发事件和紧急情况方面也发挥着重要作用，人们在灾难事件发生时可以通过社交媒体发布实时状态，分享求助信息和安全情况，政府和救援机构通过收集发布的信息能够真实了解和判断受灾情况并迅速作出救援反应，提供帮助和支持。需要注意的是，我们在享受社交媒体强即时性便利的同时，也需要保持审慎和理性的态度，来判断信息的真实性和重要性，以此作为我们判断和决策的重要依据。

社交媒体还有一个显著特点是其所创造的社交空间具有虚拟性。社交媒体所创造的虚拟社交空间作为全新的社交范式彻底改变了传统的交流互动的方式，它创设了独特的虚拟环境，能够让人们在数字世界中建立联系并分享经验，以超越地域限制的方式融入全球范围的社交网络。传统社交互动受制于地理位置和时间，只能选择与身边人面对面交流，或通过电话、短信等方式远程互动，而社交媒体的出现打破了时空限制并提供了全新的社交体验，人们能够不受时空的阻碍，与世界各地的朋友、家人、同事建立联系，开展实时、跨地域的交流互动。虚拟社交空间也推动了跨越国家和文化的社交联系，人们能够与不同国家、不同文化背景的人实时交流，分享彼此的观点、价值观和生活经验，拓宽个体社会视野的同时也形成了文化交流和融合的新路径。除了社交媒体的连接作用外，虚拟社交空间也影响了个体身份的建构，它赋予个体创造和展示数字化身份的机会，人们可以在虚拟空间发布内容、分享照片、发表观点展示自己的多个维度，构建多姿多彩的数字身份，增强个体的自信心和认同感，也为社交媒体的互动提供了更丰富的内容。在追求数字化身份和社交关系的过程中，人们也可能因为过度关注虚拟世界而忽视了现实生活中的人际互动，虚拟社交空间存在的信息不确定和隐私泄露等问题也需要用户在使用中始终保持警惕。

综上所述，互动性、强即时性和社交空间虚拟性特点共同构成了社交媒体独特的魅力和影响力，使社交媒体成为信息传播、社会交往和文化变迁的重要媒介，不仅在个人层面影响着我们的生活方式，还在社会层面推动着社会的变革和发展。随着社交媒体的演进，我们也需要审慎思考如何更加合理地使用社交媒体，最大限度发挥其积极影响。

尽管社交媒体在社交连接、传播信息和推动文化变迁方面具有重要作用，但也存在着一些问题和挑战。首先，虚假信息的存在是社交媒体面临的重要问题，由于信息传播快速而广泛，虚假信息、谣言和误导性内容很容易在社交媒体传播，导致公众误解事实并影响舆论甚至引发社会恐慌，因此在使用社交媒体时需判断信息的真实性，避免被虚假信息误导。其次，隐私和数据安全也是社交媒体应用需要关注的问题，许多社交媒体平台收集用户的个人信息可能将其用于广告定位、数据分析等，如果这些数据未得到妥善保护可能会导致用户隐私泄露和个人信息被滥用，因此在使用社交媒体前需了解平台的隐私保护政策，适当采取相关措施保障个人信息安全。此外，使用社交媒体需遵循合适的社交礼仪，人们在虚拟社交空间更容易使用情绪化的激烈言辞表达自己的观点，因此用户在遇到争执时需保持理性，遵循互相尊重、理性讨论的原则，避免冲突和争议。最后，用户过度使用社交媒体会长时间沉浸在虚拟社交空间，出现社交孤立、注意力分散等现象，对个体健康和社会交往产生负面影响，社交媒体趋众的属性也会加重弱势群体的自卑感，影响个体的心理健康，因此用户需要自觉控制使用社交媒体的时间，保持平衡的生活方式，做到虚拟现实结合有度，使社交媒体为个体和社会带来真正的价值。

## 二、图书馆知识交流的媒介与渠道

图书馆主要通过电子邮件、即时通信工具、在线会议工具、项目管理工具、云存储和文件共享工具、内部博客或BBS论坛、图书馆官方社交媒体平台、日程管理工具、文档协作工具、知识库和内部资料库等工具开展知识交流，以加强团队合作，提高沟通与协作的效率。

**1. 电子邮件**

电子邮件是传统的社交沟通工具，沟通双方利用电子邮箱发送邮件进行沟通和交流。电子邮件在兴起的一段时间内一跃成为主要的社交沟通方式，后期随着实时通信工具的崛起与对比，显示出一定的弊端，其延迟性和滞后性让邮件发送与接收之间受网速、计算机硬件配置、电子邮件服务商等影响，从而产生一定的延迟，速度和实时性稍显不足，但是它在传递正式信息、长期保存重要资料等方面仍具有独特的优势。电子邮件在社交场合中是正式的沟通方式，适用于会议邀请、发送公告和回执等，在图书馆工作环境中常存在馆领导与员工之间的交流、部门间的合作以及与合作伙伴或外部机构的联络等需要正式沟通的场景，在这些场景下电子邮件是发送信息的不二选择，它提供的结构化沟通方式能够确保信息的准确传达，避免出现误解或不必要的混淆。电子邮件适用于长期保存重要信息，图书馆通常需要保留会议纪要、决策文件、合作协议等许多管理事务和运营信息，电子邮件提供了以文本、附件等形式长期保存在邮件系统中的便捷方式，为将来的查阅、核实和存档需要提供了方便。此外，电子邮件可以提高跨时区或分散团队的协作效率，图书馆办馆面积扩大和分馆的开设，馆舍、部门、轮班的馆员之间在工作上会产生时间和地点的分散性，影响协作办公的效率，电子邮件可以让不同时区、不同部门、不同职能的馆员在各自合适的时间阅读和工作，避免了实时通信和面对面办公可能带来的不便。然而，我们在看到电子邮件办公优点的同时也需要规避其不利于工作和沟通的地方，信息爆炸让信息超载问题越来越严重，可能导致重要信息埋没在大量垃圾邮件中而被阅件人忽视，耽误工作和沟通；电子邮件非即时性的特点需要阅件人及时查看发送的信息，稍有耽搁就可能造成邮件交流的滞后，因此在需要快速回应的情况下使用电子邮件传递信息是不合适的；另外，电子邮件免去邮件双方的当面交流，但是在使用时需要明确沟通目的、语言简洁明了，避免因语气和语言表达不当产生不必要的误解，影响高效的沟通。

电子邮件虽然不如其他实时通信工具在速度和实时性方面具备优势，但作为传统而又重要的沟通工具在传递正式信息、长期保存重要资料等方面仍然发挥着无可替代的重要作用，在现代图书馆内部通信中，电子邮件与其他通信工具相互补充，共同促进高效的协作和信息传递。

**2. 即时通信工具**

图书馆业务工作可能涉及多个部门和团队，需要及时交流，有合作会议安排、资源共享、问题解决等多种场景，即时通信工具可以打破时间和空间对交流的限制，让馆员能够在不同地点、不同时区进行实时沟通和协作。最为典型的即时通信工具是微信和腾讯QQ，在现有图书馆工作模式中，馆员和业务群之间的交流、非正式文件的传递和分享主要采用微信和腾讯QQ进行互动，为馆员提供实时文字和多媒体消息交流渠道，提高了沟通效率和协作效果。即时通信工具具有实时性、多样化、个性化、私密性、集成性的特点，其中实时性体现得最为充分，现代社会的信息传递多为瞬间完成，没有滞后性，因此馆员之间可以实时发送并接收文本、图片和文件，加快了解和响应图书馆管理的相关问题，减少了读者的等待时间，提高了工作效率；除了支持文字消息，即时通信工具还支持图片、表情、链接等多样化的信息发送形式，让沟通更加生动和丰富，更好满足图书馆各群体信息传递的需求。在即时通信工具的使用中，馆员可以根据不同的工作主题建立工作群，邀请相关人员进群集中研讨，交流特定分类或主题内容，让不同部门或不同项目的成员在不同工作群中进行交流，无关人员则专心于自己的工作，免于被打扰，提高工作效率的同时也确保研讨交流的组织性和针对性；除了群组频道，即时通信工具所具有的私人聊天功能也可以让个体成员私下交流，讨论敏感或个人问题。许多即时通信工具同时支持与其他文档接龙、WPS文件的共享编辑以及任务管理应用等程序的集成，为图书馆管理工作提供了更全面的协作环境。为了提高使用效率，在使用即时通信工具时需注意设定合理的消息提醒和使用习惯，避免消息频繁而干扰正常工作。另外，由于即时通信工具传递的信息极具时效性，信息的发出与接收没有任何延迟，因此在信息发出前需注意信息的准确性和清晰度，仔细斟酌信息内容，避免因传达不全面而造成接收方的误解。

图书馆内部的沟通和协作通过即时通信工具的消息交流、频道设置和私人聊天等功能能够提高沟通效率，促进团队合作，为图书馆的日常管理和项目协作提供有力支持。

### 3. 在线会议工具

图书馆内部的协作和在线会议工具主要包括微信会议、腾讯会议、学习强国会议等应用程序，通过视频会议、音频会议和屏幕共享等功能，为图书馆成员特别是分散在不同馆舍及部门的团队在远程环境下实现高效的协作和沟通提供了有力支持。图书馆业务工作需要不同馆舍、不同部门的团队成员共同配合完成，面对面进行有效协作和信息沟通是非常必要的，在线会议工具提供的远程面对面功能可以让团队成员在不同地点实现视频互动，增强了沟通的真实感和工作效果；成员能够通过语音减少文字沟通可能带来的误解，更直接地表达自己的观点、问题和建议，快速解决问题并作出决策，提高信息传递的准确性；图书馆协作办公常需共享文档、演示文稿、图表等展示和讨论文件、数据和项目进展，成员可以通过屏幕共享在同一时间共享屏幕讨论业务和合作，随时在会议过程中提出问题、讨论话题并获得实时反馈，增加了与会成员实时互动的频率，促进了成员之间合作交流，也推动了会议向着既定目标发展。使用在线会议工具需要稳定的网络和技术，网络不稳定所导致的视频画面模糊、音频中断等情况会影响参会人员对信息的接收，甚至导致会议失败，相较于现场会议，在线会议更不容易控制会议时长，因此，在会前制定明确的会议议程和时间安排可以避免会议时间过长影响成员线下的工作。

在线会议工具主要通过视频会议、音频会议和屏幕共享等功能实现成员远程高效的面对面沟通，加强团队合作，在图书馆的信息共享和决策制定中发挥了重要作用。

**4.项目管理工具**

目前国内主流的图书馆项目管理工具包括汇文文献管理系统、妙思文献管理系统、超星云平台文献管理系统等，能够让图书馆业务部门有效追踪任务、分配责任和管理项目，确保各项业务工作顺利进行。图书馆的日常运营涉及采访、编目、流通、阅读推广等多类型业务和读者活动，图书馆通过项目管理工具的任务追踪和结构化管理平台，在不同业务系统模块创建业务清单，为不同业务设置工作流程、检验标准、截止日期、优先级等工作标准，让馆员清楚工作流程和标准并有效开展工作。项目管理工具允许业务部门将任务分配给不同馆员并为每个馆员设置业务内容和标准，避免了业务重复或遗漏，提高了工作效率，确保了团队的协作。当遇到活动策划、资源采购等有时间要求的紧急业务时，项目管理工具也可以设定完成业务的截止日期来提醒团队成员工作的紧迫性，保证业务按时完成。此外，项目管理工具支持设置业务工作的优先级，帮助馆员合理分配时间和资源，确保项目的整体进度。在任务展示页面，项目管理工具的可视化界面可以让团队主管随时跟踪项目整体进展和任务状态，及时发现问题、调整计划和进度，从整体把控项目发展。选择项目管理工具时应根据图书馆自身需求和团队成员的工作习惯，在使用过程中明确其工具属性和成员的责任职责，加强成员人文管理，及时更新业务状态和工作进展，使人员和工具同向促进图书馆业务的发展。

因此，项目管理工具主要通过业务追踪、责任分配、截止日期设定和优先级管理等功能帮助图书馆业务部门更有效地分工合作，顺利开展各项业务，然而在使用时需注意选择合适的工具和有效的使用方法，以达到最佳的管理效果。

**5. 云存储和文件共享工具**

云存储和文件共享工具主要指百度网盘等提供云存储的 App，图书馆馆员利用云存储和文件共享工具能够方便地存储、共享、访问和编辑文件，提高文件的协作和管理效率。云存储允许团队成员在云端存储文件，实现跨设备的访问，只要有网络连接，成员无须依赖特定的设备或地点，就可以轻松访问存储在云中的文件，这对于图书馆分散的团队管理以及移动的工作需求来说尤其重要。图书馆的协同办公经常需要多个成员同时访问和编辑同一份活动策划、撰写报告等文件，成员通过云存储的共享链接可以随时将文件共享给他人，实现多人实时协作和编辑，避免了传统的文件传递和版本管理的困扰。此外，云存储支持的版本控制功能可以保留文件的修改历史，团队成员可以通过回溯以往的修改记录查看文件的变更情况，确保团队成员使用的是最新和正确的版本。云存储服务提供的权限设置功能可以控制不同团队的访问和编辑权限，避免不必要的误操作和信息泄露，这对于保护敏感信息、确保文件安全非常重要，因此在使用云存储和文件共享服务时需注意数据的安全性和文件管理的系统性，确保选择的服务有适当的数据加密和隐私保护措施，避免在云存储中出现混乱的文件结构和重复文件，在共享时要根据知悉范围设定共享人，增强共享人数据安全防范意识，提高文件共享在网络的安全程度；通过建立健全身份认证和访问控制机制，保护文件在共享时不被窃取或窜改，有效防止未授权的访问和文件数据泄露。

**6. 内部博客或 BBS 论坛**

图书馆内部博客或论坛平台是馆员分享业务实践和经验知识的重要途径，馆员以发帖、讨论的形式加强交流与沟通，可以创新知识和增强团队凝聚力。首先，图书馆内部的群聊或信息发布平台是馆员业务交流与展示的重要场所，图书馆馆员在长期工作中都总结有明显个人特征的专业知识和技能，这些特有的专业知识和技能对提高图书馆日常管理服务水平、提升读者服务质量有着重要的推动作用，图书馆内部群聊和信息发布平台的出现强化了馆员展示和分享个人业务经验的意愿，既可以让这些宝贵的工作经验被传播和继承，又促进了馆员之间的思想碰撞，产生更深层次的创新思维，更好地服务于图书馆管理与业务的开展。另外，内部交流工具的产生和发展增加了馆员互动讨论的频率，图书馆馆员可以对分享的内容提出问题、提供建议并进行讨论，深化对专业知识和研讨主题的认知，促进工作团队之间的交流，帮助团队成员从不同角度思考工作和拓展思维，避免了知识孤岛出现，提高了团队的工作效率和质量。将分享平台发布的专业知识和实践经验的文档作为知识库内容进行分类并存储，可以让馆员随时通过知识检索找到之前发布的博客文章或论坛帖子，快速获取所需信息，提高图书馆业务的质量和效率。作为在云端存储和访问的平台，在使用和发布内部论坛时需保证信息的真实准确，同时做好平台的维护管理，由专人负责审核和管理发布的内容，确保平台的整洁和有序。

内部博客或论坛平台通过分享知识、实践经验和业务管理增加了图书馆团队成员之间的互动和交流，加强了内部知识的传递和积累，提高了图书馆管理团队的工作效率和质量，是图书馆内部协作和知识共享的主要工具。

**7. 图书馆社交媒体平台**

图书馆官方媒体主要包括微信公众号、抖音等官方发布平台，为图书馆内部的协作和沟通提供了虚拟的社交空间，及时发布图书馆相关活动并宣传精神文化，加强了馆员之间的文化共享，提高了图书馆团队的凝聚力。图书馆作为知识和文化的机构，其自身所具备的文化内涵是整个团队开展工作的核心和动力，随着馆舍面积的进一步扩大、业务的纵深发展,馆员大多实行轮班制,这样就出现了馆员按时间到固定岗位上班和下班,与图书馆其他部室并无交集的现象,甚至同一工作岗位不同轮班时间的馆员也无工作与生活的交集,图书馆逐渐演化成模版化工作场所,馆员之间的联系不断减少,对图书馆的认同感也慢慢变淡,影响了馆员团体凝聚力。为了改变这一现象,图书馆可以增加在抖音、微信公众号发布动态的频率,以增强馆员对图书馆业务和活动的了解和关注:发布馆员活动信息、宣传工作成果和荣誉、分享读者的阅读趣事,让馆员随时了解图书馆活动动态和工作进展,增强图书馆团队文化的建设和凝聚力;发布图书馆学专业资讯、新闻和资源推荐,让馆员及时获取和学习相关知识,提高专业知识积累和跨部门合作的能力。在使用内部官方社交媒体平台时要制定公众号发布管理办法,明确发布内容和审核机制,指定专人发布信息,严格管理后台账号,做好发布内容的相关审查,避免官方账号发布不适当内容而对图书馆形象造成不良影响。

内部官方社交媒体平台主要通过构建虚拟社交空间、及时发布图书馆业务知识和服务动态来提升图书馆馆员团队的专业素养和文化修养,对构建图书馆文化体系、增强团队凝聚力具有重要作用。

**8. 日程管理工具**

图书馆业务涉及不同馆员参加的会议、讨论和项目进度报告,管理层和馆员所参加的会议内容和频率各不相同,为了更好地对个人需参加或召开的会议时间进行管理,日程管理工具应运而生。日程管理工具能帮助团队成员协调会议时间、安排工作日程,提高了时间管理的效率,保证了工作的顺利进行。馆员通过日历工具在日程上标注自己的可用时间并查看其他馆员的空余时间,找到适合所有人的会议时间,极大提高了会议的效率和成员的参与度。日程管理工具也可以让个人工作日程更加有序,在图书馆的日常运营中,馆员需要处理图书采购、活动策划、编目等各种不同的任务和活动,通过日历工具制订一份有序的工作日程,将任务分配到不同的时间段,避免了同一时间内的任务重叠。此外,馆员在工作繁忙时可能会忘记既定业务或会议安排,日程管理工具的提醒功能也能够保证馆员在业务开始前收到通知,避免错过重要的工作和会议。目前的日程管理工具都支持多设备同步,成员可以在不同的设备上灵活访问和管理自己的日程,随时根据工作进展和安排进行调整,在使用时注意及时更新调整的日程,保证与业务进展同步,避免因信息不一致影响工作效率;同时应注意合理使用日程管理工具的提醒功能,过多设置提醒会造成信息过载,影响馆员积极工作的状态。

日程管理工具通过协调会议时间、安排工作日程和设置提醒合理安排馆员的时间,提高了时间管理效率,促进既定业务和会议顺利开展,实现了业务工作效率最大化,这虽然是一个微小的功能,却可以管理馆员的时间,在工作和生活中都不可或缺。

**9. 文档协作工具**

文档协作允许图书馆内部多名馆员同时利用金山共享文档、腾讯共享文档等工具协作办公和文件编辑,提升了合作撰写、编辑和文档管理的效率。文档协作工具打破了传统文件编辑对时间和地域的限制,馆员可以在不同地点、不同时间同时编辑同一份文档,实现了实时合作和协作。对报告、手册、策划书等需要多个部门多位馆员共同撰写编辑完成的业务文档,可以利用文档协作工具的实时编辑和评论功能进行修改,馆员也可以在文档中提出问题、提供建议和讨论内容,与其他馆员进行更深入的合作和交流。此外,在多人协作办公中针对同一问题可能会存在不同的修改意见和修改版本的情况,内容存档和修订历史存档功能能够记录每个修改历史,馆员可以随时查看并恢复之前的版本,避免因误操作造成文档内容的不可挽回。在使用文档协作时要注意及时保存编辑的内容,虽然工具支持自动保存,但在编辑过程中定期保存文档可以避免丢失重要内容和数据;在使用过程中设置不同馆员对文档访问和编辑的权限等级,也可以保障文档和敏感信息的安全。此外,文档协作工具只是馆员业务沟通的助手,在编辑修改文档前要及时与团队其他成员进行必要的沟通交流,得到其他成员的理解和认可。

文档协作工具主要通过多人实时编辑、评论功能、版本控制和权限设置等帮助图书馆团队完成高效的合作撰写、编辑和文档管理,提高了工作效率和工作质量,在使用这些工具时需要注意保存和有效沟通，以确保最佳的协作效果。

**10. 知识库和内部资料库**

知识库和内部资料库为图书馆提供了集中存储和共享内部文档、政策手册、培训资料等信息的空间，馆员能够方便地访问所需信息，提高了工作效率和质量。图书馆业务管理涉及政策手册、操作流程、培训资料等大量的内部文件，建立知识库和内部资料库可以集中存储管理所需的各类文件和信息，避免了历史文件的分散、遗失和重复，馆员对文件进行整理和分类，使其更易于检索和访问，提高了图书馆知识管理的效率。知识库和内部资料库也同时支持文档的共享和访问，文件上传到知识库或内部文档库后可根据整个团队、特定部门或个人需要的知悉情况选择共享范围，确保文件的安全和合理使用，避免了敏感信息的泄露。知识库和内部资料库收录的内容主要是本馆管理和业务工作的文件和数据，有一些未必适合全部公开，这时可新建页面存储相关内容并限定 IP 来控制可访问人员，也可以在内网建立 App 并上传需要限定访问的资源，避免外部人员通过互联网检索到敏感数据。

将图书馆内部资料进行保存与共享，其工具的选择需要根据图书馆自身的技术水平、团队支持、保存目的和工作流程来决定，综合衡量和运用保存与共享工具可以发挥每个工具的最大技术效果，更好保存、协作和共享图书馆内部资料，提高图书馆管理和服务水平。

## 第二节　社交媒体在图书馆知识共享中的应用

### 一、图书馆知识共享

图书馆知识共享是图书馆内部对知识传递和管理以及图书馆以外的单位和个人对图书馆知识的共享与利用。内部知识共享是图书馆管理和发展的重要组成部分，通过营造开放交流的文化氛围、采用合适的知识共享工具提高工作效率和服务质量。外部知识共享主要表现为图书馆与其他文化机构共享资源以及读者对图书馆资源的检索利用，用以增强图书馆在信息社会中的影响力。本章节重点讨论图书馆内部知识共享。图书馆知识共享强调集中整合并传递馆员的专业知识和实践经验，图书馆不同业务岗位的馆员精通不同领域的专业知识，例如图书采购的馆员精通图书出版、学校专业设置和学科建设的专业领域，编目流通的馆员精通图书集成管理系统、中图分类法和阅读推广的专业领域，数字资源管理的馆员精通数据库使用、读者培训和计算机网络技术的专业领域，不同知识专长的馆员通过朋友圈、讨论平台、线上会议等渠道分享自己的专业知识、实践经验和业务技巧，可以推动图书馆内部知识的传递和共享，对图书馆整体运营和发展都具有重要意义。知识共享能够促进图书馆业务团队内部的合作和协作，图书馆内部设置有多个业务部门和团队，彼此之间需要交流信息来完成业务的合作和协调，知识共享能够更好地让业务部门和团队了解彼此的工作内容和需求，站在有利于整体工作开展的高度分享工作进展和项目计划，推动跨部门协作。此外，知识共享有助于用创新思维解决矛盾和问题，图书馆面临着不断变化的信息环境和用户需求，需要不断创新管理和服务模式以满足社会和读者对知识的需求，创新思维的形成更是团队集思广益的成果，成员通过知识共享共同研讨服务中遇到的问题和解决方案，集合多位馆员的经验和视角激发创新思维，以头脑风暴的方式共同面对挑战并提出解决办法，推动图书馆在服务和发展领域取得更好的成果。另外，知识共享可以提升图书馆服务质量，满足读者对知识的多样化需求，图书馆馆员通过知识共享可以互通读者的需求和对服务的反馈，共同思考如何改进服务内容和提升服务质量，增强读者对图书馆服务的满意度和信任感。在实现图书馆知识共享的过程中，应引导营造开放、合作的图书馆文化氛围，鼓励馆员积极主动分享和交流，在馆员分享和交流的意愿下重视分享交流平台和机制的建设，提供适当的渠道和工具让馆员便利地共享知识，推动图书馆内部的协作和创新，提升服务质量，推动图书馆事业的发展。

## 二、网络环境下知识共享的新特点

**1. 信息源的广泛性与多样性**

在当今网络环境下,传统图书馆所收藏的知识资源已无法满足人们对知识广泛且多样的需求,图书馆知识资源正朝着数据库、电子出版物、在线目录以及在线信息资源等方向迅速发展,以满足人们在知识获取和共享方面的需求。电子出版物是网络知识资源中利用频率最高的类型,其具有容量巨大、体积小巧、传递迅速、检索速度快的特点,为读者提供了丰富的图文和多媒体内容,同时其数字化形式也不受地理位置限制,能够更好满足知识动态性、及时性和多样性的需求,成为读者检索的首选。图书馆和读者对电子资源的需求量巨大,这也刺激了各种在线平台和资源类型的不断发展,在当今信息社会中,电子出版物和其他在线资源的更新换代为人们提供了更多的平台,以满足不断增长的知识需求,同时也为学术研究、商业决策和个人兴趣提供了更多的可能,继续推动知识领域的创新和发展,为图书馆知识共享提供更多的机会。

**2. 知识共享的及时性与实时性**

随着网络技术的发展,知识共享工具也发生了巨大变化,传统图书馆的文献传递和手工检索正在逐渐失去影响力,互联网工具成为知识共享工具的主流。我们可以将现有的互联网工具分为侧重知识检索的工具和侧重网络知识交流的工具两大类,在知识检索领域有搜索引擎、万维网(WWW)、WAIS、Gopher 等多种功能完备的工具可供选择,它们的出现扩大了知识检索的范围,加快了检索,让读者不再受限于传统检索方式,可以随时随地访问所需信息,这意味着图书馆知识共享可以实现 24 小时不间断的服务。网络知识交流工具主要包括电子公告板(BBS)、电子邮件(E-mail)、文件传输协议(FTP)以及远程登录(Telnet),不仅为读者提供了方便知识交流的方式,还让知识共享变得更加高效。在网络环境下,面对面获取知识的方式正逐渐被基于电子公告系统或电子邮件的共享服务方式取代,即时知识检索以及利用会议和交谈软件的实时互动也成为知识共享的重要组成部分。

随着互联网的发展，知识检索和交流方式发生了革命性的变化，读者拥有更多便捷的检索工具可以拓展获取知识的途径，满足知识获取的需求，为共享与创新提供了技术支持，推动了知识领域的发展。

**3. 知识共享的智能性与互动性**

多样的获取途径让知识提供和接收之间的联系变得更加智能，读者可以利用电话、电子邮件、通信软件和电子传真等多种工具获取和分享知识，网络会议和电视电话会议等会话服务软件的使用也让知识分享与交流从传统的一对一模式转变为一对多甚至多对多的互动模式。在智能知识获取技术的帮助下，图书馆更倾向于通过馆际合作共享资源和知识，图书馆馆员也可以利用互联网工具与多用户同时交流，为更多读者提供知识资源服务。受益于现代通信工具的广泛应用，知识供求之间的联系也更加智能，不仅扩大了服务范围，还增加了交流和互动的可能性，促进了学术和信息社区的合作和共享，为知识传播和合作提供更多的机会和便利。

## 三、基于社交网络的图书馆知识共享体系框架

**1. 图书馆知识共享体系**

基于社交网络的图书馆知识共享体系以图书馆社交网络为基础，充分利用高校现有的知识资源并借助计算机、网络硬件设备和软件资源，以最高效和经济的方式向读者提供服务，主要通过服务、加工、支持、资源和系统维护层五层运营模式的协同配合，实现图书馆知识共享水平的全面提升。服务层直接向读者提供知识服务，读者可以在服务层与图书馆馆员直接互动；加工层是将原始知识资源转化为系统规范的知识，为读者提供更有价值的信息。在Web2.0时代，知识由馆员提供，读者只是知识的接收者，被动接受馆员提供的知识，而在社交网络时代，读者更倾向于通过社群主动贡献和分享知识，这一转变重新定义了加工层和服务层的角色，使整个知识共享过程更加互动和富有活力。支持层提供了体系有效运作的必要规则支持，

主要由图书馆馆员根据图书馆管理和服务机制制定相关规范，支持服务体系的有效运行。资源层是资源的集合体，涵盖了多种隐性知识和未经加工的资源，需要经过加工和转化才能为读者使用。系统维护层负责维护网络和计算机存储的安全、保护敏感数据和防范潜在的网络风险，保障知识共享体系的正常运行。构建高校图书馆知识共享体系将图书馆知识服务从传统的一对一模式转变为更加互动和社交化的一对多模式，不仅为读者提供了更丰富的知识服务体验，还为图书馆满足知识传播和合作提供了更多可能，推动了知识共享模式的创新和发展，为知识社会的繁荣做出贡献。各层次关系模型如下图所示。

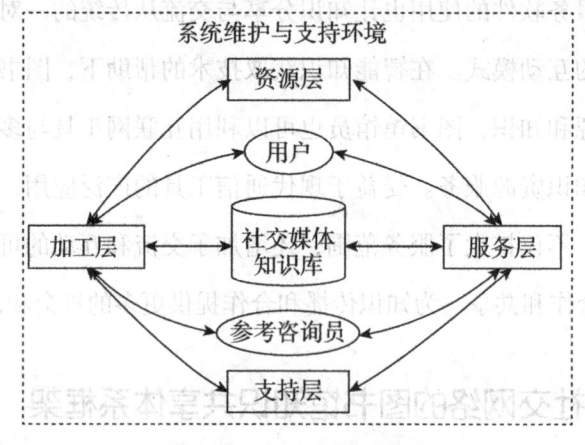

图 3-1　各层次关系模型

**2. 图书馆知识共享体系架构**

　　服务层和加工层是高校图书馆知识共享体系的核心，共同为读者提供全面而丰富的知识获取和互动体验。服务层主要包括学科指引目录和搜索引擎两部分，学科指引目录是根据本校的办学特色和学科领域，通过分类技术和应用控制技术将社交网络资源有机呈现给读者，实现点对点的知识检索功能，可以拓展读者的知识领域；为了更好满足读者对热门知识的学习需求，图书馆转变服务方式，主动利用大数据技术在主页展示系统内的网络热点知识，为读者提供高质量的知识和服务。服务层是面向读者提供服务的直接层面，其提供的电子资源和知识都是在加工层整合完成的，因此加工层是服务层的支撑和保障，除整合数量庞大的多类型数据外，加工层还会收集、管理、挖掘和研究读者升华再造的新知识，再次贡献给社群使用。此外，读者可以根据个人需要编辑和增删知识库的内容，记录知识的演化过程，更深入地参与知识的创建和分享。知识库鼓励通过自主学习参与知识的加工、挖掘、研究和贡献，读者在参与知识创建和分享时同样需要遵守知识库本身的秩序和规范，按照统一标准表述和关联知识，保障知识库的正常运行。总的来说，高校图书馆知识共享体系是以服务层和加工层为核心的复杂系统，在提供丰富知识资源的同时鼓励读者积极参与知识的创建和分享，满足读者对知识获取和互动的需求，也为高校图书馆提供了知识传播和合作的强大工具，推动图书馆知识共享的创新和发展，为知识社会的繁荣做出贡献。

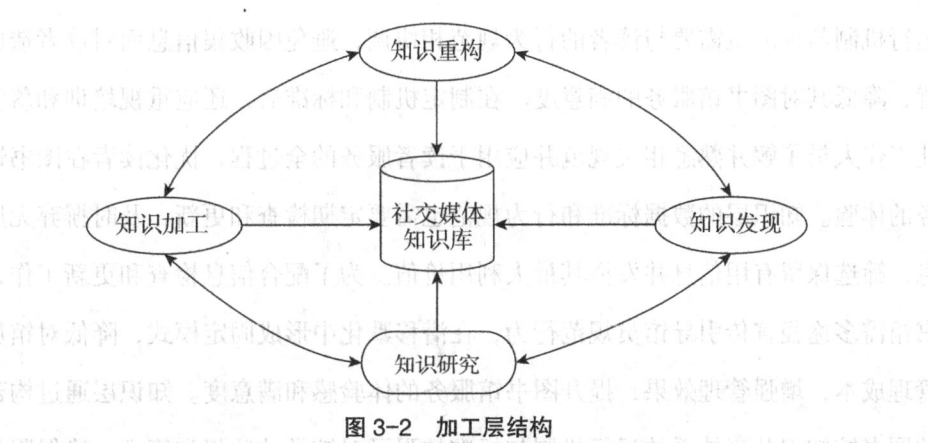

图 3-2　加工层结构

资源层聚焦知识的来源和构建，主要由图书馆馆员的知识、读者自主学习获得的知识和学科专家的知识三类知识组成，共同形成社交媒体平台的知识基础，并为开展实质性服务提供智慧支持。图书馆馆员是图书馆专业人员，他们拥有丰富的业务管理和读者服务经验，为构建社交媒体知识库提供了宝贵知识。读者所具有的知识是资源层的重要组成部分，读者通过自主学习积累了广泛的知识，在收获知识的同时也积极参与知识贡献和分享，极大丰富了社交媒体平台的知识库。学科专家是各学科领域的重要研究人员，专业知识深厚，擅长解决特定领域的重点问题和热点需求。将图书馆馆员、读者以及学科专家尚未明确表达或记录的隐性知识转化为显性知识并分享给其他读者，使更多人群访问并受益，是资源层的关键任务。资源层还鼓励知识的积累和再生，通过不断贡献、学习和分享壮大社交媒体平台知识库，实现知识的可持续发展。资源层的内容多样且丰富，图书馆馆员的专业知识、读者的广泛学习和贡献以及学科专家的专业知识相互交织，为服务层和加工层奠定了宝贵的知识基础，也为高校图书馆知识共享体系提供了坚实的资源支撑，不断充实资源层的内容可以满足读者对多学科领域的知识需求，激发知识的共享和互动，推动图书馆知识服务向更高水平发展。

知识层涵盖了整个体系的管理机制和行为准则，对知识层进行合理的管理和规范可以提升知识共享体系的运行效率和效果，提高图书馆知识管理的水平。知识层包含的管理机制和数据标准具有强烈的本馆特征且具有一定的延续性，图书馆在修订和完善时需参考已有的标准和机制，避免出现与前期政策相悖的情况。知识层的运行机制与标准也需要与读者的行为规范相协调，避免因收集信息而对读者造成干扰，降低其对图书馆服务的满意度。在制定机制和标准后，还应重视培训和落实，让工作人员了解并熟悉相关规范并应用于读者服务的全过程，优化读者在图书馆服务的体验。知识层的数据标准和行为规范也需要定期检查和更新，及时摒弃无用信息，筛选保留有用信息并发挥其最大利用价值。为了配合信息检查和更新工作，图书馆需多途径宣传引导馆员规范行为，在潜移默化中形成固定模式，降低对馆员的管理成本，增强管理效果，提升图书馆服务的体验感和满意度。知识层通过构建高校图书馆知识共享体系的运行机制与标准加强了对馆员的监督和管理，确保服务体系的高效运行，为图书馆创设了稳定的运行环境。

高校图书馆知识共享体系涵盖了服务层、加工层、资源层、知识层以及系统的支持与维护层，每一层都不可或缺。读者在服务层通过学科专业指引目录和搜索引擎工具检索并获取知识；作为知识平台的加工层鼓励读者将获取的知识进行创造、挖掘和再加工，推动知识的交流和分享；资源层将汇聚的图书馆馆员、读者和学科专家的知识通过社交媒体平台积累和再生。知识层在服务体系中嵌入了对知识管理的规范机制，让知识在收集、存储、管理、利用的各个环节都有相关规范和标准可以遵循，确保了知识共享体系的真实准确和规范标准，同时引入更新维护和培训机制，让规范管理融入知识服务的每个环节。系统的支持和维护层为知识共享体系提供了技术支持和设备维护，通过多层级数据管理和维护体系确保了服务的稳定运行。因此，高校图书馆知识共享体系是一个多层级、综合的管理系统，层级内部的管理监督体系确保了每一层级的稳定运行，层级之间通过协同合作共同构成了高校图书馆知识共享体系，管理知识并为读者提供优质服务体验。

# 第四章　图书馆知识转化与评价

## 第一节　知识转化与应用价值

### 一、知识转化与应用价值的关系

现代社会中的知识被广泛认为是推动经济、科技和文化发展的重要驱动力，然而仅拥有知识并不能够直接产生应用价值，还需要经过一系列的转化才能真正发挥知识的作用。以下将从三个方面深入探讨将知识转化为应用价值的必要条件。

**1. 知识转化是应用价值的基础**

知识转化是应用价值的基础，它将抽象的知识转变为切实可行的解决方案，推动了科技、经济和社会的发展。知识本身是抽象的，它在没有实际应用的情况下往往只是庞杂信息的集合体，将知识转化为应用价值需要通过整合、加工和创新等业务流程，将其转化为能够解决实际问题、满足用户需求的有价值的知识，科学研究中的理论知识如果不能转化为实验方法和应用技术，就难以产生创新和实际的科技成果。知识转化的过程不仅是将理论知识应用于实际问题的解决，还包括跨学科的整合和创新以及学科交叉向精细化的发展，许多创新都是由不同领域的知识交叉融合而来的，这种跨界融合更是促进了应用价值的创造。

**2. 知识转化需要合适的环境和资源**

知识转化并非一蹴而就，需要适当的环境和资源的支持。科研领域的大学、研究机构和创新中心提供的实验设备、资金支持和合作机会都是知识转化的平台；商业领域的创业孵化园、风险投资和市场等渠道也为创业者将知识转化为市场价值提供了支持。此外，合适的政策和法规对知识转化也起到至关重要的作用，知识产权保护、技术转让和创新奖励等政策能够激励研发者将知识投入实际应用从而产生价值，如果缺乏这些支持性因素，即使拥有丰富的知识也难以实现有效的转化。

**3. 知识转化需要市场需求和用户参与**

知识转化与市场需求紧密相关，即使一项技术或创新在理论上非常先进，如果没有市场需求，其应用价值也会受到限制。因此，在知识转化过程中需要随时关注市场的发展趋势和用户需求的变化，将知识与需求有机融合，创造出有应用价值的产品和服务。用户参与也是知识转化的重要环节，用户对产品的反馈能够帮助生产者优化和改进产品，使其更符合实际需求，因此，在创新过程中与用户密切合作可以更好地满足他们的需求，产生更大的应用价值。

综上所述，知识转化与应用价值之间的关系密不可分，知识转化是将抽象的知识转变为实际解决方案和创新的过程，它需要合适的环境、资源和政策支持，还需要关注市场需求和用户参与，只有在多个因素的综合作用下，知识才能真正地转化为对经济、科技和社会发展有益的应用价值。

## 二、知识转化为应用价值的必要性

知识转化为应用价值体现在社会和生活的多个层面，从社会发展到个人成长，每一个环节都离不开知识向应用价值的转化。

**1. 知识向应用价值的转化可以促进社会创新和进步**

随着科技、经济和文化等领域的演变，社会发展迎来了复杂的挑战和机遇，只有不断将抽象的理论知识转化为创新性的实际解决方案，才能更好适应这些变化和挑战，推动社会发展。在科技领域，知识向应用价值的转化在创新产品、优化服务和改进技术方面具有深远的影响，科学研究形成丰富的理论知识，并将其应用于工程和技术等实践领域，可以有效推动知识向价值的转化。基础科学研究中的材料理论转化为制造工艺可以生产出更轻、更坚固、更环保的产品，不仅提升了产品的性能，还带动了制造业的技术升级，加快了行业经济的增长。市场的不断发展也需要知识及时转化为实际应用，市场需求的变化、新兴产业的兴起以及全球竞争的加剧都需要创新的商业模式和市场策略来应对，企业和创业者只有在知识得到创造性应用和转化的情况下，才能将市场趋势与自身的核心竞争力紧密结合，开发出能够满足市场需求的产品和服务，在激烈的市场竞争中始终保持竞争优势。此外，文化领域的知识转化也在社会创新和进步中扮演着重要角色，文化知识的传承和创新可以推动艺术、文学、音乐等多领域发展，促进社会文化进步，坚定文化自信。

知识转化为应用价值是社会创新和进步的关键推动力，不仅在科技领域推动了产品和技术的创新，还在经济和文化等诸多领域产生了积极影响，将抽象理论知识转化为实际应用在带来经济效益的同时也加快了整个社会发展和进步，为未来发展开辟了新的道路。

**2. 知识向应用价值的转化可以更好满足社会实践和用户的需求**

知识向社会价值的转化搭建了理论向实践转化的桥梁，不断解决社会实践遇到的实际问题和矛盾是满足用户个性化需求的有效途径。从医疗保健到环境保护、从社会公平到科技创新，各学科领域都存在需进一步研究的空白区域，将知识应用于实践可以推动学科研究和实践的发展，为用户提供更科学和人性化的服务，为学科领域提供科学完备的解决方案。各学科领域的实践经验都证明了知识向社会价值转化的必要性和正确性，一直以来，医疗领域的先进医学研究成果都不断转化为医疗技术，新型药物、治疗方法和医疗设备的问世推动了人类健康水平的提高，保障生命的延续，基因编辑技术的出现使一些遗传性疾病的治疗变成可能，干细胞技术的发展为再生医学开辟了新的前景，这些知识的转化不仅治疗了疾病，还延长了人类的寿命，提高了生活质量。环境污染的加剧让环境科学知识转化为环保技术变得尤为重要，将环境科学知识应用于实际问题可以推动可持续发展目标的实现，为保护地球生态环境贡献力量；可再生能源技术的应用减少了人类对化石燃料的依赖和温室气体的排放量，降低了气候变化的影响；废物处理和资源循环利用技术也能够减少废弃物对环境的污染，保持生态稳定和平衡。社会资源分布不均已经引起社会大众的普遍关注，成为社会矛盾的焦点之一，东部沿海地区医疗、教育、文化、卫生等公共资源的占比高于西部内陆地区，经济发达地区的占比高于经济次发达地区。因此，深化教育领域改革，让知识尽可能多地转化为教育人才的培养，加大社会公共领域知识向社会价值转化的力度，加大优秀教师向偏远地区的输送力度，可以为教育发展不充分的地区提供更多的优质教育资源，缩小教育差距并保障教育公平，有效避免矛盾的进一步激化。科技的飞速发展为科技创新创造了机遇，人工智能技术在医疗诊断、金融分析、智能交通等领域的应用推动了相关学科与最新科学技术的融合，将知识转化为实践创新可以积极应对科技发展过程中遇到的新情况和新问题，将机遇转变为进一步发展的新抓手，形成新的发展合力，推动社会进步。在实际问题解决的过程中，知识转化常需要跨学科的合作和交流，如解决气候反常变化问题需要综合判断和应用环境科学、经济学、政策学等多个领域的知识，制定与实际发展相适应的解决办法，在解决问题的过程中进行多学科融合能推动知识的多维度转化，更好应对复杂问题和挑战。

将知识转化为实践价值可以满足实践和用户的个性化需求，可以反作用于社会实践和用户需求，为用户创设科学和人性化的人文环境，推动科学技术飞速发展，推动社会向着发展持续、资源平衡和科技创新的方向前进。知识转化不仅关乎个人和企业的利益，还关乎整个社会的繁荣和进步。

**3. 将知识转化为应用价值可以实现个人职业发展**

将知识转化为应用价值是实现个人和职业发展的必要途径，当今社会竞争激烈，丰富的知识是个人最宝贵的资产，而将知识应用于社会实践并形成成果和解决方案，可以为个人和职业发展带来质的飞跃。注重知识转化可以提升认知能力和专业素养，使个人在职业领域收获更多的机会和成就。

首先，将知识转化为社会价值可以增加实践锻炼的机会与经验积累。实践与经验意味着个人在参与实际项目和活动时需直面矛盾制订解决方案，在这个过程中不断积累应对挑战、协调团队合作、解决突发问题的宝贵实践经验,可以拓展个人知识的宽度和厚度,锻炼解决实际问题和应对变化发展的反应能力,是个人职业发展的宝贵财富。其次,将知识转化为社会价值可以为企业创造价值,扩大企业影响力。知识转化需要将理论应用于实践环境,这就要求个人始终保持创新的敏捷性和前瞻性,培养创新能力,灵活适应工作内容和环境的变化,不断将知识转化为实际创新,创造出具有实际功能和市场需求的产品,为企业带来经济效益的同时扩大个人的职业和社会影响力,在竞争中立于不败之地。最后,将知识转化为社会价值可以推动终身学习和持续学习,提升个人素养。拥有多学科领域的知识转化能力可以让个人在职业发展中有更多机会实现人生目标,知识转化需要个人紧跟行业发展的步伐,不断学习和自我提升,更新知识和技能,以适应不断变化的需求和应对挑战,才能在面对复杂问题时综合多种因素作出更全面和准确的判断,在职业发展中始终保持竞争力,这不仅是职业发展的需要,还是个人成长和自我实现的重要途径。

综上所述,将知识转化为应用价值能够满足实践和用户需求,带来直接的经济效益,同时实现个人和职业的发展,实现个人成长和自我价值。

## 三、将图书馆知识转化为应用价值的途径

作为知识储存和传播中心的图书馆可以通过多种途径将所蕴含的知识转化为应用价值,以满足读者的需求,推动文化创新和社会进步。

**1. 图书馆是知识的宝库,可以为知识转化为应用价值提供资源保障**

图书馆丰富多样的资源和服务可以帮助读者扩充知识储备,掌握知识检索技巧,引导读者将抽象的理论知识应用于解决实际问题,实现个人和社会价值。图书馆资源不仅包括了学科的基础知识,还通过收集并整理学术文献、研究报告、参考书籍等方式汇总了多个学科领域的最新研究成果和发展动态。图书馆以宣传推广数字资源的方式引导读者高效检索和利用图书馆资源、掌握理论知识、提高实践技能和将理论转化为实际应用的能力。读者参加图书馆举办的培训课程、研讨会和学术讲座

可以深入了解各学科领域的理论知识，提升专业素养和实践能力，为知识转化为应用价值奠定基础。此外，图书馆还是跨学科交流和合作的平台，吸引读者将多学科领域知识融合应用于实际情境，迸发创新思维，从而制订更符合实践发展的解决方案。图书馆在知识转化为应用价值过程中通过提供丰富的资源、举办多类型的宣传培训活动、开展跨学科研讨和交流，帮助读者将理论知识应用于实际情境，解决实践中遇到的困难和矛盾，推动个人的学习、成长和职业发展，促进社会的创新和进步。因此，图书馆不仅是知识的保存者，还是知识的传播者和创造者，为社会的可持续发展发挥了巨大的作用。

**2. 图书馆可以为创新创业者将创业理念转化为项目提供技术保障**

创新创业者在图书馆学习学科知识，夯实理论基础，依托图书馆提供的技术和智库支持应对瞬息万变的社会竞争，真正将创业理念转化为创业项目；检索信息与知识可以及时了解并掌握市场发展变化、调整创业决策方向，在竞争激烈的市场环境中立于不败之地；通过图书馆提供的市场信息反馈、竞争行业分析、创新创业指导和设备支持等信息，获取最新的市场数据和行业分析，为正确地分析和决策提供依据和支持；通过市场调研、行业分析报告等知识资源，评估市场环境和竞争对手情况，分析消费者的个性化需求，为项目定位和发展提供理论支撑；图书馆定期举办的创新创业指导讲座和竞争咨询可以帮助创业者解决创业过程中可能遇到的问题和挑战。在新的时代环境下，图书馆不仅是知识的仓库和存储地，更依托其强大的信息集散和情报收集功能成为创新创业的孵化地，通过邀请行业专家学者举办讲座和研讨会，解读相关法律法规、传授判断商业模式并制定营销策略，帮助创新创业者尽快掌握必备知识，顺利度过孵化初期；在项目实施中期，图书馆提供相应的数据库和技术管理工具帮助创新创业者节约成本，其所配备的研讨空间和交流区也成为创业者交流和分享经验的重要场所，这些都为创新创业项目提供了实际的支持；此外，图书馆资源中有关知识产权保护的部分可以更好地促进创业过程中提出的专利、成果转化、创新理念等科研成果在实践中发挥更大作用，为创新创业生态系统的健康发展做出了重要贡献。

**3. 图书馆作为联系社会各界的纽带，是知识转化为应用价值的重要突破点**

社会教育、医疗、环保等领域的资源分布不均是当前面临的重要挑战，成为公众普遍关注的焦点问题。图书馆收集、整理和宣传的学术研究、报告、政策文件等资源和知识，可以为社会各界无差别提供知识服务，无论是政策制定者、研究专家还是普通大众都可以通过图书馆资源了解焦点问题的发生发展背景和现状，为制订解决方案提供启示和参考，推动对焦点问题的深入研究和最终解决。政府、社会组织、企业和公众在解决焦点问题时都需要依托精准的信息和数据，而图书馆的知识收集系统可以及时为社会各方提供相关信息，帮助达成共识与合理决策，共同制订有效的解决方案。图书馆还可以邀请专家学者、社会活动家等开展焦点问题的学术讲座和交流研讨，为社会各界提供交流思想和分享知识的平台，引导多维度思考焦点问题并制订相对平衡的解决方案，顺利化解焦点矛盾，回应公众关注。此外，图书馆可以通过举办展览、展示项目等活动将社会焦点问题的信息传递给公众，让公众更加直观地了解热焦问题的现状和影响，了解其复杂性和紧迫性，凝聚解决问题的共同意识和行动力。因此，图书馆不仅是知识的仓库，还是解决社会问题的智慧库，通过提供有关社会焦点问题的信息和知识资源为政策制定者、社会组织和公众提供智力支持；通过举办讲座、展览等活动，收集、整理和传播有关社会焦点问题的知识，促进矛盾问题的深入研讨和解决，为构建更加和谐、可持续的社会做出积极贡献，推动社会进步与发展。

**4. 图书馆是文化传承和创作的重要场所，也是个人文化知识和创新创作转化为应用价值的加速器**

图书馆丰富多样的文学艺术和社会历史资源可以为创作者提供灵感源泉，通过展示和传承本地文化遗产推动中华优秀传统文化的传承和创新。图书馆的藏书涵盖了文学经典、艺术作品、历史文化、哲学思想等多学科文化领域，几乎囊括了人类文明的方方面面，为创作者提供了丰富的创作素材和灵感，创作者可以在图书馆汲取知识，激发灵感，同时将丰富多样的资源与个人知识储备相融合，创造出独特的作品。图书馆不仅是知识的存储地，还是知识传播和分享的中心，丰富的文化创新资源和专业馆员指导可以为创作者提供广阔的创作空间和环境，加快创作和文化知识转化为实际的创作成果，推动文化的创新和传承。创作离不开对传统文化的继承，图书馆所承担的重要使命之一就是继承和发扬中华优秀传统文化，通过举办传统文化主题书展、传统工艺体验、传统知识挑战答题等活动将传统文化内容与现代传播方式相结合，赋予传统文化以地方特色，引导人们重新认识和体验地方文化，加快中华优秀传统文化的传承和传播。除了丰富的文献信息资源，图书馆还引入高科技硬件设备和软件数据库，为创作者进行科技创新提供智力支持和设备保障。创作者借助图书馆的智慧支持，用现代技术手段表达和展示中华优秀传统文化，赋予其新的内涵和表达方式，更加贴近大众对文化的诉求和理解，使中华优秀传统文化具有更大的影响力和更广辐射范围。在传承和发展中华优秀传统文化的过程中，图书馆也注重其他优秀文化的创新与发展，如定期举办艺术讲座、大咖论坛等活动，邀请专家学者与创作者交流研讨并分享知识经验等，提升创业者自身的创作能力、开阔他们的眼界和视野；图书馆馆员凭借自身的工作经验为创作者推送相关理论文献和知识，引导创作者尽快找到所需的资源和知识，提高理论和实践水平，实现创意成果的转化，推动文化创意事业的蓬勃发展。

知识向实践转化需要媒介充当助推器，图书馆作为专门的知识存储机构搭建了知识向实践转化的桥梁，提升了转化效率和转化效果。图书馆收藏了大量的纸质文献和数据库资源，其中图书专著和期刊论文是纸质文献的重要载体，图书专著的知识体系完整，可以为研究人员提供本学科领域系统的知识框架和开展专一精深研究所需的学科知识背景与基础，帮助研究人员从更加宏观的视角审视学科研究与发展；期刊论文具有短小精悍、知识更新快的优点，便于研究人员利用碎片时间了解和掌握本学科领域最新的研究成果和研究方向，为个人开展学术研究提供参考思路和规划路径，是研究人员将知识进行价值转化的必备资源；数据库资源是将纸质资源电子化，具有体积小、数据量大、检索和利用不受时空限制的优点，是研究人员开展学术研究工作首选的资源类型，研究人员只要掌握了数据库的检索和利用方式就可以在海量资源中迅速找到自己所需知识开展研究，利用效率最高。图书馆通过为研究人员提供丰富多样的学术资源和必要的技术支持，推动科学研究的深入开展，并在实际应用和价值转化方面发挥作用。图书馆在转化过程中可以为研究者提供技术管理工具，节约研发成本，其配备的研讨空间和交流区也成为研究者交流和分享经验的重要场所，为转化提供了空间支持；此外，图书馆所拥有知识产权保护的相关资源可以对创业过程中提出的专利、成果转化、创新理念等成果进行更好的保护，并在实际运用中发挥其更大作用，为从知识到价值的转化做出重要贡献。

随着社会经济发展和文化进步，精神文明越来越受到重视，图书馆也逐渐由被动提供服务转为主动推送文化，以"进社区、送文化"的方式帮助社区将知识转化为文化成果，为社会创造文化价值。社区是大众娱乐和休闲的重要场所，社区活动涵盖了文化、教育、艺术、体育、环保、公益等多个领域，是居民展示个人才干、分享生活经验、为社会发展贡献个人力量的重要舞台。图书馆与社区展开合作，共同开展阅读推广活动和志愿者项目，宣传推广社会主义先进文化、中华优秀传统文化和革命文化，让社区居民通过文化创作和文化交流展示个人才华和创新成果。另外，图书馆可以在社区发布志愿者项目，以鼓励社区居民参与社会公益与志愿服务，将个人的专业知识与技能应用于社会实践，通过实践活动为社区和社会做出贡献。图书馆还可以借助数字技术和社交媒体扩大社区互动的范围，通过线上平台组织虚拟讲座、在线读书会等活动，让更多居民可以不受时间和地域的限制参加活动并进行交流，促成居民之间的文化合作，推动知识转化。作为社区文化一员的图书馆不仅传递着知识，还承载着社区的文化希望和发展潜力，通过举办活动、组织志愿者项目等方式，为社区居民提供更多参与社会公益活动的机会，促进社区的互动和发展，在丰富居民生活的同时加强了社区凝聚力，促进文化传承，为社会公益事业的发展和繁荣带来积极影响。

现代图书馆在数字化服务和创新科技的推动下，正以前所未有的方式将知识转化为应用价值，提升到更高效和便捷的水平，通过电子图书、在线数据库、虚拟学习平台等内容满足读者随时随地获取知识资源的需求，并应用数据分析技术和信息挖掘技术分析知识的潜在应用领域，推动知识的广泛传播和创新应用。图书馆的数字化服务为读者提供了更加便捷的获取途径，电子图书和在线数据库的普及和发展使大量图书、期刊、研究报告等文献资源可以在互联网不受时空限制地被访问，读者不再受制于实体馆内的开放时间和地点，可以随心所欲地在家中、办公室和移动设备上获取所需知识，不仅提高了知识获取的效率，还提供了更多的学习和研究选择。虚拟学习平台也为图书馆带来了更多的创新发展，图书馆不仅是提供资源的场所，还是教育和学习的中心，汇集网络课程和培训活动所构建的在线学习平台，满足了读者的个性化学习需求，促进了读者之间的交流和合作；其应用的数据分析技术通过分析读者的阅读兴趣和知识需求，提供了个性化推荐服务，帮助读者发现更多相关的知识资源；大数据挖掘技术深入挖掘各学科之间的潜在关联和创新点，发现新的知识应用领域，为跨学科研究提供支持。除了传统服务，图书馆还引入人工智能技术，与创新科技实体一起打造智慧图书馆，创新智能搜索、智能推荐等服务，为读者提供更精准的信息匹配；引入虚拟现实设备为读者创设沉浸式学习环境，让学习变得更加生动有趣。现代图书馆通过数字化服务和创新科技，实现了高效和便捷的知识传播和应用，推动了知识的创新应用，提高了智慧服务的水平。

## 第二节　图书馆知识管理对绩效评价的影响

### 一、图书馆绩效评价概述

**1. 图书馆绩效评价的概念**

图书馆绩效评价是图书馆在实现使命和目标的过程中效益、成就和影响的综合体现，涵盖资源管理、服务质量、创新能力、社会影响等多个因素，是评价图书馆运营管理和发展质量的重要标准。

图书馆绩效评价贯穿了图书馆管理和评价历史的不同阶段。从古代藏书楼时期开始，作为知识的收藏、保存和传播机构的图书馆已经在某种程度具备了绩效评价管理的雏形，而后随着社会文化的快速发展和知识量的急剧增长，图书馆逐渐由单一文献收藏机构演变为多元化的知识中心，其绩效评价也逐步形成体系。近代图书馆肩负着文献保存和文化传承的重要职能，绩效评价主要体现在馆藏丰富度、古籍善本收藏率以及对文化传承的保护效果方面。科技革命和社会文化的发展让图书馆更加关注如何更好地服务于读者和满足知识需求，逐渐成为提供知识、信息和学习资源的重要场所。随着数字化时代的到来和信息技术的快速发展，图书馆的服务方式和绩效评价也发生了革命性的变化，电子图书、在线数据库、虚拟学习平台等数字化服务为读者提供了更加便捷的知识获取途径，提升了资源管理和利用的效率，数字技术的发展也促进了创新能力的衍生和发展，推动了在线培训、虚拟展览等新型服务模式的应用，进一步满足了读者的多元知识需求。此外，图书馆的社会影响逐步扩大，传承文化和知识的社会责任不断增强，举办文化活动和公益项目，积极引领社会文化建设，是读者参与图书馆文化活动的重要平台。知识和文化的可持续发展也成为现代图书馆绩效评价的重要指标，图书馆不仅需要在资源管理、服务质量等方面保持稳健，还需要制定长期的战略规划，以确保自身的可持续发展，为未来持续提供优质服务。

因此，图书馆绩效评价的发展历程是一个不断演进的过程，从简单的文献收藏到多元的知识服务，从实体化到数字化，从资源管理到引领社会文化的发展方向，图书馆的绩效评价逐渐形成了多要素的综合体系，随着社会的发展和科技的创新，图书馆的绩效评价指标也在不断优化，为社会文化发展发挥更大的价值和作用。

**2. 图书馆绩效评价的重要作用**

图书馆是知识传播、文化传承和社会参与的重要载体，在现代社会扮演着不可或缺的角色。评价图书馆绩效可以客观反映图书馆自身的运营状况，为内部管理和资源配置提供依据，参考运营指标和业务数据能够迅速发现管理方面存在的问题和不足，有针对性地进行改进和优化，合理的资源分配和精细化管理也可以降低运营成本，提升服务效率。图书馆绩效评价也可以客观衡量图书馆对社会文化发展的贡献程度，作为公共文化机构，图书馆的服务不仅关乎个体读者，还是社会文化环境和全民素质的重要体现，评估图书馆在知识传播、文化普及、社会教育等方面的实际影响可以为管理层决策和调整服务方向提供有力的数据支持。此外，通过绩效评价可以判断图书馆与外部机构合作关系的成效和价值，准确定位与外部机构组织深入合作的领域和方向，共同推动知识传播、文化传承等社会目标的实现。图书馆绩效评价通过全面衡量图书馆内部管理流程、服务质量、社会影响等多方面表现，总体评价图书馆的行业竞争力与读者吸引力，正确认识图书馆自身的运营水平和服务质量，随时根据社会经济文化发展变化以及读者对知识内容和需求方式的变化调整自身服务定位，制定合理的发展策略，提高对读者的吸引力和影响辐射力，始终保持业务管理和读者服务的创新和活力。

**3. 图书馆绩效评价要素**

图书馆绩效评价是涵盖资源管理、服务质量、创新能力、社会影响、可持续发展等多个要素，综合评估图书馆在多场景综合表现的过程和结论。

（1）资源管理与利用效率

馆藏资源科学管理和充分利用的程度是评价图书馆绩效的重要指标，这一指标涉及馆藏的多样性、资源总量、资源更新频率、数字资源获取与提供的便利性、读者信息服务、设施利用效率以及人力资源的培养和管理等多个因子。根据馆藏资源种类的多样性可以评估图书馆知识类型的丰富程度是否满足读者的多元化知识需求；资源量反映了图书馆对读者知识需求的回应时长和满意度；更新频率体现了图书馆对信息时效性的重视程度。随着电子资源的广泛应用，读者对数字资源获取的便利程度也是评价馆藏资源科学管理的重要方面，图书馆不仅收集、存储了传统的纸质资源，还肩负着管理更新电子图书、在线数据库等数字资源的重要职能，这扩大了图书馆的资源范围，读者可以更加便捷地获取所需知识，因此，图书馆对数字资源的科学管理效率和资源推送频率也是评价图书馆绩效的重要指标。图书馆是提供资源的场所，更是为读者提供信息咨询、导航、培训等服务的平台，图书馆馆员只有具备专业知识和良好的服务意识，才能及时回答读者咨询并提供个性化服务，提高读者对图书馆资源和服务的满意度，实现科学管理效益的最大化。因此，对图书馆馆员进行系统培训和管理直接关系着图书馆的服务质量和效率，是绩效评价的重要保障。此外，图书馆馆舍布局、开放时长、设备的现代化程度都会影响读者的使用体验，舒适、便捷的服务环境可以提高读者的留存率，增强其对图书馆服务的认同感。

因此，图书馆馆藏资源的合理管理和充分利用涵盖馆藏的多样性、资源总量、资源更新频率、数字资源获取与提供的便利性、读者信息服务、设施利用效率以及人力资源的培养和管理等多个方面，这些要素相互交织，是馆藏资源科学管理和充分利用程度的综合体现，为图书馆提供了持续改进和发展的方向。

（2）服务质量和读者满意度

服务质量是图书馆绩效评价的核心指标。图书馆作为知识传播和学习资源的中心，其服务质量直接影响了读者学习、研究和知识获取的体验，因此，图书馆的服务应及时、准确、个性化。服务的及时性标志着服务效率高，读者在图书馆检索知识往往期望得到迅速的回应，图书馆完备的服务体系能够及时解答读者的咨询，快速回应知识检索和获取的需求。图书馆向读者提供的信息咨询、资源推荐等服务应首先确保所提供知识的真实准确，这样才能在后续开展知识增值等相关服务。个性化服务可以提升图书馆服务质量和效果，不同层次不同学科领域的读者具有不同的知识需求和独特的学习方式，图书馆可以通过了解读者的兴趣、研究方向等个体知识需求推荐并推送合适的资源和信息，提高服务的针对性和效果；通过读者满意度调查和读者反馈等形式收集读者对图书馆服务质量的评价，随时了解读者的反馈和需求，调整服务政策。

图书馆服务质量是评价图书馆绩效的重要标志。图书馆只有不断提升服务质量和水平，根据社会发展和读者需求调整服务策略，为读者提供准确、及时和个性化的服务，满足读者文献和知识的需求，才能在日益增多的咨询机构和网红书店中找准自身定位，更好履行文化使命，提供优质知识服务，引领社会文化的发展。

（3）创新能力和信息技术应用程度

创新能力不仅能推动图书馆服务跟上时代步伐，还能为图书馆发展带来广泛的影响力和持续动力，引入新技术和管理方法可以创新服务模式，应用数字化服务和虚拟学习平台可以扩大图书馆的社会影响力，不断适应社会科技的快速发展和读者的多元需求。引入新技术是图书馆创新的重要推手，数字技术、人工智能、大数据分析等现代科学技术在图书馆的应用，让知识获取和资源管理变得更加高效和精准，图书馆通过数字化服务为读者提供24小时在线数字资源，实现了 $24 \times 7$ 的无障碍知识获取，虚拟学习平台成为读者远程学习的平台，将知识传播的范围扩大到全球。在技术创新的基础上，图书馆还探索以读者为中心、满足读者多元知识需求的新路径，开展主题活动、讲座、工作坊等创新服务模式和项目，创新丰富多彩的知识传播体验；开发面向儿童、青少年、老年人等人群的特定服务也是创新服务的重要方向，更加贴合各层次读者的需求。创新能力的提升需要不断拓展馆员的创新思维，提升数字素养、创新意识和服务技能，更好地履行为读者服务、引领图书馆创新发展的职责。此外，与外部业务伙伴和学术机构等建立合作关系也可以引入外部的创新理念和资源，跳出舒适圈，推动图书馆创新能力的提升。

因此，图书馆创新能力包括输入和输出两部分内容，通过引入大数据、数据挖掘等新技术，创新性地改进服务内容和模式，更好满足读者对文献和知识的个性化需求，提升服务体验，提高读者满意度；向创新创业人才提供知识服务和技术服务，提升其创新成果的产出能力，推动全社会创新事业的发展。

（4）社会影响与参与度

图书馆的基本职责是对知识进行收集、整理、存储、传播和利用，传播是知识链条的重要一环。存储知识的目的在于更好地利用，只有充分参与读者活动、公益项目等社会文化实践，将知识广泛传播出去，让尽量多的人知晓知识的存储地址并迅速检索运用，才能实现知识运用效率的最大化，提升图书馆在社会文化发展中的辐射影响力，为社会经济发展提供精神保障和智力支持。图书馆举办文学、艺术、音乐、戏剧等多个领域的文化活动，在为社会大众提供多彩文化体验平台的同时提供了互动和学习的空间，丰富了社会文化生活，提升了社会大众的文化素养。与读者多途径互动是加强读者联系、回应读者关切的重要途径，图书馆组织读书会、研讨交流会、学习班等活动搭建读者交流和分享的平台，营造良好的读者互动氛围，进一步拉近了读者与读者之间、读者与图书馆之间的距离，通过互动活动，图书馆成为读者交流思想、交换知识的主要场所，增强了正态发展的凝聚力和向心力。积极参与公益项目展示了图书馆的社会责任和担当，组织义工培训、环保宣传、送文化送知识等社会公益活动不仅为文化匮乏地区的社会民众提供资源和帮助，满足了社会大众积极参与社会公益的要求和愿望，还以实际行动传递着社会责任的理念，体现了图书馆作为社会文化机构应当承担的社会使命。作为社会教育、文化传承和科技进步的引领者，图书馆积极承担着启迪大众智慧的文化职能，引领了社会主义先进文化的发展方向。

（5）可持续发展战略规划的制定和落实

图书馆可持续发展战略规划包括稳健的财务管理计划和稳定的中长期发展规划，制定和落实可持续发展战略应在本馆具体情况的基础上兼顾连贯性和前瞻性原则，既维持一定时期内资源和服务的稳定，又满足因社会文化发展和科技进步而不断精益求精的读者需求。在科学技术飞速发展的时代背景下，图书馆制定战略规划不仅要关注资源的合理配置和长期稳定，还要始终践行以读者为中心的发展理念。随着社会经济文化的发展和科技的进步，读者的知识需求逐渐向着知识多元和个性服务的方向发展，因此，图书馆应及时关注这些变化并不断调整服务内容和形式，以创新学习平台的服务方式提供多类型知识资源，保持长时间内稳定、持续地为读者提供优质服务，满足读者日益增长的文化需求。稳健的财务管理计划是图书馆制定可持续发展战略规划的基石，决定了资源持续配置状况，也直接影响图书馆服务的质量和可持续性，因此，图书馆应以制度形式落实办馆经费的分配原则和大致比例，建立健全财务预算制度并制订年度和中长期预算计划，定期开展财务审计监督资金的使用情况，保障图书馆业务的正常运营和服务不断升级。图书馆战略规划的制定应紧跟社会经济和文化的发展趋势，依据本馆任务目标、使命愿景和办馆特色，确定长远发展的方向和重点，引领未来图书馆的文化发展方向。制定可持续发展战略需要稳健的财务管理制度和开放灵活的管理思维模式，财务管理制度保障了图书馆资源的有效利用和正常运营，可以在较长时间内持续为读者提供高价值和影响力的服务。开放灵活的管理思维模式则为图书馆提供了前进的方向和动力,在战略规划的制定过程中,图书馆需要密切关注社会知识环境和读者需求的演变,为读者创造更多的知识和价值。

(6)社会责任和公共文化价值的体现效果

作为社会文化公共机构的图书馆肩负着引领社会文化发展和提供公共文化价值的重要使命,因此,在评价图书馆绩效时,应纳入社会责任和公共文化价值相关评价要素,全面衡量图书馆对社会文化发展的贡献。文化传承是图书馆的重要社会责任,收集、保存和传播文化不仅为社会大众提供了丰富的知识和文化体验,还为文化传承提供了重要的支持,是全社会探寻和延续中华民族文化起源的重要通道。知识普及体现了公共文化价值,图书馆存储和传播的各类书籍、期刊、报纸、电子资源都为社会大众提供了获取广泛知识的渠道;以弘扬中华优秀传统文化、革命文化和社会主义先进文化为目标举办的文化展览、影片播放、读书沙龙等活动是面向青少年和儿童开展关爱服务的重要表现,可以引导青少年树立正确的世界观、人生观和价值观,培养积极向上的思想道德,争做祖国栋梁;开展的线上讲座、有奖知识竞赛、评比阅读之星等活动积极引导读者参与社会文化、教育和公益事业,是社会大众和社会主义先进文化之间的纽带和桥梁。践行读者人人平等理念是图书馆社会责任的具体体现,图书馆提供的服务应具有普适性和公开性,正确认识读者在性别、年龄、职业、文化背景等方面存在的个体差异,设计完备细致的服务方案。因此,图书馆绩效评价应全面考虑其承担的社会责任和提供的公共价值比重,综合文化传承、知识普及、社会参与以及服务的公平性和平等性等评价要素,更准确地评价图书馆对社会的贡献价值,为其持续发展提供指导和动力。

(7)合作与伙伴关系

图书馆绩效评价影响因素不仅包含其内部管理体系和服务质量,还包含与外部文化机构的合作与业务伙伴关系,与政府、学校、社区以及其他非营利公益组织等建立合作伙伴关系并创新服务方式,可以为读者提供丰富的资源和文化体验,更好发挥文化引领的作用,为社会文化发展创造更大的价值。政府具有分配文化资源和制定行业规则的职能，与其合作可以为图书馆争取更多的资源支持和政策保障，推动图书馆更好地履行其公共服务使命，为社会提供优质的知识服务。学校是传播知识和培养人才的重要场所，与学校合作举办社会主义先进文化宣讲、传统文化进校园等宣传推广活动，可以为大、中、小学生深入学习中华优秀传统文化、践行社会主义先进文化创造便利条件；图书馆通过图书漂流、图书捐赠等方式向学校提供优秀出版物，师生读者不出校门就能享受图书馆的资源和服务，培养学生爱读书、读好书、善读书的终身学习意识，促进教育的全面发展。社区是图书馆的重要读者群体，以宣传展板、活动条幅、社区大讲堂等形式与社区合作，开展居民生活密切相关的文化、健康、安全等知识宣传活动，与社区一起营造居民交流、学习和互动的良好氛围，可以普及文化知识、提升民众科学文化修养。非营利组织等社会力量与图书馆的合作程度也会对绩效评价产生重要影响，非营利组织往往有着特定的使命和优势，图书馆与其合作可以共同推动在特定领域服务的深化和延展，扩大图书馆业务的辐射范围，提升影响力。

因此，图书馆通过与政府、学校、社区和非营利组织协同合作、共享特色资源，丰富了服务的内容和形式，提升了图书馆的社会影响力。与外部文化组织机构的合作不仅要关注合作项目的数量，还要考量合作在提升服务质量、增加读者满意度、提升社会读者参与度等多个方面带来的实际效果和作用，定期评估和评价可以客观了解图书馆开展外部合作的价值和意义，为进一步深化合作提供参考和借鉴。

**4. 绩效评价要素的内在逻辑联系**

图书馆绩效评价要素之间存在着密不可分的内在逻辑关系，相互交织、互相影响，是图书馆的绩效评价水平的综合体现。资源管理和利用效率是图书馆绩效水平的基础，资源的高效管理和充分利用为图书馆提供了评价其他要素所需的资源基础，合理配置的馆藏体系、数字化信息资源和便捷的获取方式为服务质量和创新能力等要素的实现提供了必要的资源。服务质量和读者满意度是图书馆绩效评价的核心指标，优质的资源管理可以为读者提供多样化、高质量的服务内容，优质服务能够提升读者对图书馆运营的满意度和忠诚度，服务质量的不断提升反过来又会促进更高效的资源利用和管理。创新能力和信息技术应用是图书馆提升服务质量和满足读者需求的重要途径，创新能力的发展可以激发更多的服务创新举措，满足读者的多元知识需求。数字技术应用在提升服务质量和效率的同时能为创新能力提供更广阔的实践平台，形成创新发展的良性循环。社会影响与参与度体现了图书馆在社会中的作用和影响力，社会大众对图书馆服务的认可和信任可以带动更多人参与图书馆组织的活动，在扩大社会影响力的同时增加了资源数量，提高了读者支持度。可持续发展战略规划是图书馆长期稳定发展的路径，实现可持续发展目标需综合考虑资源管理、服务质量、创新能力等多方面因素，重视社会影响和文化职能的重要作用，合理的战略规划也可以帮助图书馆平衡不同要素间的关系，实现资源和服务的可持续发展。社会责任和公共价值反映了图书馆作为公共机构的职能和特点，体现了图书馆为社会服务的使命，为图书馆树立了良好的社会声誉，扩大了社会影响力。

综合来看，图书馆绩效评价要素之间并不是孤立存在得，而是相互交织、互相影响的，是图书馆的绩效评价水平的综合表现。协调要素间的关系可以审视图书馆管理和服务水平，弥补疏漏环节，全面改进服务质量。在这里我们也应当看到，图书馆绩效评价只有经过持续多次的评估和改进才能打造资源管理高效、服务优质、创新能力强的图书馆。

**5. 图书馆知识管理对绩效评价的影响**

图书馆知识管理贯穿知识收集、知识管理、知识存储、知识传递和知识利用的全过程，通过提高资源管理的效率、服务质量和读者满意度，对绩效评价产生积极影响。

第一，知识管理可以优化知识资源的获取和整合，提高图书馆资源利用效率。收集和管理知识资源是图书馆的基本职责，随着时代的发展，知识呈爆炸式增长，作为知识的收集机构的图书馆需要及时、全面地收集信息，并对收集的信息进行甄别、分类和整合，形成知识供读者使用，知识管理为知识收集和整合提供了高效的工具和整合的平台，便于读者在海量知识资源中迅速找到个人所需，提高知识获取的效率和利用率。

知识管理在图书馆的应用包括知识管理系统、智能检索系统、馆际互借系统等，知识管理系统是对知识进行管理和加工的系统，可以将知识转化为标准格式，按类标注并存储，便于知识管理和读者获取；智能检索系统是面向读者的检索页面，具有简洁、高效、易读取的特点，可以为读者提供相关知识链接等个性化服务，提高了知识获取的效率；馆际互借系统是面向图书馆合作的系统，共享知识资源和服务，提高读者满意度。

知识管理的应用体现为对知识资源的收集与整理。图书馆建立有效的知识采集渠道和合作网络及时获取书籍、期刊、报纸、电子资源等各类知识资源，并将收集的知识资源进行分类、标引和整理，使读者更快速地找到所需知识。知识管理在图书馆的应用也深化了资源的智能化检索，信息技术的发展让智能知识检索系统愈发重要，知识管理构建了智能搜索引擎和导航系统，读者可以通过分类标引、主题索引、知识树导航等多种方式检索所需知识，加快获取知识，提高了馆藏资源的利用率，满足了不同层次读者的需求。另外，知识管理创新了图书馆知识定制服务，不同读者在不同时间和场景下对知识的需求各异，因此，根据读者的兴趣和需求并通过推荐系统、个性化服务等知识管理技术定制和呈现资源，可以为读者提供精准服务，以及满足读者的个性化知识需求、优化读者的使用体验。图书馆的资源整合和智能化检索系统为读者提供了便捷的知识获取途径，读者可以更快速地找到所需知识，更高效地进行学习、研究和娱乐，满足了读者探索知识世界的需求，提升了图书馆服务质量和读者满意度，扩大了图书馆的社会影响力，提高了其在社会文化价值体系中的地位。

第二，知识管理加快了图书馆内部的知识共享和传递，提高了图书馆的服务水平。运用知识管理理论可以帮助图书馆更好引领社会文化方向，为知识的传播、文化的传承和社会的发展做出更大贡献。图书馆不同部门有各自的专业和业务领域，在知识管理框架下建立内部知识共享平台，共享信息和知识可以协作与沟通部门之间的资源调配和业务衔接，推动跨部门合作，避免知识孤岛的出现。文献流通部门可以与参考服务部门共享最新的文献资源信息，更精准地掌握和响应读者需求的变化，随时调整服务重点，使文献服务始终与读者需求同频共振。图书馆应用知识管理能够畅通馆内外的沟通渠道，通过加强与其他文化机构、社会公益组织等外部合作伙伴的沟通，共享更多的特色资源并扩大社会影响力。除内部沟通和外部互动外，图书馆还可以利用知识管理技术举办电子资源培训、学术讲座、专题研讨会等活动，与读者分享馆藏学术资源，提升读者的信息素养和知识水平，满足读者学习新知识的需求，提升社会大众的科学文化素养。在知识管理框架下，图书馆的角色将更加积极和多样化，不仅是知识的存储地，还是知识的传播者和引领者。

知识共享平台和协作机制是图书馆知识管理的重要途径，通过知识共享平台和协作机制，馆员可以与读者共享图书馆利用的基本知识、交流检索技巧、解答读者疑问，进一步提升资源利用率和读者服务满意度；图书馆与外部合作机构共享资源可以共同开展读者培训和读者服务，在有限的经费条件下优化配置和利用资源，让知识在图书馆内各部门以及图书馆与其他文化机构之间自由流通，为知识普及、文化传承和社会文化发展做出积极的贡献。

第三，知识管理推动了图书馆的创新和持续发展。在科学技术飞速发展的时代背景下，读者的知识需求千变万化，知识咨询机构也如雨后春笋般大量涌现，图书馆面临着读者流失的困境，其社会文化引领的地位也受到挑战。为了适应新变化、迎接新挑战，图书馆需加强创新意识，不断引入新技术和新方法增强读者体验感和收获感，留住既有读者，扩充潜在读者并加快潜在读者向既有读者的转变，以保持其在知识传播和服务领域的竞争力。在这一进程中，知识管理理论和技术能够更好地捕捉、整理和应用新知识，促进创新思维和方法在图书馆运营中的实践。科技的进步让每个学科领域都不断涌现新知识，图书馆作为知识存储和传播的机构需要始终保持敏锐捕捉新知识的能力，应用知识管理建立专门渠道收集萌芽和发展中的新知识，整理并及时纳入馆藏，可以让图书馆知识体系与时代发展步伐同频，真正成为知识的集散地。随着先进设备和技术的大量应用，读者可以在图书馆体验先进设备和技术带来的震撼效果，极大提高了图书馆的管理效率和读者满意度。创新不仅是新技术在图书馆的应用，还包括创新业务流程和服务内容，随着人们对精神文明的需求不断增加，读者对图书馆服务也提出了更高的要求，在这样的背景下，图书馆需紧跟时代发展和读者需求的步伐，对自身工作流程和服务内容进行适度调整和创新，提供个性化服务，满足读者日益增长的精神文化需求；同时应创新宣传方式，用读者喜闻乐见的方式宣传和推广图书馆服务，吸引读者的关注，优化读者的体验，赢得读者的广泛认可和支持。

　　知识管理为图书馆的可持续发展提供了支持和动力，捕捉、整理和应用新知识可以促进创新思维和方法在图书馆服务中的应用，引入新技术和新服务模式，拓展其服务领域，也可以更好满足读者的需求，扩大自身在社会中的影响力，为社会文化的发展和知识的传播做出更大贡献。

# 第五章 图书馆知识管理的工具与技术

## 第一节 知识图谱技术与语义网络技术

### 一、知识图谱技术

**1. 知识图谱的概念**

知识图谱是用于表示和组织知识的语义网络结构，可以捕捉事物之间的关系和属性并以计算机能够识别的形式表现出来，以便后续的理解和推理。它将现实世界的实体、概念、事件和关系以图形方式呈现，形成丰富而有层次的知识表示方式。知识图谱的展现形式主要是由节点和边组成的概念图，节点代表具体事物，涵盖物理实体、逻辑概念等具有具体特性的事件，边则代表了事物之间的关系。知识图谱的核心思想是将分散的知识资源进行结构化整合，便于计算机深入理解知识背后的含义，它不仅关注个体实体的属性和关系，还着重于揭示实体之间的上下位关系、归属关系、时空关系等复杂语义联系，计算机通过知识图谱的语义网络可以完成语义推理、信息检索、问答系统、自动摘要等多种人工智能任务。知识图谱的构建过程通常包括数据收集、实体识别、关系抽取、图谱建模等，将大量结构化数据和语料库合成知识单元，通过自然语言处理和机器学习技术将知识单元转化为图谱的节点和边，在转化过程中通常会借助人工标注、领域知识专家等手段提高图谱的质量，扩大其覆盖面。知识图谱在多个技术领域均有应用，能够在用户检索过程中更加准确地识别用户的检索需求，根据与知识库实体词的对比为用户提示多个近义词或同义词，帮助用户更加精准地确定检索需求，提高检索效率；通过智能问答助手，将用户提问与知识库已有实体词进行比对，抽取并输出用户所需的回答，同时根据知识库已有实体词关联情况向用户推荐检索词的关联概念，激发用户的研究兴趣。随着知识图谱在医疗、金融、教育等领域的诸多创新应用，学科之间的研究壁垒被打破，促进了不同学科知识图谱的融会贯通，学科融合进一步加强，逻辑和概念越来越紧密、复杂，为开展综合学术研究带来新的方向和路径。

**2. 知识图谱的溯源和发展**

知识图谱有的历史源远流长，可以追溯到古代为了将知识有序整合而出现的百科全书和知识分类体系，随着近现代计算机科学和人工智能的迅速发展，知识图谱逐渐呈现出现代意义的形态，涵盖信息组织、人工智能和语义技术等多个领域的不断融合与创新。彼时理论尚不成熟、完善，知识系统的早期形态往往局限于特定领域，缺乏广泛的知识表示。互联网的普及催生了知识爆炸，人们开始寻求智能的知识管理方式，在探索信息检索和数据库领域时引入了关系数据库和结构化数据模型，语义网络和本体论等概念应运而生，为知识图谱的发展奠定了理论基础。2000年初，随着自然语言处理、机器学习和大数据技术的快速发展，知识图谱迎来了重大突破，谷歌知识图谱（Google Knowledge Graph）等项目开始将实体、属性和关系以大规模的图谱形式展现，搜索引擎能够更好理解用户查询的意图，同时各种领域的本体库和语义网络也开始涌现，为跨领域知识整合提供了可能，知识表示与推理理论成为重要的知识研究方向。2010年以后，人们对于知识图谱的研究和应用进入了高潮，业界和学术界相继提出了谷歌知识图谱、微软Satori项目以及开放式的维基数据（Wikidata）等多种知识图谱构建和应用项目，此外，社交媒体数据、在线百科全书、医疗领域知识等也纷纷与知识图谱理论结合而应用于图神经网络、跨语言图谱等新领域。深度学习等人工智能技术的兴起更是扩大了知识图谱的应用领域，不仅在搜索引擎中发挥着重要作用，还被广泛应用于智能助手、推荐系统、自然语言理解等领域。

知识图谱的发展从最早的分类系统到如今的大规模语义网络，在信息处理、人工智能和语义技术领域发挥着日益重要的作用。随着技术的进步，知识图谱的未来发展前景仍然广阔，有望进一步推动人机交互和智能化应用的发展。

**3. 知识图谱的构建**

知识图谱的构建是一个涉及数据收集、实体识别、关系抽取、图谱建模等多个环节的复杂过程。

（1）数据采集与整合

知识图谱的构建始于数据的采集和整合。数据是知识图谱的基础，而数据多样性和数据来源分散性的特点给构建知识图谱带来了挑战。因此，在构建过程中需将涵盖文化、科学、历史、地理、医学等广泛领域的数据源与以不同数据格式和质量存在的结构化数据、半结构化数据和非结构化数据进行有效采集和整合，这里主要包括数据采集、数据清洗和预处理、数据转换与标准化、数据整合与融合四个步骤。

构建涵盖广泛领域的知识图谱需要从不同数据源中获取相关的结构化数据、半结构化数据和非结构化数据。不同格式的数据具有不同的结构特点，反映了真实世界的多样性。结构化数据通常存储在数据库中，具有明确的表结构和关系，如关系型数据库中的表格数据就是结构化数据的一种表现形式；半结构化数据虽具有一定的结构，但不完全符合传统的关系模型，如 XML 和 JSON 格式的数据属于半结构化数据；非结构化数据包括文本、图像、音频等形式，没有固定的格式和结构。收集的数据质量至关重要，不同数据源中的数据可能存在缺失、错误、重复等问题，这可能导致知识图谱的功能失效，因此在整合数据之前需进行数据清洗和预处理，识别并纠正数据中的错误格式和内容、填补数据缺失值。数据预处理的规范和标准化处理、词义消歧等操作可以确保数据的一致性和可信度，为后续的分析和处理提供高质量的数据基础。

在构建知识图谱之前需要将不同数据源中不同格式的数据进行格式转换和标准化，通过统一术语、单位和数据表示将数据转换为统一的格式，便于比较和融合不同数据源中的数据。数据整合是在数据清洗、转换和标准化完成后将来自不同数据源的实体、属性和关系一一对应并建立关联，整合到统一的知识图谱中，这一过程也会有消除重复信息、合并相似实体的操作，可以减少图谱的冗余性。来自不同领域的数据源具有不同的特点和语义，因此，在整合数据时构建领域本体（Domain Ontology）以定义领域中的实体、关系和属性，可以让不同领域的数据在知识图谱中得到有效的表示和理解。

知识图谱的构建始于收集和整合多种数据源，通过数据清洗、转换、标准化、整合和融合等步骤将分散的数据整合到统一的知识图谱，为后续的知识图谱构建和应用奠定了坚实的基础。

（2）实体识别与命名实体识别

实体识别（Named Entity Recognition，NER）是从文本数据中自动识别并标记人名、地名、组织名、时间、日期等表示真实世界事物的实体。海量的文本数据中包含了大量与现实世界有关的信息，这些信息往往以各种实体的形式存在，实体识别就是从海量文本中准确、自动地识别出这些实体，为构建知识图谱提供实体节点的基础。NER技术在自然语言处理领域扮演着重要的角色，它的应用不仅能够自动标记实体，还能够提供文本的结构化信息，为后续的语义分析、关系抽取奠定基础。NER技术可以基于机器学习模型、规则引擎或者深度学习的方法实现，在多个领域有着广泛的应用，其中条件随机场（CRF）、支持向量机（SVM）等机器学习模型常用于NER任务，可以通过训练数据来学习实体识别的模式和规律；循环神经网络（RNN）、长短时记忆网络（LSTM）和转换器模型（如BERT、GPT）等深度学习方法通过大规模语料库的训练，可以更好地捕捉上下文信息和语义关系，也在NER领域取得了显著的成果。NER技术在检索过程中可以更精准地理解用户的检索意图并提供相关检索结果，也可以应用于智能助手和问答系统，以理解用户的问题，更好回答用户的查询。NER技术虽在实体识别方面取得了诸多进展，但仍然面临语义歧义和含义多样的挑战，语义歧义是一个名词，可能有多种实体类型，具体环境的具体指代需要人工干预和判断，这加大了计算机正确识别的难度，此外，实体在不同的上下文中可能具有的不同含义也提高了识别的智慧程度，需要NER模型具备较好的泛化能力，才能较好识别各种不同类型的实体。

识别出的实体与现有知识库关联并映射到知识图谱中实体节点的步骤被称为实体链接（Entity Linking），它是根据文本中的上下文信息、实体的属性和在知识库中的关系，比对文本与知识库中的实体一致性，建立的文本中实体与知识库实体之间的链接。

实体识别（NER）通过自然语言处理和机器学习等技术，从文本数据中识别出表示真实世界的实体，其应用不仅在于实体标记，还为后续的语义分析、关系抽取等环节提供了有价值的信息。随着技术的发展，NER技术将继续在知识图谱构建和自然语言处理领域发挥重要作用。

（3）关系抽取

在知识图谱的构建过程中，实体之间的关系是构建具有丰富语义的知识图谱的关键要素。关系抽取（Relation Extraction）是应用文本解析、语义分析和模式识别等多种技术从文本中识别实体之间的语义关系，以建立实体之间的连接，为知识图谱的丰富性和深度奠定了基础。现实世界中的事物存在复杂的关系，而关系抽取的目的就是从文本数据中挖掘这些关系，为知识图谱中的实体构建有意义的联系。关系抽取可以将不同实体之间的关系（如工作关系、家庭关系、地理位置关系等）转化为知识图谱中实体之间的边，更好表达实体之间的语义关联。关系抽取的实现涉及自然语言处理、机器学习和深度学习等多种技术，常见的是基于模式的自然语言匹配技术，即通过预定义的语法规则或模板来匹配文本中的句子结构，从而抽取出特定的关系；另一种较为常用的关系抽取技术是机器学习技术，通过训练数据集构建关系分类器，使其能够自动识别实体之间的关系。近年来，深度学习方法在关系抽取的实践中也得到了进一步的充实和完善，在多个专业领域取得了显著的效果，如生物医学领域的多种神经网络利用深度学习方法标识特征，可以更加清晰地呈现实体之间关系和信息；预训练的语言模型（如BERT、GPT等）通过大规模语料库的学习，能够更好地理解实体之间的语义关联，在关系抽取任务中展现出强大的技术能力。关系抽取在知识图谱构建和自然语言处理领域有着广泛的应用，在构建知识图谱时为构建实体之间的语义联系提供了重要的信息，丰富了图谱的内容；在问答系统和信息检索中可以更好理解用户问题和查询，以提供更准确的答案和检索结果。

实体词之间的关系种类繁多，包括并列关系、包含关系、交叉关系等，结合实体所在的不同语境，其实体关系也千差万别，因此实体词的概括需要在明晰实体词之间的关系后选择具有较强概括能力的实体词。关系抽取作为知识图谱构建的重要环节，通过应用模式匹配、监督学习和深度学习等多种技术从文本中挖掘实体之间的语义关系，能够更加准确地反映现实世界的复杂关系网络，为知识图谱的构建提供丰富的语义信息。虽然面临着一些挑战，但随着技术的不断进步，关系抽取在知识图谱和自然语言处理领域的应用前景仍然广阔。

（4）实体链接与消歧

在构建知识图谱的过程中，需要将抽取文本中的实体词与知识库已有的实体词进行比对，当文本中的实体词与知识库的实体词一致即可进行关联，若不一致则在知识库中新增实体词，这一过程被称为实体链接（Entity Linking）。实体链接可以将待识别文本中的实体词与知识库已有的实体词进行对应，明确识别文本中实体词的具体指代，同时深层次挖掘其学术含义和学术联系，并在知识图谱页面进行展示，丰富知识图谱的内容。实体链接可用于用户检索，为用户推荐多个近义词或同义词，精准确定用户的检索需求，提高检索效率。

同一实体在不同数据源或文本中可能有不同的表示方式，为了正确地匹配实体和表达形式需要进行实体消歧操作，以确定文本中提到的实体是否与知识库中的某个实体相匹配。实体可能存在同名同姓等情况，且知识库中的实体可能拥有丰富的上下文信息，因此实体消歧需要考虑实体的上下文信息、属性特征、语义相似度等多种因素，借助字符串匹配、相似度计算、机器学习模型等方法，确定现实世界不同表达实体是否指代同一个系统实体。消歧在实际应用环境中复杂而多变，同名实体或多义实体会影响消歧的准确性，因此需要从文本和知识库中获取更多的上下文信息来判断。此外，文本表达可能会存在各种变体、错别字等情况，多语言环境下的实体以不同语种表达出现，更是需要应用语言翻译、语义对齐跨越语言界限进行链接，这些现实存在的问题都加大了实体链接的难度。

（5）图谱建模

在知识图谱构建过程中将文本中识别的实体和关系以图的形式进行建模被称为图谱建模，图谱建模是将实体之间的关系在图中以节点和边的形式表示，形成结构化、有语义的知识网络，能够更好地展示实体之间的关联和语义信息，为知识图谱的使用和分析提供便利，其核心在于以图的方式更好地展示实体之间的关系、属性以及语义信息。图谱建模将知识从零散的文本信息转变为结构化数据，实体之间的联系更加清晰可见，提高了知识的可理解性和可检索性，在智能搜索、问答系统、推荐系统等领域被广泛应用。在图谱建模中，选择合适的图数据结构对于构建高效、可扩展的知识图谱至关重要。常见的图数据结构包括有向图、无向图和属性图，有向图适用于表示带有方向性关系的实体，无向图用于表示没有方向性关系的实体，属性图可以用来表示实体和关系的属性信息，根据实际应用的需求选择合适的图数据结构可以更好地展示知识图谱结构，提高知识图谱的检索和分析效率。映射是将文本的实体词和实体关系展示在知识图谱的过程，主要包含实体词抽取和数据转化两部分。实体词抽取是在文本语义的基础上抽取实体词以及实体词之间的关系，并根据实体的类型和属性，用节点和边的方式连接实体词。知识图谱中的实体词包括属性和类型，作为节点而存在；实体词之间包括方向和关系，是知识图谱中的边。数据转化是将抽取出来实体词和关系利用相关技术转换为数据格式，在知识图谱中清晰展示实体词及其关系，便于发现实体之间的隐藏关系，提高知识检索的查全率和查准率。

图谱建模通过选择合适的图数据结构，将数据映射到图谱中的节点和边，结构化地表示知识。将文本中的实体和关系以图的形式进行建模是知识图谱构建过程中的关键环节，实体之间的关系通过图谱建模变得更加清晰，知识的语义信息得以更好呈现。尽管面临着规模、动态性等挑战，但图谱建模在知识图谱和数据分析领域的应用前景依然广阔。

补充和完善知识图谱也是图谱建模的重要内容，在已有知识图谱内容的基础上，通过相关技术推导和挖掘隐藏的内容与关系，并将其在图谱中进行展示和补充，可以提高知识图谱的完整性及其利用率。依据已有文本的实体词和实体关系进行构建，可以形成知识图谱的基本雏形，而利用已有内容逻辑推理，揭示隐藏在其中的隐性关联并形成新的内容和关系，在图谱构建环节更为重要，对丰富知识图谱的内容有重要的推动作用。例如，管理学是一级学科，图书馆学是管理学下的二级学科，档案学也是管理学下的二级学科，从推理中我们可以得知，图书馆学和档案学是一级学科管理学下并列的两个二级学科，二者属并列关系，这就补充了一级学科管理学下二级学科之间的关系。在知识图谱补充与完善的过程中常用推理引擎工具和模式匹配工具推导其语义关系，推理引擎主要应用于形成新实体的关系和属性，根据事先设定的语义逻辑规则，从已有实体词和实体关系中推导新的实体关系和属性；模式匹配工具主要应用于挖掘潜在的实体关系，寻找知识图谱中符合既定逻辑规则的实体词和实体关系，二者结合使用，通过分析已有内容发现其中的模式和规律，补充和扩展知识图谱的内容。链接预测应用语义推理、链接预测和模式匹配等方法分析已有的实体属性、共现模式、语义相似度等信息，预测可能的实体之间的新关系，发现实体之间尚未明确建立的关联，增强知识图谱的完整性和准确性。

补充和扩展后的知识图谱内容更加丰富，逻辑关系更加清晰，能够更好地了解用户需求，挖掘潜在知识关系，提高知识检索效率。其应用贯穿于用户知识检索和分析的全过程，用户在检索系统提交检索词，系统将其与已有文本进行匹配，将符合匹配的结果输出至用户界面；同时系统在知识图谱内将与检索词具有逻辑关联的实体词以推荐的方式推送给用户，便于用户进一步规划检索方向；用户提供的检索词会被系统收录并用于发掘和预测知识图谱中新的关联模式和趋势。在这一过程中，完整清晰的知识图谱可以为用户推荐潜在学科的关联内容，提供精准的个性化服务，发挥用户在学科检索和分析中的导航作用。

（6）构建本体

构建本体是通过定义实体的类型、属性和关系构建特定领域的本体。实体的类型、属性和关系是本体的基本组成要素，实体根据性质可以归为不同类型；属性是实体的名称、描述、属性值等信息，主要定义了实体的特征；关系定义了实体之间从属关系、关联关系、属性关系等，定义了实体之间的连接。

本体（Ontology）是规范的概念语言，从语义层面将学科术语和逻辑关系进行表达，并构建学科发展脉络和理论框架模型，可以更精准、完整地组织和表达知识。本体是构建知识图谱的基础，它用规范语言定义了学科领域基本术语和术语间的逻辑关系，统一了知识图谱的语言和格式，便于进一步管理和扩充。不同知识源的术语和逻辑关系通过本体表达为统一的格式，为整合多个知识源内容提供了可能。本体在知识图谱的构建过程中可以规范对实体和逻辑关系的表述，而这在搜索引擎的使用中同样发挥了重要的作用，用户利用搜索引擎进行知识检索，初次输入的检索词并不一定是用户需要的检索方向，搜索引擎需要通过本体将用户提供的检索词匹配系统中已有的实体词和逻辑关系，根据相关度排序并反馈给用户，便于用户进一步修正和完善检索需求，得到更准确的检索结果。

构建本体的过程重点包括三个环节。首先，根据不同学科领域特征确定本体的属性和关系，不同学科领域实体和逻辑关系的表达形式不同，因此需明确本体要表达的学科领域的属性和关系。其次，根据学科领域内实体含义、属性和层级特点定义本体表达的属性和关系并限定其范围。最后，用本体语言准确描述抽取的实体词和逻辑关系，完成从学术语言到本体语言的转化。本体质量对知识图谱的整体质量有较大影响，因此在本体构建环节需要限定学科范围、明确学科实体词的属性和关系，并用标准语言表述本体，建立规范统一的本体结构，对多个本体进行统一管理和互操作，增强其可协调性。

本体通过明确定义实体、属性和关系，为知识图谱提供了统一的语义基础，可以更好地组织、理解和表达知识。

（7）知识图谱维护与更新

知识图谱是学科发展变化的反映，它并不是一成不变的，而是随着学科的发展变化而发生动态变化的结构体，因此保持知识图谱的准确性、完整性和及时性，需要定期对知识图谱进行维护和更新。数据源和信息的不断涌入让新的实体和关系不断被发现，只有及时将其合并到已有的知识图谱中才能维持知识图谱的准确和完整。

同时，现实世界知识的不断演化可能导致图谱内关系发生变化、实体属性更新，这也需要及时更新知识图谱的内容以保持其正确性。知识图谱的维护和更新包括新增实体、修复关系和纠正错误三个方面，摒弃学科发展中陈旧过时的知识和逻辑、新增创新实体和关系、修正与学科发展方向不一致的内容，都可以保持知识图谱的实用性和可信度，为用户提供有价值的信息和知识。随着学科知识的发展和多学科知识领域的融合，创新知识和创新逻辑不断补充着现有知识体系，使学科发展到新的高度和领域，这些创新知识和逻辑也常常与其他学科关联，加快了学科融合。在这样的背景下，定期利用自动化技术抓取新知识，抽取实体词和逻辑关系，将其补充到已有的知识图谱中，可以保持知识图谱的时效性与准确性；采用链接预测深度挖掘知识图谱中的实体关系，可以预测学科未来的发展趋势，提前做好应对和准备；应用监督机制检测并发现其中的错误并及时修正完善，可以提高知识图谱的准确性。知识图谱蕴含了现有学科知识内容、处于萌芽的创新知识内容和预测的学科发展内容，只有及时摒弃陈旧过时的实体和关系，修订完善错误的实体和关系，才能确保知识图谱的准确和稳定，高效匹配用户的检索需求，为用户推荐有价值的关联实体，更好地服务于信息需求和知识获取。

**4. 知识图谱构建的内在联系**

知识图谱构建主要包括实体识别、关系抽取、实体链接、图谱建模、图谱扩充、本体构建、知识图谱维护与更新七个主要环节。实体识别是用相关技术设备对学科领域内的知识进行抓取，以识别实体和实体之间的关系，这是所有环节的前提与基础，关系着整个知识图谱的质量和可信度。关系抽取是在实体识别的基础上，根据学科领域范围和学科从属情况抽取实体关系。实体链接是第三个重要环节，是将识别的实体和逻辑关系与知识图谱中已有的实体和关系进行匹配，确定其在知识图谱中的位置并得到与其他知识节点的联系，整体把握学科领域知识。图谱扩充是在图谱中建立新的实体节点，以表示新兴实体和逻辑关系，为图谱扩充做好实体准备。图谱扩充是以知识图谱新增的实体节点为对象，利用图分析和推理技术挖掘其与其他实体节点之间的关系和属性，其中特别关注具有潜在属性的部分。本体构建是对图谱的补充和完善，通过定义新的实体和逻辑关系，判断其属性和范围并构建本体。知识图谱维护与更新是在所有环节的基础上根据学科发展和实体变化而修正、完善、补充的，使之保持准确性和实效性，满足用户检索需要。

知识图谱构建过程中的各个环节之间存在着内在的联系，它们相互依赖、相互影响，共同构建了一个完整的知识图谱。

**5. 知识图谱在图书馆知识管理中的应用**

知识图谱技术的深入发展逐渐引起了研究者的关注，他们对其进行了相关探索，并在多个学科领域得到了应用和实践，呈现突飞猛进的发展势头，其在图书馆领域的应用更是提高了资源管理的效率和读者服务的质量。首先，以知识为管理单元的知识图谱取代了以载体为管理单元的传统服务模式，便于图书馆资源的有效整合。图书馆资源包括纸质图书、期刊、报纸以及电子数据库、音视频资源等多种类型，传统的管理模式大多根据载体类型将资源分类、管理和利用，将每一载体资源单独进行管理和使用并不利于从整体上把控馆藏资源的利用效率，也容易造成资源的重复和浪费。而以知识为单元管理资源、用实体节点和逻辑关系构建的图书馆知识图谱从根本上改变了资源的管理方式，避免了载体对资源管理的负面影响，图书馆管理者能够以整体视角实现资源和资金利用的最大化，提高了管理和配置的效率，对提升服务质量和读者满意度起到推动作用。其次，知识图谱推动了图书馆挖掘读者需求和提供个性化服务，读者在知识检索中发出检索申请后，系统将读者的检索词与知识图谱中的实体词进行匹配，确定读者的检索需求并将检索结果和关联词输出至读者页面，供读者利用。通过分析读者的检索历史、使用偏好等信息深度挖掘读者的资源使用需求、预测其学术研究方向，及时为读者推送与其学术发展方向一致的图书、期刊和电子资源，并向读者提供相关学术圈、学科专家和研究伙伴的链接，加强了读者与学术同行的交流和沟通，加快了知识的分享和传递。最后，知识图谱的应用为读者检索呈现了以知识为单元的结果页面，节省了读者检索资源的时间，提高了检索效率。读者输入检索词后得到的结果不再局限于同一资源类型，而是综合了图书、期刊、报纸、数据库、音视频资料等所有资源的结果，对资源的路径指向将从以书、期刊等为单元转移到以知识为单元,大大节省了读者筛选资源的时间,提高了服务质量。

## 二、语义网络技术

### 1. 语义网络技术的概念与特点

语义网络是表示和组织信息的图状结构,由节点(实体)和边(关系)组成。节点代表现实世界中的实体,可以是具体的事物、抽象的概念、属性或事件。边则表示实体之间的关系,描述了实体之间的语义联系,实体通过边相互连接,形成具有语义关联的网络模型。语义网络可以捕捉实体之间的关系、属性以及语义信息,更好地呈现和理解实体之间的关联性,在人工智能、自然语言处理、知识表示等领域都有广泛的应用,为数据组织、检索和推理提供了强大的工具支持。

语义网络具有丰富的语义性,它强调实体之间的语义联系,擅长揭示实体的隐含语义信息,有些语义关联并不显而易见,但通过分析实体之间的语义关系,可以发现其中的潜在关联,这就好像在社交网络中,两个人可能不是直接的朋友关系,但通过共同的兴趣爱好或共同的活动产生了深厚的感情。因此,语义丰富性是语义网络的重要特点,可以通过实体之间的关联揭示其多层次、多方向的关系,并发现实体的隐含语义信息,成为知识表示、数据分析、推荐系统等领域的重要工具,更准确地反映了实际世界中的复杂关联和语义。

语义网络具有灵活性,这里的灵活性指的是语义网络的易扩展性和易修改性。在语义网络中,实体和关系之间的连接通过节点和边来表示,这种结构使新的节点(实体)可以很方便地添加到现有网络中,新的边(关系)也可以在新节点之间建立,这意味着当新的实体或关系出现时,不需要对整个网络进行大规模的调整,只需添加相应的节点和边,从而实现了对知识的快速扩展。此外,语义网络的边(关系)可以具有不同的属性和特征,因此语义网络可以灵活适应不同的领域和应用。当知识发生变化时,网络中的关系属性可以根据新的情况进行调整,以反映最新的知识应用，持续与知识的变化和发展保持同步。因此，新增实体、关系和调整属性都可以在语义网络中以相对轻松的方式实现。灵活性性使语义网络在知识图谱、信息检索、数据挖掘等领域具有广泛的应用前景，以更好地应对不断变化的知识和需求。

语义网络具有超强的表达能力。这指的是语义网络能够有效地表达和呈现复杂的关系模式，不仅可以表示简单的关联，还可以展现多层次、多方向的关系。超强的表达能力让语义网络成为能够更全面、准确地呈现现实世界关系的工具。在语义网络中，边（关系）不仅可以表示实体之间的基本关联，如从属关系表示一个实体是另一个实体的一部分或成员，还可以表示更复杂的多层次关系，即一个实体是另一个实体的子关系，从而形成关系的层次结构，展示实体之间更丰富的连接方式。除了展示多层次的关系，语义网络还能够表达多方向的关系，在现实世界中，实体之间的关系通常不是单一方向，而是相互影响、相互作用的多向互动。应用语义网络可以通过有向边准确表示实体之间的多向互动联系，比如在社交网络中，两个人是双向互动的朋友关系，通过有向边可以清楚地表示出这种双向性。语义网络的表达能力使其能够更准确地反映现实世界中复杂的关系模式，无论是简单的关联、多层次的关系还是多方向的关系，都能够通过节点和边的组合来有效展现，超强的表达能力让语义网络在知识表示、数据挖掘、关联分析等领域具有广泛的应用，能够更好地帮助人们理解和利用复杂的关系信息。

**2. 语义网络技术在图书馆知识管理中的应用**

图书馆作为信息资源的管理和传播中心可以充分利用语义网络的特点，提升知识服务的质量、效率和个性化。以下就知识资源组织与检索、读者服务与推送、学科知识图谱构建三个语义网络在图书馆的应用进行说明。

①语义网络可以更有效地组织和检索图书馆知识资源。组织和检索知识资源是图书馆开展各项服务的基础，一直以来，图书馆都采用传统的图书目录和分类体系进行知识组织和检索，通常以固定的主题分类、作者索引等方式来组织知识资源，虽然有一定的作用，但往往受限于固定的分类结构和标准，不能反映知识资源之间复杂的关联和语义联系。在某些情况下，读者可能需要跨越不同分类进行综合检索

以获取更全面的知识,因此,随着知识量的不断增加和读者需求的多样化,如何更有效地组织和检索知识资源成为一个重要挑战,在这方面,语义网络作为一种新颖的技术支持正逐渐在图书馆中展现其巨大潜力,为解决这一问题提供了新的途径。

②语义网络可以为图书馆提供个性化的读者服务和资源推送。知识的爆炸式增长让读者在海量资源中高效选择所需知识变得困难,帮助读者更有效地发现符合其兴趣和需求的知识资源是图书馆的重要任务之一,语义网络灵活的查询与推理能力是个性化资源推送、资源发现与获取、知识分享与交流的强大助力,为读者带来了定制服务的新机遇。

③语义网络是通过分析读者的学科研究兴趣、检索历史、借阅记录等多维度信息而构建的个性化语义网络模型,反映了读者之间知识交互、资源共享和知识交流的深度联系。应用语义网络可以根据读者的检索和借阅历史推断其学术研究领域并推送相关新书、期刊和研究论文;当读者使用图书馆知识系统进行检索时,应用语义网络可以快速为读者呈现与检索内容相关的资源,提供更准确、个性化的学术支持和资源导航,提高了资源发现的效率;语义网络是构建学科知识图谱的强大工具,将学术资源和关系抽象为实体和关系边,可以发现学科之间的联系和交叉点,探索可能的合作伙伴,如计算机科学领域的读者发现与其研究课题相关的生物学读者并开展跨学科合作研究,可以创造更具创新性和影响力的研究成果。

## 第二节　数据挖掘技术与机器学习技术

### 一、数据挖掘技术

**1. 数据挖掘技术的概念和特点**

数据挖掘是通过对大量数据的自动分析发现其中的隐藏模式、关联、趋势和信息的过程,它是从海量数据中提取有用知识的技术手段,有助于制定决策和预测未来趋势。

数据挖掘技术具有多学科交叉属性，它借用算法、模型和技术方法融合了计算机应用、数理统计、数学等多学科知识，从不同角度解析数据中的信息，为行业分析提供有价值的知识。数据挖掘技术是人工与智能相结合的产物，数据分析是计算机自动完成的进程，主要利用算法和计算机技术从数据中自动发现模式和信息，因此数据挖掘技术具有智能的特性。然而人类所具有的对专业领域知识的判断和对技术路径的不断修正仍然在自动化过程中不可或缺，研究者可以根据技术应用目标和技术使用环境选择适当的算法和预处理数据，为数据挖掘技术做人工补充，可以说数据挖掘是半自动化过程，仍具有人工属性，人工与智能的结合使数据挖掘技术能够平衡算法的效率和人类的专业判断优势。数据挖掘技术也是大数据应用的重要技术手段。随着大数据时代的到来，用户数据量不断增加，传统分析方法难以分析庞大的数据量，更加无法体现其应用价值，数据挖掘通过并行计算、分布式处理等技术能够有效地从庞大的数据中提取出有价值的信息。发现数据间的关联和未来发展趋势，帮助企业提前做好应对和准备，保持竞争优势，为多学科领域带来新的应用和机遇。

数据挖掘作为一门多学科交叉技术，主要应用大数据和自动化技术从海量数据中提取出有用的信息和知识，不仅能揭示数据中的规律和趋势，还能为决策制定、发展预测、问题解决等提供有力的技术支持，推动了知识管理的发展和创新。

**2. 数据挖掘技术在图书馆知识管理中的应用**

数据挖掘能够有效组织、检索和利用知识资源，提升读者服务质量和图书馆管理效率，在图书馆知识管理中具有广泛的应用潜力。首先，数据挖掘技术可以提高读者兴趣分析与个性化服务水平。图书馆作为知识和信息的中心，承载着读者海量的知识需求和检索请求，在知识爆炸时代，读者期望提高知识的检索效率，迅速准确地获取与自身兴趣和需求相关的资源，最大限度节省科学研究的时间和精力。数据挖掘技术能够实现对大量读者数据的分析，从数据关联中揭示读者研究的侧重点和未来趋势。通过挖掘读者的检索历史、借阅记录、服务反馈和留言评论等信息预测读者的学术研究兴趣和偏好；通过分析读者的检索记录判断其感兴趣的学科主题、领域以及研究方向。借阅记录揭示了读者偏爱的学者、题材等阅读习惯和喜好，评价和评论反映了读者对图书馆资源服务的态度，通过分析相关信息，图书馆可以构建读者的学科画像，深度挖掘读者的学科兴趣，将图书馆知识资源与读者的兴趣偏好进行匹配，推荐高相关度的图书、期刊、电子资源，引导其发现潜在的研究领域和新的知识，节省读者的检索时间，为科研保留精力和实力，从而提升读者对图书馆服务的体验感和满意度。当读者发现图书馆能够提供与其兴趣紧密相关的知识资源时，他们会持续使用图书馆服务，这不仅维护和扩大了读者群体，还扩大了图书馆服务的社会影响力。个性化服务优化了读者的服务体验，使其感受到了更多的关注和关怀，更愿意与图书馆建立深入的互动关系，提升对图书馆服务的忠诚度和满意度，为图书馆积累良好的声誉和影响力。随着数据挖掘技术的发展，图书馆将更精准地了解读者需求，提供更有价值的知识和信息支持。

数据挖掘在图书馆中可以用于优化知识资源组织和检索方式。数据挖掘技术不仅应用于读者服务部门，还在知识资源的组织和检索领域发挥了重要作用。图书馆拥有丰富的书目和索引资源，数据挖掘可以从中分析知识之间的主题关联和趋势，通过文本分析技术赋予知识以关键词和主题词并构建关系网络。知识之间的关系网络优化纸质资源的布局和陈列，方便读者找到相关资源；可以在电子资源检索结果页面充分展示相关书目、关键词、主题分类等数据，揭示隐藏在其中的主题关联、趋势以及检索热点，帮助读者准确识别某一主题领域的核心概念、重要作者以及热门研究方向。数据挖掘技术还可以完善图书馆检索引擎的功能，通过分析大量的读者查询数据识别出常见的查询模式和语义关系，更精准地捕捉读者的检索意图并提供相关结果，当读者检索使用的关键词模糊或意义宽泛时，检索引擎还可以利用数据挖掘技术推断其可能的意图，并找到与之相关的资源。

数据挖掘技术在预测和满足读者需求的同时也在图书馆业务管理中发挥着关键作用，从大量的借阅记录中分析特定书籍的需求趋势和馆内资源的利用情况，可以帮助图书馆有侧重地调整纸质资源采购方向，提高馆藏资源的利用率。收集高频借阅的书籍数据和借出后被很快归还的书籍数据也可以反映读者对资源的偏好情况，增加采购复本、醒目摆放和粘贴宣传海报等措施，提高高频借阅书籍的曝光度，引起读者关注，持续提升借阅频次；缩短低频借阅书籍和高频归还书籍的借阅周期以减少资源闲置，给其他读者提供更多的借阅机会，提高馆藏资源的利用率。另外，利用数据挖掘技术可以优化资金配置，合理规划馆藏结构，提高资源利用率，通过分析特定书籍的需求趋势、预测馆内资源利用重点，将资金向读者需求量大、热门学术的资源倾斜，并重点采购其相关学科和交叉学科的图书或增加复本，让读者在需要的时候有充足的资源可以选择，避免因资源跟进不及时引发读者舆情。图书馆资源建设应具有完整的框架体系，在规划时全面覆盖学科领域，完整收录学科的基础图书和经典图书，在收录完备的基础上，通过数据挖掘技术筛选热门学科和焦点研究，更加合理地安排资源的采购和调配，提升读者满意度，提高图书馆服务质量。综合以上三个应用领域，数据挖掘在图书馆知识管理中具有巨大的潜力，通过分析读者兴趣实现个性化服务，加强图书馆与读者之间的互动；通过知识资源组织与检索优化，提升知识获取的效率和准确性；通过馆藏管理和预测分析，改进馆内资源的利用和规划方案，数据挖掘的引入更好满足了读者需求，推动图书馆向更智能、更高效的方向发展。

数据挖掘技术在资源管理和读者服务的应用推动了图书馆知识管理的发展，图书馆也需要加强读者数据保护工作，以实现数据挖掘技术效果最大化。首先，做好馆员技能培训，组织馆员学习相关法律法规，提高馆员对相关技术的理解和掌握程度，制定业务规范和标准并加强对读者数据的保护，避免因管理不善造成读者数据的泄露和丢失；其次，在与第三方共同开发技术应用时，规范使用数据，严格规定读者数据的采集内容和知悉范围，层级上报并严格审批读者数据挖掘流程，将技术的应用限定在积极做好读者服务的范围内，为读者提供更加便捷和人性化的服务体验。

## 二、机器学习技术

### 1. 机器学习技术的概念与特点

机器学习是人工智能发展到现阶段的产物,通过模拟人类在学习中总结积累知识的过程增强计算机在决策和预测中的主观能动性。计算机在多个领域承担的处理和分析数据工作节省了大量的人力,机器学习技术在计算机处理数据的基础上通过开发新算法与构建新模型真正实现了智能化。

机器学习的核心理念在于让计算机系统能够从数据中自动学习和调整算法。相对于传统的编程方式,机器学习模型不需要明确的规则和逻辑,只需通过训练计算机自动调整模型参数就可以学习数据中的模式和规律。自动学习模式让计算机能够从大规模数据中提取有价值的信息来优化自身性能,在面对新数据时作出更准确的预测和决策。机器学习具有数据驱动性,机器学习的基础是数据,可以通过模拟学习数据中的关系和特征来发现新模式。数据驱动的特点使机器学习模型能够从大量、多样的数据中挖掘结构化、半结构化和非结构化的所有数据知识,同时追求模型的泛化能力,即不仅在训练数据上表现良好,还在未见过的数据上具有出色表现,在实际应用中作出准确的预测和决策。机器学习具有非显性编程的特点。在人工智能出现以前,计算机是作为人类辅助工具而存在的,面对新算法和模型时需要程序员对收集和处理的大量数据进行分析,编写新代码完成既定任务,这需要耗费程序员大量的时间和精力;而机器学习在人工智能技术的支持下不再需要程序员进行编程,只需要机器在分析大量数据时调整自身参数,就可以建立新算法和新模型并应用于实践,逐步优化计算机的工作性能。非显性编程是持续更新和不断完善的过程,机器通过调整自身参数建立新算法和新模型并应用于接续的数据处理过程,而在数据处理过程中持续多次调整自身参数,建立更加复杂烦琐的算法和模型,可以作出准确的预测和决策,提高工作效率和工作质量。

**2. 机器学习技术在图书馆知识管理的应用**

图书馆存储有大量的图书、期刊、报纸和其他文献资源，科学高效的分类标引体系可以帮助读者顺利找到所需知识，建立传统的人工分类标引体系需要耗费大量时间和人力，而且容易受工作人员的主观影响，而形成分类标引偏差，在资源分类和标引中引入机器学习技术可以提升业务管理的高效性和准确性。机器学习可以分析文本中的关键词、词汇、句法结构等特征识别知识所属的主题，基于已有的标注数据自动将知识分配到不同的主题分类，不仅能够节省人力成本，还能够提高分类的准确性和一致性。在对知识进行分类的同时，机器学习还可以识别最具代表性的词汇和句子并自动生成关键词和摘要，帮助读者迅速浏览主题和内容，并最终决定是否需要深入阅读，为知识利用提供了便利。图书馆应用机器学习技术的自动分类标引减轻了馆员人工操作的负担，节省了时间和成本，自动生成的关键词和摘要也使知识更易于检索和浏览，优化了读者的检索体验，更高效地组织和管理了大量资源，为图书馆知识管理和服务提供了新的机遇和可能性。

图书馆检索系统应用机器学习技术拓宽了读者获取知识的路径。传统的检索系统面对大规模、多样化的知识资源往往不能同时满足查全率和查准率，这就需要借助机器学习技术优化图书馆的知识检索系统，通过分析检索历史、点击行为以及文本语义，更好满足读者的知识需求。机器学习模型应用于文本挖掘和信息抽取，可以自动识别知识中的实体、关键词、摘要等内容，提取有用信息为读者提供更丰富的检索结果，帮助读者全面了解知识内容，把握学科领域全貌和发展趋势。传统的关键词匹配方法往往只考虑词汇的表面意义，而机器学习技术可以挖掘更深层次的语义信息，展示不同检索词之间的关联并实现更精准的匹配，满足读者的潜在知识需求。应用机器学习技术也可以根据读者的历史检索和浏览行为生成个性化检索结果，提升读者对图书馆资源和服务的满意度和检索效率。因此，机器学习通过语义匹配、个性化匹配、文本挖掘和动态调整等功能让图书馆检索系统更加智能、准确和高效，能够帮助读者快速找到所需知识，显著提升图书馆服务质量。随着技术的发展，机器学习将为图书馆知识管理和服务提供更多创新的解决方案。

# 第六章 图书馆知识管理的应用与实践

## 第一节 图书馆知识服务概述

### 一、图书馆知识服务的概念

图书馆知识服务是图书馆向读者提供全方位知识获取、学习支持和知识管理的综合性服务体系。数字化时代，图书馆知识服务不再局限于传统的纸质文献，而是构建了包括实体书籍、纸质期刊、报纸、电子数据库、知识管理平台等在内的全资源体系，利用多种渠道和方式为读者提供更广泛的知识选择，能够快速准确地获取所需知识，满足读者在学术、职业、个人发展等多层面的知识需求。

数字化知识服务是图书馆知识服务的重要组成部分，图书馆通过数字化技术将文献体系中以孤本或极少复本存在的图书和档案资源数字化，既保护了珍贵的老旧资源，又促进了资源的深度开发和利用；图书馆引入的虚拟助手和检索工具等智能技术设备，可以通过图书馆网站或在线数据库体验资源的分类导航和主题索引，轻松获取所需学术资源。随着数字图书馆的发展，读者利用图书馆远程访问服务可以在家中、办公室、学校等任何地方检索图书馆资源并获取所需知识，资源利用的灵活性和便利性极大地满足了快节奏生活和学习的需求。图书馆也致力于创设开放、包容的学习和交流环境，通过举办阅读推广、专家讲座、主题书展等文化活动以及数据库培训、检索技巧大赛等活动丰富读者的精神生活，提升其专业水平和文化素养，在满足读者学术需求的同时关注读者个人的全面发展。在图书馆知识服务的支持下，读者不仅获取了知识，还具备了将知识应用于实际生活和工作的技能。在图书馆知识服务体系中，图书馆馆员不仅是知识管理员，还是读者的知识推荐师，通过参考咨询服务为读者提供专业书目导读、学术写作指导等实用知识，培养读者的知识素养和学术技能。

因此，图书馆知识服务贯穿于图书馆服务的全方面，不再是被动接受读者咨询、从不关注资源利用率和读者满意度的消极状态，而是以读者需求为中心，在业务管理和读者服务各领域都以满足读者对知识的需求为目标，及时跟进读者的检索需求，为读者推送相关领域的知识资源；优化读者检索页面，提供一站式搜索引擎服务；做好纸质资源电子化，方便读者随时利用碎片化时间检索图书馆资源，提高资源的利用率，满足读者在学习、工作、研究中的知识需求，提高读者对图书馆资源和服务的满意度。

## 二、图书馆知识服务的功能与价值

图书馆知识服务可以为读者提供知识检索与获取、参考咨询、电子资源和远程访问、读者信息素养教育等多方面内容。

**1. 知识服务可以为读者提供知识检索与获取服务**

知识检索与获取是图书馆知识服务的核心内容，可以为读者提供图书、期刊、报纸、数据库等多样知识资源，满足他们在学术、研究、职业以及个人生活中的知识需求。现代社会中，知识检索与获取不仅关乎获取知识的数量，还可以获取高质量、准确、可靠的知识。图书馆始终致力于建立涵盖不同学科领域和主题的实体纸质资源馆藏体系来满足不同读者的文献需求，读者可以通过图书馆机读检索目录、分类索引等检索路径检索并借阅所需纸质资源，深入了解自身研究相关的特定主题、领域和学科。另外，图书馆订购了种类丰富的期刊和报纸，为读者提供最新的学术研究成果和行业研究动态。期刊报纸的多样性和时效性让读者不仅能够获取不同信息源的知识，还可以跟踪最新的学科发展方向和趋势。随着数字化技术的发展，电子资源在知识检索与获取中的比例愈加突出，现代社会快节奏的生活让读者阅读和学习的时间变得零散和碎片化，他们需要依据个人的空闲时间使用图书馆资源，而不是根据图书馆的开放时间安排个人学习时间。为了满足读者碎片化时间的需求，图书馆订购了音视频数据库、中外文电子期刊数据库、在线课程等数字资源，方便读者在自己时间允许的条件下随时通过图书馆网站使用电子资源，通过统一检索平台和数据库链接在线检索并快速找到与研究课题或兴趣相关的资源内容，节省了实际去图书馆时间，也获取了更多有价值的知识。此外，图书馆提供和推广开放获取(Open Access)资源，提供了获取价格高昂的外文资源途径，推动了知识的共享和传播，使更多科研读者受益。知识检索与获取的重要性不仅在于获取知识，还在于获取的知识是准确并可靠的，图书馆馆员在这方面则发挥着关键作用，他们指导读者优化检索策略，通过正确的路径从海量信息中迅速找到所需知识，同时向读者推荐可靠的知识来源以及评估知识质量的策略和方式，避免读者利用错误或过时的知识。

知识检索与获取是图书馆知识服务最基本也是最重要的服务方式，完整的读者需求从发出检索需求开始到获取需求知识结束，读者思考加工所获取的知识会再度产生需求意向并形成知识检索的循环，不断提高个人知识水平，促进了学术研究和职业的发展。

**2. 图书馆知识服务为读者提供了参考咨询及相关服务**

图书馆服务多是作为图书馆资源与读者之间连接的桥梁，引导读者找到所需知识资源，参考咨询主要是图书馆参考咨询员或学科馆员依靠自身的专业素养和工作经验与读者互动交流，与读者分享资源利用、学术写作等方面的经验和知识，其服务效果与参考咨询员的业务水平、职业素养和服务态度正相关。为了更好向读者提供资源利用的知识和技能，参考咨询员需掌握馆藏所有资源的特点、使用偏好、内容范围，能够熟练应用不同资源的技术工具和检索技巧。当读者提出咨询需求时，参考咨询员根据读者的专业和需求提供检索建议并引导读者使用检索关系式、引用检索、分类索引等高级检索方式优化检索策略，从海量知识中获取有价值的内容。学术论文写作是学术研究的重要环节，是将作者的研究心得和知识创新凝练概括并与同行共享交流的方式。图书馆学科馆员主要通过论文写作助手为读者提供学术写作的指导和建议,帮助读者规划写作进程、组织论文结构并分享写作技巧、检查学术论文的逻辑性和连贯性,也可根据自身经验在读者需要对论文进行修改和润色时提供反馈和建议,提升论文的质量和学术价值。在文献引用阶段,学科馆员分享引文管理工具,指导读者在论文中正确引用和注释文献,维护学术诚信和个人知识产权。

参考咨询与指导是图书馆为读者提供的重要服务,参考咨询员的专业知识和经验可以为读者提供知识检索、学术写作、文献引用等多方面的知识指导和建议,不仅有效利用了图书馆资源,还推动了读者的学术发展和个人成长。读者不仅可以通过图书馆实体咨询台获取参考咨询服务,还可以通过在线聊天、电子邮件等线上沟通工具随时提问并得到解答,可以不受时间和地点的限制。因此,参考咨询员不仅是图书馆的知识管理员,还是读者学术和知识探索路上的有力支持者和重要导师。

**3. 图书馆知识服务为读者提供了电子资源和远程访问服务**

电子资源服务以数字技术为基础,通过将实体资源转化为数字形式供读者在线访问和利用,推动知识的获取和传播。数字化知识服务的核心是图书馆馆藏数字化,图书馆引进数字技术将实体图书、期刊、报纸等资源转化为电子形式,建立数字馆藏体系,读者无须前往图书馆实体空间,就可以通过图书馆网站的自建库链接访问和借阅馆藏资源,极大地提高了资源的可访问性和利用率。图书馆将保存的大量历史文献、文化遗产以及特有主题的文献资料数字化之后通过网络平台向读者开放,读者可以随时浏览数字化的历史文件、手稿、图片、音频、视频等珍贵老旧资料,既保护了老旧文献的传承,又在研究中发展了相关主题和学科。

电子资源是数字知识服务的重要内容,图书馆订购了多类型在线数据库,为读者提供丰富的电子资源,满足检索和利用学术知识的需求。电子资源的全文检索功能让读者通过知识元途径快速浏览不同文本中的相关知识点,再根据研究需要决定是否阅读全文,节省了检索文献的时间和精力。电子资源不仅是资源内容电子化,还体现了新技术在图书馆服务中的应用,虚拟图书馆馆员、智能检索工具等技术手段的应用让读者体验了智能和个性的服务方式,虚拟图书馆馆员通过回答图书馆利用方面的常见问题为读者检索提供指导,智能检索工具根据读者的需求智能推送相关电子资源，引导读者更快找到自己所需要的知识。在读者利用电子资源的过程中，图书馆同步在网络平台更新相关数据库使用的在线培训课程、教程和视频讲座，提升读者的知识素养和学术检索技能。

远程访问服务是为读者提供的便捷利用图书馆资源的新路径，读者不再受限于地理位置，无论是在家中、办公室还是旅途中都可以登录图书馆网站或在线数据库，利用个人账号随时获取所需知识并接受图书馆的服务，最大限度地保留了读者学术研究的时间和精力，不仅满足了现代社会快节奏和多样化的知识需求，还为读者提供了利用图书馆资源的便利性和灵活性。传统图书馆的开放时间通常有限，远程访问服务开通了 24 小时访问图书馆的权限，工作繁忙、学习时间紧张的读者可以根据自己的时间安排知识检索和文献阅读。远程访问服务的优势还在于打破了信息壁垒，让不同地区、不同文化教育水平的读者都能够享受同样的服务，拥有获取同等知识和信息的权利，使知识资源更加平等地分布，对消除知识不对称、实现教育机会均等具有积极意义。

图书馆开展电子资源和远程访问服务要在提高资源内容质量的同时加强对电子资源的宣传和推送。电子资源服务已经成为图书馆知识服务的主要方式，资金采购和资源配置都已经向电子资源方向倾斜，馆藏电子资源的类型和内容都得到了充足的发展。而有的读者习惯于使用旧有的电子资源，并不主动关注和使用新引进内容，这就需要图书馆通过网站展示、微信公众号推文、邮箱推送、海报宣传等多种形式做好新采购电子资源的宣传和推广，让读者关注并使用新采购的电子资源；也可以应用大数据技术预测有需求的读者范围，以讲座、交流等方式帮助读者尽快熟悉和使用，促进知识的传播和共享。

**4. 图书馆知识服务为读者提供了职业素养培训**

职业素养的范围广泛，总的来说包括专业学术能力和通识素养能力两大部分，对专业学术能力的培养主要通过举办资源使用技巧培训、读书沙龙、学术交流会等方式进行，资源使用技巧培训可以提升读者对图书馆资源的检索和利用能力，更高效地利用本专业知识资源；举办读书沙龙、学术交流会可以小组研讨、案例分析、参观访学等方式，针对特定学科主题进行互动交流与深入研讨，加强读者与同行专家的联系，快速提高专业研究水平，搭建与同行专家学者联系交流的桥梁。学术论文写作是学术研究的核心展示环节，开展关于论文研究方法的培训和讲座可以帮助读者掌握数据收集、分析和归纳的技巧并应用于适合的研究领域，提升科学研究素养，为开展更有深度和更大影响力的研究做好准备；在论文撰写阶段，图书馆举办学术写作工作坊、提供写作教程帮助读者掌握学术写作的规范和技巧；在写作过程中，图书馆馆员指导读者构建合理的论文结构，提出清晰的论点并使用中国知网、超星读秀等文献管理工具进行正确的文献标引，撰写高质量的学术论文。

图书馆职业素养培训在传授检索资源技巧和学术论文写作的同时，也注重引导读者树立终身学习的意识，培养读者终身学习的能力。时代的发展让知识的更新迭代更加迅速，读者已有的知识存储会不断被新知识替代和更新，只有树立终身学习的意识、培养终身学习的能力，才能应对未来知识更新与职业发展的挑战，这也体现了图书馆作为学习中心和创新中心的重要作用。

**5. 图书馆知识服务为读者提供了阅读推广与文化活动**

阅读是图书馆服务永恒的主题，是开展学术研究、增加人生阅历、陶冶情操的重要途径，阅读包括浏览纸质书、电子图书、音视频文件等多种不同的形式。为了激发读者的阅读行为，培养读者的阅读兴趣，进一步满足读者的阅读需求，图书馆开展了丰富多样的阅读推广活动，在每年的4月23日"世界读书日"来临之际向全社会发出阅读倡议，举办"阅读之星"评选、读书交流会、阅读挑战赛等活动培养读者的阅读习惯、开启阅读行为，推动书香社会建设。书评是开展阅读推广的重要形式，图书馆将馆藏精品图书、读者喜爱的图书、新锐图书集中摆放并邀请专人撰写书评，通过微信公众号、视频号等方式推广和传播，让优秀图书走进读者的视野，满足读者的阅读需求。此外，图书馆通过举办主题书展和文化展览，为读者推送丰富多样的书籍和文化艺术作品，主题书展以主题形式向读者推送馆藏精品资源，是汇集最新出版成果的平台，读者可以在主题书展发现新书、了解新的文化趋势、拓展个人的知识领域；文化展览展示了不同地区、不同文化环境下的艺术作品，丰富了读者的文化鉴赏和美育体验。在数字时代，图书馆通过社交媒体、在线直播等网络平台开展阅读推广与文化活动，将活动内容传播到更多的用户群体，吸引更多人参与阅读推广活动，引领社会大众沉浸于优秀文化，扩大了图书馆的社会影响力。

图书馆阅读推广活动主要通过举办阅读大赛、作家讲座、主题书展等活动培养读者的阅读兴趣和文化素养，不仅满足了读者的精神文化需求，还推动了社会对优秀文化的传承和创新。作为文化传播者和文明传承者的图书馆为读者搭建了丰富多彩的知识与艺术交流平台。

## 第二节　基于知识管理的图书馆阅读推广服务

### 一、图书馆阅读推广的内涵和性质

阅读推广的核心理念是让阅读成为人们日常生活的一部分，人们不仅能获得知识，还能享受知识和体验别样人生。图书馆阅读推广通过多种形式推送资源，激发读者阅读兴趣、培养阅读习惯和提升文化素养，为社会营造积极正向的阅读氛围，推动文化传承和知识传播。主要通过组织读书俱乐部、分享会、阅读打卡等活动打造丰富多样的阅读空间，培养广泛的阅读兴趣；鼓励读者探索不同学科领域的书籍，相互交流并分享阅读体验，加深对知识的理解，丰富对知识的认知并引发对多元文化的思考和探索。此外，图书馆还与社区、学校等机构合作开展针对特定读者群体的跨领域阅读推广活动，扩大了图书馆的影响力。图书馆阅读推广活动也注重培养未成年人的阅读兴趣，通过举办儿童绘本阅读、青少年文学展览等活动吸引未成年读者的关注，培养他们的阅读习惯和审美能力，让未成年人在社会主义核心价值观的引领下茁壮成长，传承和发展中华优秀传统文化、革命文化和社会主义先进文化。除了实体图书馆开展的阅读推广活动，线上阅读推广活动也内容丰富、形式多样，微信公众号、小程序开展的阅读打卡、阅读闯关和文化讲座等活动提供了电子书籍、虚拟读书俱乐部、掌上图书馆等阅读服务，更好地满足了现代读者的阅读需求。

图书馆阅读推广是积极向上、富有使命感的文化活动，其目标不仅是培养读者的阅读兴趣，还致力于推动全社会的文化传承和知识传播。阅读可以了解历史、文化、科学等多个领域的历史和现状，推动个人的发展和成长。作为图书馆知识服务的重要方面，阅读推广活动让图书馆成为文化的传播者和知识的引领者，搭建了宣扬正确世界观和价值观的学习交流平台，提升了国民素养，培养了人文精神和社会责任感，推动了社会主义精神文明的发展和进步。

图书馆阅读推广随经济文化的发展和读者阅读需求的变化经历了多次发展和创新，在文化发展的不同阶段，图书馆阅读推广不仅适应了经济文化发展大局，还积极响应读者需求，成为图书馆服务中的重要组成部分。传统模式下的图书馆主要是收藏、保存和提供图书资料，阅读推广多以书展、阅读活动等方式提供资源和传播文化知识，开展阅读活动多是向读者展示丰富的馆藏资源，鼓励读者积极阅读，虽然活动形式相对简单，但为未来的阅读文化传承和推广打下了基础。随着社会的快速发展和网络技术的兴起，图书馆阅读推广逐渐融入了多种媒体形式和技术手段，通过网络平台、社交媒体更广泛地宣传了阅读活动的意义和效果，让阅读文化走到读者身边。数字技术的应用进一步丰富了阅读推广的形式和内容，扩大了活动的影响力，为读者提供了更多样的文化体验。同时，图书馆阅读推广越来越注重多元载体的应用，在传统图书资源的基础上提供多样的阅读内容和载体形式，音视频资源、电子书、VR等载体形式逐渐走进读者的视野并融入阅读行为，推动了阅读的多样性发展，满足了不同读者的兴趣和需求。此外，图书馆更加注重与社区、学校等馆外机构联手举办阅读推广活动，整合社会资源丰富图书馆活动的内容和形式，不仅加快了文化资源的共享和交流，也提高了阅读推广活动的可持续性。近年来，图书馆也持续关注阅读推广与文化创意、跨界合作的深度融合，与科技和艺术领域合作推出互动阅读应用、虚拟现实阅读体验等数字创意阅读产品，以举办文化节、作家讲座、文化展览等形式吸引更多读者参与，使阅读推广更加具有艺术和文化品位，拓宽了阅读推广的创新领域。

## 二、图书馆阅读推广的特点与作用

(1) 多样性和创新性

多样性和创新性是图书馆阅读推广活动的重要特征，不仅丰富了阅读推广的形式，还提高了读者对图书馆活动的参与度和体验感。现代读者越来越关注阅读的内容和形式，图书馆只有不断创新才能适应不同读者群体的需求，激发其阅读兴趣。图书馆阅读推广的多样性主要体现在主题书展、阅读分享会、作家讲座、阅读比赛和阅读驿站的多种多样，主题书展是图书馆阅读推广的常见形式，是在固定区域定期或不定期展览图书馆收藏的精品文献资源。为了增强书展的影响效果，可在活动前以海报、微信推文形式广泛宣传，激发读者的兴趣，引导其到主题书展区感受阅读推广的魅力。阅读分享会为读者提供了交流与互动的平台，在这里，他们可以分享阅读心得和感悟、交流观点和看法，通过阅读丰富人生的阅历和体验。作家讲座是在特定节日或活动邀请相关作家以"真人书"的形式与读者面对面分享创作经历和心路历程，引发读者共鸣并启迪人生智慧。阅读比赛和阅读驿站活动是通过竞赛和互动引导读者多读书、读好书，提高阅读的积极性。

创新性是图书馆阅读推广活动的另一重要特征。随着数字化技术在图书馆服务中的应用，图书馆探索应用在线阅读、虚拟展览等新技术给读者提供更加灵活便捷的阅读体验。图书馆借助 VR 技术在网络平台举办虚拟展览，让读者全景浏览图书馆馆藏，沉浸式体验图书馆阅读服务，轻松获取文献利用知识；借助腾讯会议、视频号等新媒体资源，在线举办作家讲座和读书分享会，通过网络直播与读者互动，平衡了读者的工作与学习，既适应了现代读者多样化的阅读需求，又让阅读推广更具吸引力和趣味性。

根据不同读者层的特点创新阅读推广的形式和内容也至关重要。图书馆服务的读者群体人数多、范围广，涵盖社会各阶层人员，具有不同的年龄和生活背景，面对复杂的读者群体，采用统一的形式和内容开展阅读推广收效甚微，只有将全部读者群体分割成多个小群体，依据每个小群体的特点和阅读偏好开展创新活动，才能取得良好的阅读推广活动效果。读者群体从年龄上可以划分为老年读者群、中年读者群、青年读者群和未成年读者群，老年读者群具有人生阅历丰富、专业知识扎实完备、阅读时间充足的特点，阅读推广活动应推送综合性强、内涵深刻的纸质和电子资源，首选彩页、海报等简洁、稳重的纸质宣传品进行推广宣传。中年读者群是学术研究和人生实践的主力军，科研成果丰富，完整的时间较少而碎片化时间较多，因此可以推送时效性强、展示学科最新研究成果和提高科学文化素养的资源内容，并以专家讲座、阅读沙龙等方式为读者提供互动交流的契机。青年读者群处于"三观"刚刚成型、需要吸收大量的知识和经验丰富人生阅历、探索科研方向的阶段，因此可向其推送内容成熟、体系完备、锻炼思维、拓宽眼界的资源内容，他们思维活跃，接受新事物的能力强，可采用直播间、真人图书馆、阅读挑战赛等新形式激发其参与活动的兴趣。未成年读者多在家长陪同下参与图书馆活动，因此可向其推送经典国学、科学启蒙、世界名著等内容，并以立体书、动画阅读、名著表演等方式寓教于乐。图书馆在阅读推广实施过程中要密切关注读者对活动效果的反馈和需求的变化，了解读者的阅读兴趣和偏好，及时调整和改进活动形式，持续吸引读者的关注和参与。图书馆也需与社区、学校、文化馆等馆外机构合作，整合特定文献资源并创新活动形式，推动阅读推广活动不断升级和发展。图书馆阅读推广活动的多样性和创新性丰富了活动形式，提升了读者的参与度和体验感，在培养读者阅读兴趣的同时也推进了文化的传承，今后将继续积极探索多样和创新的阅读推广方式，不断满足读者的个性化阅读需求，推动阅读文化蓬勃发展。

（2）个性化与数字化

图书馆阅读推广不再局限为读者提供文献的外借和阅览，而是转向为不同读者群体提供个性化定制服务。针对不同年龄读者的阅读习惯和特点设计了丰富多样的活动内容：未成年读者可以参加图书馆举办的绘本阅读会和创意手工活动来启蒙开智；青年读者可以参与图书馆举办的读书俱乐部和文学评论竞赛来增长学识；中年读者可以参加图书馆举办的作家讲座和读书沙龙丰富文化储备和人生阅历；老年读者可以参与图书馆举办的读书交流会来分享感悟和心得。读者年龄和阅历的差异影响了其对文化和阅读的偏好，据此举办的阅读推广活动因侧重点不同可吸引更多的读者参与。图书馆还可通过定制服务满足读者的阅读需求，根据读者的研究领域以多种形式提供文学、科幻、历史、艺术、健康、心理等学科的知识资源，让文献需求和阅读层次各不相同的读者都能够找到适合自己的书籍和阅读活动；针对不同文化背景的读者开展跨文化的定制服务，推广不同国家和地区的文学作品和传统文化，促进跨文化交流和理解，丰富不同读者群体的文化体验。

随着数字化时代的到来，图书馆借助信息技术为读者提供便捷、多元的活动方式。电子书和线上资源让阅读变得更加便利，以多媒体、动画、游戏等方式开发的互动应用让阅读变得更加生动有趣，吸引年轻读者长期参与阅读推广活动，维护了长期稳定的读者群体；应用虚拟现实技术打造的虚拟图书馆和阅读空间让读者在虚拟环境畅游书海，收获不同寻常的阅读感受；网络平台举办的在线讲座和直播活动让作家、专家与读者突破地域限制，实现了实时互动交流，提升了阅读的参与度和深度。图书馆阅读推广的个性化服务与数字技术相互融合，为读者提供了丰富、灵活的阅读体验，个性化服务使得阅读推广更贴近读者需求，更好满足不同读者群的阅读偏好和兴趣；数字技术创新了阅读形式，让阅读推广活动更具便捷性和吸引力。随着社会发展和技术创新，图书馆将持续探索更多服务方式，营造更丰富、更有意义的阅读氛围，推动阅读文化的传承和发展。

（3）资源共享与文化引领

图书馆阅读推广强调与社区、学校、文化机构合作实现资源共享和服务融合，合作开展阅读推广可以扩大活动影响力，让更多读者受益于丰富的阅读资源和活动。图书馆与学校合作开展活动可以为学校提供更丰富的阅读资源，培养学生读者的阅读兴趣，提升其阅读能力，为学习和成长提供智慧支持；与社区合作举办的阅读活动和文化讲座可以满足社区居民的知识需求，加快社区内部的文化交流和互动，更好地服务于社区读者，同时扩大图书馆的潜在读者群体；与文化机构合作开展独特的文化活动、演出和展览，可以整合不同类型和特色的资源，丰富活动形式，让阅读与文化相互交融产生更大的影响力。资源共享与文化引领职能让图书馆不只是传统意义上的阅读场所，更是引领社会文化发展方向的文化中心。资源共享扩大了图书馆阅读推广的影响范围，使更多读者了解并感受到优秀出版物的魅力，充盈个人精神内涵；图书馆作为文化传播的重要载体积极引导和传递社会主义核心价值观，推动社会主义精神文明建设和发展，可以将阅读推广活动提升到更高层次，通过合作共赢、文化传承和社会主义核心价值观引领为社会主义文化建设和进步贡献力量。

## 第三节 基于知识管理的数字图书馆服务

### 一、数字图书馆是知识服务的中坚力量

数字图书馆是图书馆服务的数字化，主要通过数字技术将多种形式的文献、信息和多媒体内容转化为数字格式，使其无须受传统图书馆的物理位置和开放时间限制，能够随时在线存储、组织和传播。数字化收藏是数字图书馆的核心特征，通过采用先进的数字保存技术让文献免受物理损坏或灾难性丢失的风险，达到长期保存目的。通过扫描、拍摄或其他数字化方式将印刷品、手稿、图片、音频和视频等文献类型转换为数字格式并存储在计算机服务器中，方便读者通过搜索引擎和元数据检索所需知识，节省时间和精力。数字图书馆的多媒体内容库资源丰富，其所提供的学术期刊、学位论文、研究报告和专业数据库也广泛用于学术研究，支持研究人员的学术工作，为读者提供了便捷的、全球性的知识资源，推动了教育、研究和文化领域的发展，也为知识时代的应用和发展做出了巨大的贡献。

数字图书馆是多种智慧技术在图书馆广泛应用并与图书馆业务深度融合的产物，这些智慧技术支撑了数字图书馆的基本运营，使其成为全球知识的便捷存储和检索工具。

数字化技术可以将纸质文献、图片、音频和视频等多种知识内容通过扫描、拍摄或录制等方式转换成数字格式并由计算机存储和管理，这意味着书籍、文档、照片以及录音、录像等多类型资源都可以电子形式保存和被访问。数据库技术中的关

系数据库和 NOSQL 数据库支持标题、作者、出版日期等重要元数据的管理，可以有效地组织和存储海量知识并提供灵活的检索方式。搜索引擎技术通过索引、自然语言处理和复杂的查询算法提供高效检索功能，帮助读者快速准确地找到所需知识，大大提高了知识的可用性。Dublin Core 和 MARC 等元数据标准定义了文献属性，同时也描述了文献的关键信息，使文献易于被分类和检索。互联网连接、Web 服务器和安全协议是图书馆实现全球访问的基础，可以让读者安全浏览和访问图书馆资源。数字图书馆主要采用数字水印、访问控制和版权管理技术来解决数字版权问题，确保数字文献的合法使用和传递。综合而言，数字图书馆通过数据库、搜索引擎、元数据标准、网络技术和版权管理等多种网络技术，实现了纸质文献数字化以及数字资源的检索利用，便于在全球范围访问和管理知识资源。

## 二、数字图书馆服务的特点

数字图书馆服务作为现代图书馆服务的重要组成部分，具有开放性和全球性、实时性和互动性、数据驱动与智能化的特点，在满足读者需求、促进知识传播以及拓展知识获取方式方面发挥了重要作用。首先，数字图书馆服务的开放性和全球性让知识流通更加便捷。读者利用数字图书馆提供的网络平台促进了国际交流与合作，为全球范围内的学术和文化交流提供了新的渠道。其次，数字图书馆服务具有实时性和互动性的特点，在线更新的电子资源可以及时反映最新的研究成果和知识，满足读者对强时效性知识的需求；读者可以在互动平台以在线评论和分享社交媒体的方式与图书馆官方账号、学科专家、其他读者交流，推动知识共享与讨论。最后，数字图书馆借助数据分析和人工智能实现了数据驱动和智能化服务，通过分析读者的阅读行为和研究偏好优化算法，为读者提供更准确的知识推荐；应用大数据技术洞察并分析研究热点和发展趋势，为学者、研究者提供有价值的研究支持。数字图书馆的开放性与全球性、实时性与互动性、数据驱动与智能化特点为读者提供了更加便捷、多样化的知识获取途径，逐渐成为重要的知识传播平台，促进了知识的共享、传播和创新。

## 三、基于知识管理的数字图书馆服务优化策略

在知识管理不断发展的背景下，数字图书馆服务通过开展智能和个性化知识推荐、应用知识图谱与语义分析、优化读者浏览界面和分类体系以及创新数字化展示等方式更好地满足了读者需求，提升了知识获取、整合和传播的效率和质量。

**1. 增强了智能和个性化知识推荐服务**

数字图书馆借助先进的数据分析和人工智能技术分析读者的知识检索记录、浏览书目信息等数据，深入挖掘读者的兴趣、偏好和阅读习惯，并以此为基础向读者推荐个性化资源，开展知识传递，优化读者对图书馆服务的体验。数据分析和人工智能技术让数字图书馆具备了从海量信息中挖掘读者行为数据的能力，通过分析读者的检索词、阅读偏好和时长等多维度数据建立读者的兴趣画像，准确把握读者的知识需求并推送个性化资源。读者在检索时通常使用多个关键词，其背后关联反映了更宽泛的统一主题，基于读者兴趣画像的知识推送不仅是表面的关键词匹配，还注重对词语深层次含义的理解，通过分析关键词的关联性为读者推送准确全面的资源。个性化推送在优化读者服务体验的同时也加快了知识传递，由于推送的资源更符合读者的实际需求，读者会更专注于阅读推送的知识，培养广泛的阅读兴趣，构建完整的知识体系，实现知识更新和终身学习。需要注意的是，在向读者推送个性知识的过程中，需遵循相关法律法规并充分保护读者的个人隐私，让读者真正安心接受图书馆服务。因此，借助数据分析和人工智能技术，图书馆能够了解读者的阅读兴趣和研究偏好，提供更加精准和个性化的资源推荐，满足读者的多样化知识需求，增强读者对图书馆服务的黏性，其创新和发展将进一步引领数字图书馆的未来服务方式，使其成为知识获取和传播的智慧引领。

**2. 应用知识图谱与语义分析技术，为读者提供深入而全面的知识服务**

图书馆依据实体词和实体关系构建逻辑联系并形成知识图谱的基本雏形，根据已有的实体词和关系揭示知识之间的隐性关联并形成新的知识关系则是知识图谱更为重要的内容。知识图谱在数字图书馆领域具有广泛的应用和影响，它以知识为单元整合了图书馆资源，用实体节点和逻辑关系表示资源内容和资源之间的联系，实

现了资源管理的整体化和全局化。知识图谱的应用推动了读者需求挖掘和个性化服务的开展，通过记录读者的检索历史和使用偏好深入挖掘读者需求并预测未来研究方向，及时推送相关图书、期刊和电子资源，同时提供学术圈、学科专家和研究伙伴的相关信息，可以加强读者与同行的交流和沟通，提高数字图书馆的利用率。知识图谱的应用呈现了以知识为单元，综合图书、期刊、报纸、数据库、音视频等多种资源的读者检索页面，节省了资源筛选的时间，提高了知识服务的质量。

图书馆应用语义分析技术可以准确识别文本中的关键信息，建立实体的语义联系。针对读者检索的任意知识条目，语义分析技术都可以迅速识别作者、关键词、主题等信息，链接知识图谱并展示给读者，让读者在更广阔的知识背景下更加系统地运用相关学科和知识。构建知识图谱和应用语义分析技术还能够实现精准的知识检索和链接，传统关键词检索只能在系统匹配到与关键词相符的文档，呈现在读者面前的是与关键词直接相关的知识；而基于知识图谱的检索技术可以通过知识的跨领域关联识别相关领域的实体、关系和概念，以及与检索词相关的更广泛知识体系，为读者提供更多元的知识，拓宽知识获取的广度和深度。

知识图谱通过语义标注和链接可以整合和联结不同领域的知识，为读者提供全面、精准的知识服务；语义分析技术能够深入理解文本内容，实现更精准的信息检索和知识链接，在构建知识图谱的过程中发挥重要作用。数字图书馆借助知识图谱和语义分析技术不断提升知识服务的质量和效率，为读者带来更丰富的知识体验。

**3. 实现了跨平台跨终端的无缝访问**

随着移动设备的普及，读者在多场景使用不同终端获取知识已成为常态，数字图书馆需针对不同终端的系统对接、操作方式等特点进行技术优化，以确保服务在不同终端的兼容，读者无论使用何种终端设备都能够实现知识检索的无缝衔接，体验相同且优质的图书馆服务。读者页面设计是数字图书馆优化检索的重点，复杂的展示页面往往会给读者带来诸多困扰，降低检索效率，直观的页面设计却可以使读者在第一时间找到所需功能的入口，缩短检索时长，因此在设计时应在突出核心功能的基础上尽可能简洁和个性化，保持读者的归属感和黏性。同时可以根据不同群体的浏览兴趣、阅读偏好和历史检索行为定制页面并展示和推荐资源，对于偏好学术研究的读者，可重点推荐学术期刊、数据库等学术资源；对于未成年读者，可以更加生动有趣的方式展示知识和资源；对于老年人、视障人群等读者群体，可设计清晰的标识、易于操作的元素、合适的字体大小等细节要素以供选择；实现不同平台和终端的无缝访问，让读者在电脑、平板和手机端都能够方便地获取知识资源。

为了实现数字图书馆检索页面的简洁、个性化和实用性，图书馆可与读者进行深入沟通和交流，了解其期望和诉求并收集反馈数据，深入分析读者的需求和痛点，不断优化页面设计；同时应用响应式设计、移动应用开发等技术手段，支持跨平台和终端的无缝访问。通过跨平台的兼容性、统一检索页面的简洁直观、个性化以及资源的无障碍使用，为读者带来愉悦、便捷和有益的知识获取体验，扩大数字图书馆在知识传播领域的影响力，提高其地位。

**4. 强化了知识分类管理体系**

建立合理的知识分类体系是在数字图书馆管理过程中对不同知识资源进行准确分类和标注，为读者提供快速、精准的知识检索体验。建立知识分类体系意味着将大量知识资源分门别类、有机地组织在一起，读者点击个性化按钮即可根据个人研究层次扩大或缩小检索范围，锁定自己所需的知识，如生物学的学生读者可通过检索框与个性化按钮找到与生物学课题相关的书籍和文章，物理学研究人员也可以找到特定领域的前沿研究。合理的知识分类体系不仅要充分认识资源本身的特点，还要与读者的知识需求相契合，实现读者与资源之间的精准匹配，便于读者在访问数字图书馆时快速找到相关研究领域所有类型的知识资源。而数字图书馆通过主题、学科、目录等多种知识分类方法以及知识标签、关键词等元素构建了强大的科学知识分类体系，进一步丰富了分类维度，提供了更多知识访问路径。读者借助图书馆提供的分类和标注工具还可以快速定位所需资源，节省时间，同时也降低知识获取的难度。值得注意的是，知识分类体系和管理工具需不断维护和更新，以适应知识的发展变化，因此图书馆需不断调整和优化分类体系，关注并引入读者的反馈，改进知识管理工具的功能和性能，满足读者不断变化的知识需求。

建立合理的知识分类体系，并应用知识管理工具是数字图书馆优化服务的重要方向，可以通过分类、标注、索引等方法对知识进行归纳和整理，帮助读者快速找到知识，提升检索效率和读者满意度，不仅为读者提供更好的知识服务，还扩大了数字图书馆服务的影响力，提升了其价值。

**5. 需注重多媒体技术与互动性元素的结合**

图书馆在服务中可以充分融合多媒体技术，整合纸质文献、音视频、图片等资源类型为读者提供丰富多样的知识，同时引入在线讨论和问答平台等互动程序加强与读者的交流互动，进一步丰富知识的传播形式。多媒体技术的应用让数字图书馆资源更具生动性和多样性，在整合传统图书和文本资源的基础上，还可以整合音频书、视频课程、演讲录音等数字资源，让读者通过视觉和听觉感悟知识，扩大知识吸收理解的范围，增强其效果。图书馆可以为新入门的学科读者提供讲解学科基础知识的视频和音频资源，用图像和声音生动呈现知识内容，便于读者理解和掌握；为学科研究专家提供本学科领域最新科研动态和成果，便于实时跟踪最新学科前沿知识。数字图书馆应用互动程序创新了知识的传播形式，读者通过在线讨论可以在资源页面下方与他人评论研讨，分享学术观点和研究体验；在遇到问题时通过问答平台向其他读者或专业馆员寻求帮助。相较于和馆员的正式交流，读者更倾向于以私人互动的方式建立互助共享社区，为其他读者提供资源利用等方面的参考和反馈。交互互动进一步提高了知识资源的价值，加强了读者之间的交流，提高了读者对图书馆服务的参与度和认同感。

图书馆借助多媒体技术和互动程序为读者提供了丰富多样的知识获取体验，多媒体资源使知识内容更生动多样，增强了读者对知识的吸收和理解效果；互动程序加强了读者之间的交流与合作，丰富了知识传播的形式，增强了读者的参与感和社交体验，提升了数字图书馆的价值，扩大了其影响力。

**6. 创新运用数字展示与可视技术**

虚拟现实（VR）和增强现实（AR）技术是数字化展示技术的优秀代表，能够让读者身临其境地体验知识。虚拟现实技术可以让读者沉浸到虚拟环境，体验历史事件、地理景观等，增强以视听为主的知识效果，与知识内容进行深入互动；增强现实技术常在博物馆中使用，通过扫描展品标签获取展品的相关知识和解释，将虚拟内容叠加在现实场景，为读者提供丰富的知识和互动体验。应用虚拟现实、增强现实以及可视化工具可以将抽象知识内容以图表、图像等形式进行展示，让复杂概念和关系变得具体可见并易于理解，读者可以通过绘制概念地图、时间轴、关系图等工具直观地把握知识的结构和演变过程，优化学习体验，增强学习效果。

数字图书馆借助虚拟现实、增强现实技术和利用可视化工具等数字化展示方式可以为读者带来生动、直观的学习和阅读体验，读者不再是被动接收知识，而是通过互动和体验感悟知识并产生共鸣。

# 第七章 图书馆知识传播与评价

## 第一节 知识传播与价值实现路径

### 一、图书馆的资源与价值

图书馆丰富优质的藏书资源为发挥知识价值提供了资源基础。图书馆通过不断完善馆藏体系、扩大资源数量，始终保持与时俱进，不仅为读者提供了广泛的知识选择，还为知识价值的持续发挥提供可靠、全面的知识支持。随着科技和学术领域的发展进步，新知识不断涌现，旧知识也在被不断被重新验证和更新，图书馆为了保持自身知识资源与学科最新成果同步，需定期补充采购纸质文献、更新电子资源内容，并根据学科发展趋势和读者需求完善资源的展示方式和获取路径，让读者在图书馆资源检索时获取的知识权威且新颖，为发挥知识价值提供资源基础。在全球化的重要背景下，图书馆间的合作与共享已经成为图书馆发展的重要模式，通过合作协议或联盟建立馆际合作关系，共享资源和服务，为读者提供跨越地区图书馆的多元知识选择，可以提高图书馆自身的服务站位，扩大可获取资源的范围，提高图书馆知识的质量。读者检索所需学科领域的经典著作、权威出版物和研究成果，可以深入了解学科核心概念和理论、建立全面的知识脉络体系，提升对知识的理解和运用能力并更好应用于实践，在研究、学习和决策中发挥知识价值，为个人和社会的发展做出积极贡献。

图书馆馆藏知识有多种不同的分类方式。按照知识载体类型可以划分为纸质文献、电子文献、缩微文献、音视频文献；按照知识加工程度可以划分为零次文献、一次文献、二次文献和三次文献，熟悉并掌握每一类型文献知识的特点并根据读者需求推送最合适的资源，可以最大限度发挥文献中所蕴含的知识价值。纸质文献主要包括图书、期刊和专利等文献类型，是以纸张为知识载体并装订成册，方便读者在阅读中随时记录感悟和收获并在重复阅读中进一步深化，最终形成知识创新的重要文献形式；纸质文献有实际的体积与重量，其体积量感容易加剧空间与文献总量的矛盾，因此在个人收藏和图书馆馆藏中要考虑给予其一定的空间来保存。电子文献是以电子阅读器为载体，可以在设备终端阅读的电子图书、电子期刊等，其最大的优点是没有体积、不占空间，可以随时随地阅读与利用。在快节奏的现代社会，工作和科研压力加大，读者需要在生活、工作和社交之间频繁切换角色，时间也被分割成多块，只能利用碎片化时间阅读和学习充电，为个人发展提供源源不断的能量补充。在这样的背景下，电子文献成为读者使用最多的文献类型，对其需求的增加也带来了电子数据库过载的现实状况，读者只有掌握数据库的检索方法并熟知资源范围才能提高检索效率。缩微文献以感光材料为载体，将文献以缩微胶卷、缩微卡片等方式复制并集中保存，使用时需借助阅读设备进行操作。缩微文献的对象多是珍贵而不可再生的老旧文献，由于年代久远，这些老旧文献通常纸张脆弱，保存时需综合考虑温度、湿度等多种因素，因此不能放置在阅览室随意借阅。目前文献收藏机构多设立有缩微文献阅览室，利用缩微技术将老旧文献的内容重新复制并提供专门设备供读者查阅研究，既可以保存资源原件，又可以将文献内的知识进一步交流和传播，发挥文献的最大价值。音视频文献是采用声、光、电结合的技术将文献内容以音频、视频的方式进行展示并供读者阅读学习。在自媒体盛行的今天，音视频文献异军突起，更加为人们所熟知，听书是音视频文献的重要形式，它能够让读者在处理日常琐碎事务时听读经典知识，不间断充电，为个人最大限度地争取学习时间。但由于听书是以听的方式吸收知识，感官受限，知识多停留在浅表意识领域，不能引发深入思考，因此可以将听书与阅读纸质和电子文献的方式结合使用，首先以听书的方式进行阅读，让知识在大脑浅表层意识领域留下印象，再阅读纸质文献或电子文献，真正让知识入脑入心，发挥最大使用价值。

　　按照加工程度可以把知识划分为零次文献、一次文献、二次文献和三次文献。

零次文献是手稿、会议记录、标注、读书笔记等未公开发表的知识，具有知识零散的特点，多是作者在读书研究之余形成的简单感悟，代表了作者当时的学术观点和态度，未经验证所以并不完全成熟和正确，但零次文献也是研究作者在某阶段学科研究心得的重要途径，对相关领域的其他研究人员具有重要的启迪作用。零次文献是以未公开发表的形式出现，因此在使用中要甄别其知识的正确性和成熟度，其中的部分观点和判断要经过实践检验后才可用于学术研究。一次文献是包括期刊论文、图书专著、专利、科技报告等首次公开发表的文献类型，是作者在思考和总结零次文献的基础上，经过实践的检验并选择合适的载体公开发表的，具有原创性的特点。一次文献多为原创知识内容，涵盖了作者大量的专业知识和经验，既可以是学术研究的成果，又可以为其他同行研究者导引知识。我们常见的文献大多属于一次文献，它在知识体系中数量最为庞大，不借助专业工具将在检索环节耗费大量的时间精力，因此出现了如"化学文摘索引"等专业学科文献的检索工具，可以对一次文献开展回溯性检索，随着电子数据库的发展，大量一次文献被收录在相应的数据库产品中，读者根据一次文献的类型选择相关数据库就可以实现快速查找，充分发挥知识的价值。二次文献是将同一类型的一次文献汇集在一起，提取其中共有的某种信息所形成的索引文献类型，主要包括题录索引、摘要索引、书目索引等，具有浓缩性的特点。读者根据题名、关键词、摘要、作者、主题词等信息在二次文献的索引条例中检索，可以得到一次文献的指向路径，便于检索和利用，其体例、结构都是依据既定的规则分门别类进行编排，具有系统性的特点，是我们在电子数据库中利用一次文献最强有力的助手。三次文献是研究人员在一次文献和二次文献的基础上形成的创新性知识，主要包括书评、文献综述等，需要撰写人员具有深厚的学术积淀并参考大量的一次文献才能完成。三次文献具有创新性，它脱离了一次文献和二次文献的知识范畴却又对一次文献的阅读和利用具有指引作用，在三次文献知识的指引下，读者可以有针对性地阅读相关内容，提高知识利用效率。

图书馆馆藏文献包含了大量的知识，读者通过将获取的知识进行创新并应用于实践可以转化为知识价值。在读者获取知识的过程中，图书馆馆员发挥了重要的引导作用，通过传授知识检索技巧，引导读者快捷高效地在图书馆资源和数据库中检索到自己所需知识；通过指导学术写作和文献引用，引导读者规范地使用知识；通过与读者互动，解答图书馆资源利用中的具体咨询，讲解筛选和评价知识的方法，提升读者的知识素养；通过实践和讲座培养辩证思维能力，让读者可以主动思考并评估知识价值，为学术研究和发展做出积极贡献。

## 二、知识传播与价值实现

知识传播是将知识从一个来源传递到另一个目标，从而进行更广泛的共享和应用。知识传播具有动态性、互动性、双向性等特点，不仅影响着知识的流动和传递方式，还影响着知识价值的实现。

知识传播具有动态性和持续性。知识作为人类智慧的结晶始终处于不断更新和演进的状态，随着社会、科技、文化等领域的发展，新的研究成果、发现和学术观点层出不穷，不断推动着知识的前进和传播，使得知识传播呈现动态特征，这也对读者提出了持续学习和发展的新要求。在科学研究领域，不断涌现的新知识给学术界和相关行业带来了机遇和可能，新的理论模型、实验结果、数据分析都可能揭示以前未知的现象和关联，或对现有知识体系带来重大的冲击，因此需要以警惕和开放的态度来适应持续的知识更新。经济和文化发展也是推动知识不断更新的重要因素，新的思维模式、文化现象、价值取向都会影响人们对知识内容的追求和传播。数字科技领域信息技术和人工智能的快速发展，涌现出了大批以数字化技术、隐私保护、人机交互为代表的理论和知识，扩大了思维认知范围，也为社会发展提供了新的技术动力。在不断发展的学科知识领域，只有持续学习才能够提高个人理论知识水平，培养评估和应用知识的辩证思维和判断力，提升创新能思维能力并快速应用于实践。因此，知识的不断更新和演进是知识传播的重要动力，新研究成果、发现和观点的不断涌现推动着知识的前进和传播，同时也需要人们以持续学习的态度跟上知识发展的步伐，更新自己的知识体系以适应新的工作、学习和生活需要，为社会经济文化的发展做出更大贡献。

知识传播具有互动性和交流性。知识传播是人类社会不可或缺的交流活动，丰富多样的交流方式加快了知识传播和共享，也构建了充满活力的知识生态系统。面对面交流是最原始和直接的知识传播方式，效果往往更加直接、具体，课堂中教师与学生的互动、学术讲座中专家与观众的交流以及学术研讨会上同行的沟通都是以面对面交流的方式来传播知识的。书籍、报纸、期刊等印刷媒体也是重要的知识传播方式，书籍记录了历史、文化、科学、哲学等多个学科领域丰富的知识，报纸和期刊能够在短时间内传播实时新闻和研究成果，这些传统媒体通过文字和图像将知识传递给读者，引导读者从多角度思考和研究知识，拓展认知边界。随着信息技术的发展，互联网成为知识传播的新载体，可以迅速获取大量信息和知识在全球范围交流和互动。网站、社交媒体、博客、在线论坛等网络平台的应用让知识的传播范围更加广泛，网络平台使用的便捷性让知识传播更加灵活，其互动优势也提供了在互联网表达观点、分享经验的途径，兼顾了读者获取和利用知识方式的差异性。讨论、阅读、写作和演讲都可以传播知识，讨论可以集思广益，从多个角度研讨交流和交换意见；阅读能够深入了解知识内容和拓宽视野；写作与演讲都是用思想和观点影响他人的传播方式，而写作偏重于以文字形式传递，演讲则主要通过语言和感染力以口语形式传播。因此，知识传播通过交流和互动的多种方式实现，包括面对面交流、书籍、报纸、期刊、互联网等传统媒体和数字媒体的使用，以及讨论、阅读、写作、演讲等多种传播方式。多样化的传播方式推动了知识的传播和共享，也提供了获取和交流知识的路径，推动了知识的进一步发展和应用，为人类社会进步和文明发展提供了强大的智慧支持。

知识传播具有双向性和反馈性。双向性是指知识在两个事物或个体之间的传播是发散与传递的状态，且发散与传递的方向不固定；反馈性是在双向传递中接收知识的一方不是被动接收知识，而是发挥主观能动性对接收到的知识进行甄别、判断和结果反馈，发送方根据接收方反馈的情况再次对知识传播的内容、方向、方式等进行调整和完善，以取得更好的传播效果。因此，知识的价值在传播过程中不断提升，从发送方传播开始经过一定的媒介到达第一个接收方，接收方根据个人的专业知识背景、学术研究水平和主观意识，判断接收到的知识并形成反馈意见，这里的判断可以是对所接收知识的疑虑和问题，也可以是相关评论、见解以及自己的经验分享。接收方的反馈意见在知识传播过程中具有重要作用，可以帮助发出方了解接收方的需求并及时拓展传播内容、调整传播方向、改进传播方式，使知识传播实现效率和价值的最大化。知识双向传播是知识接收方以接收到的知识为原料进行深入思考，丰富个人的专业知识储备和拓宽学科视野，同时对接收的知识进行改造和升华，或从不同研究视角分析探讨，创新性地形成新知识，再以知识发送方将新知识传播给新的知识接收方，根据接收方的反馈改进知识传播的内容和方向，在多向同步周而复始中推动知识的演进和发展。在知识传播的实际应用中，图书馆是知识发送方，承担着向读者推送其所需专业知识的职能，同时接受读者的反馈并解答读者提出的疑问，及时调整为读者推送知识、文献服务的方向和方式，满足读者的知识需求；读者通过学习图书馆推送的知识进一步提升个人的专业知识水平，通过参加图书馆组织的交流和访谈提高站位与拓宽视野，加强与同行学者的交流沟通以提高综合科研能力，同时作为知识发送方将内化升华后的知识进行传播，形成图书馆知识传播的多级链条，实现知识的价值。

## 三、知识在社交媒体背景下的传播途径

随着互联网的普及、信息技术的发展以及移动设备的普遍应用，社交媒体已经深刻地改变了我们的生活方式、社会互动方式以及知识传播方式，其飞速发展是社会经济、文化和科技等多个层面共同繁荣所塑造的数字化社会现象。社交媒体的兴起与信息技术的发展密切相关，互联网的普及为社交媒体的发展提供了网络基础，人们可以方便地在线交流和互动；移动设备的快速更新也创造了无处不在的社交空间，提供了可以随时随地被访问的社交平台；功能强大的智能手机、全面覆盖的高速网络以及丰富多样的应用程序都为社交媒体的发展提供了技术支持。社交媒体平台具有发布即时通信、分享照片和发布动态等多种功能，能够与朋友、家人、同事随时保持联系并隔空互动，短视频、表情符号、话题标签等都成为社交媒体上独特

的语言形式，让人们通过分享音乐、艺术和时尚来表达自己的文化身份和兴趣。在科技、社会、文化等层面的影响下，社交媒体已经成为现代社会不可或缺的一部分，加快了知识传播，扩大了辐射范围，逐渐成为文化表达和传承的重要工具。社交媒体背景下的知识传播路径主要包括知识分享与发布、社交互动和讨论、专业网络平台、社群和论坛、高影响力和高流量用户以及短视频平台。

**1. 知识分享和发布**

微信、小红书、抖音等社交媒体平台已成为当代社会中人们交流、分享和获取知识的重要途径，这些平台允许使用个人账号分享文字、图片、视频并与关注者互动，实现知识的传播和共享。社交媒体平台的发布是即时且迅速的，用户发布的知识可以跨越地域和文化限制在短时间内迅速传播并触达和影响更多受众，提高了知识传播的效率。不仅如此，用户还可以通过评论、转发和点赞与他人互动，形成知识传播的链式反应，拓展知识扩散和传播的广度和深度。社交媒体的开放性也为多类型知识的传播提供了平台，用户以更直观有趣的方式将文字、图片和视频无差别呈现给受众，迅速、深入地影响受众的视野和认知。

**2. 社交互动和讨论**

社交媒体平台作为连接用户的桥梁，提供了全球范围开放的社交互动空间。社交媒体平台的互动具有即时性和全球性的特点，用户通过社交媒体能够与全球范围的朋友、家人即时互动和讨论，分享见解、观点和知识，深入探讨不同的观点并进行思想碰撞和交流。用户在媒体平台发表文章、图片和视频表达个人的见解和观点，其他用户则通过评论、点赞和分享在评论区或讨论群针对特定话题展开讨论，分享不同观点和见解，激发挖掘和解读知识的灵感，并形成知识的传播链条；用户可以提出自己在知识领域遇到的困惑并寻求他人帮助，从多角度强化知识的应用，让知识传播成为多用户之间共同探讨和完善的过程。

**3. 专业网络平台**

专业研究领域的社交媒体平台为从事相同研究范畴的学者提供了深入互动和交流的专门网络空间，已经成为专业研究的重要场所，推动了知识的传播和共享。用户在专业社交媒体平台建立详细的社交档案展示专业背景、工作经验和学术成果，通过社交档案相似度匹配同行、业界专家和感兴趣的用户，共同建立社交链接，发布行业新闻、研究成果和经验感悟，从而及时了解领域内的最新动态，既丰富了平台知识量，又促进了专业知识的传播。另外，专业社交媒体平台定期或不定期举办行业研讨会和培训活动，打造了共同学习和成长的社区，增加了用户线下交流的机会，提高了用户的专业发展效率。

**4. 社群和论坛**

社交媒体为用户打造了一个充满活力的社群和论坛空间，用户可以根据自己的兴趣和需求加入或创建兴趣社群和论坛，深入探讨特定话题和领域知识。社群和论坛聚集了具有共同兴趣的用户群体，探讨特定领域的知识和话题、交流经验并分享见解，成为知识传播和交流的重要途径。在社群和论坛中，用户提出问题、分享观点并阐述自己的见解，其他用户通过跟进话题、建议或碰撞学术观点而让讨论和交流更深入，专家和权威学者常常在社群中发表见解并提供有深度的话题内容，引导和影响话题讨论的方向，共同深化对特定研究领域知识的挖掘和创新。这些兴趣社群和论坛丰富了社交媒体的内容，为知识的传播和交流提供了专业和深入的平台，用户参与其中不仅可以获取知识，还可以与同行互动并增进交流，极大地推动了个人在社交媒体上的互动和学习。

**5. 高影响力和高流量用户**

在基数巨大的社交媒体用户中，具备特定领域知识和深厚影响力的个人用户脱颖而出，成为知识传播的重要推动者，这些高影响力和高流量用户通过文章、视频和直播等方式将专业知识传递给大众，带动学科热点的研究和深化，丰富了社交媒体的内容，引领特定学科领域的讨论和关注。高影响力和高流量用户通常是学科领域的权威人士、学者和行业专家，或是在特定领域具备丰富经验的个体，他们通过深入研究、持续学习和实践积累了丰富的知识和见解，能够深入剖析问题并为关注者提供有价值的知识。高影响力和高流量用户在社交媒体上不仅传递知识，还引领特定学科领域的讨论和关注热点，他们的内容创作常聚焦于当下的热点话题、前沿趋势和深入思考，通过精心设计的文章、视频或直播将复杂概念解构为易于理解的内容，帮助大众轻松获取和消化专业知识。此外，高影响力和高流量用户在社交媒体具有较大的扩散效应，他们的粉丝和关注者会大量转发分享其发布的内容，形成多链条传播效应，扩大知识的覆盖范围，让知识在社交媒体飞速传播并产生影响。高影响力和高流量用户已经成为社交媒体背景下知识传播的重要渠道，通过专业知识和独特见解引领特定领域的讨论和关注，丰富了社交媒体的内容，推动了知识在数字时代的广泛传播，促进了大众对特定学科领域知识的深入了解和思考。

**6. 短视频平台**

随着视频号、抖音等短视频平台的兴起，知识传播的方式发生了革命性改变，人们传播知识不再局限于传统的文字和图像，而是更多通过直观、有趣的短视频方式分享知识、展示技能和表达观点，让知识变得更加生动有趣，极大吸引了大众的关注和参与。其时长的限制也要求视频内容紧凑精练，在短短几十秒吸引用户的注意，这迫使创作者不断创新内容形式，让知识表达更加直观，能够在短时间内传达核心概念并被轻松掌握。创作者还经常加入音乐、动画、旁白等创新性表现手法来增强视频的表现效果，吸引用户兴趣并增加播放量，实现知识的广泛传播。短视频平台的成功之处在于其强调了视觉和情感的表达，将知识从抽象、不易理解和表达转为实用和亲民，扩大了知识传播的受众人群，提升了知识的使用价值，深受作为创新主力军的年轻一代的欢迎，为知识的传播、深化和创新带来新的发展和机遇。

## 第二节 图书馆知识评价体系探究

### 一、知识价值及其作用

**1. 知识价值的内涵与外延**

知识价值不仅体现在知识的获取与传递，还体现在对个人成就、社会发展和文化延续的影响与贡献。知识让个体拥有深刻的理解力和思考力，认识自己的同时也更好地认识世界，以应对各种挑战和困难，提升自信心和自我价值，更积极地追求人生目标。知识价值在社会层面表现为推动社会的发展和进步。知识是社会文明的基石，推动科技、经济、文化的不断发展，知识驱动创新和科技进步，是经济增长的重要驱动力，高素质人才和创新思维都离不开知识的积累和传承；知识丰富人们的精神生活，使人居环境更加便利和丰富，促进了文化的繁荣和发展。知识价值在道德层面表现为引导和塑造正确的伦理和价值观念，知识不仅是一种能力，还是一种责任，学习知识能够更好地认知道德规范和伦理原则，在日常生活中作出正确的选择和判断；知识的传递也影响着社会价值观的形成和变化，引导人们追求善良、公正、和谐的人生。此外，知识价值在跨越时间和空间的维度上发挥着重要作用，知识的积累和传承能够让人类不断从历史中汲取智慧、进步并发展，不同文化、不同国家的人们通过传递知识增进理解和交流，共同推动多文化的融合和发展。因此，知识价值涵盖个人、社会和道德等多个维度，它是人类文明的基石，也是人类前进的动力，人类不断追求知识进步能够更好地分析自身、改善生活和推动社会发展，最终实现个体与社会的共同繁荣与进步，对知识价值的探索将伴随人类的发展而不断延伸和深化。

**2. 知识价值的特点**

知识价值作为重要的个体和社会资源不仅影响了知识本身的传播与应用，也深刻影响了人类社会的发展轨迹。

首先，知识价值具有积累性和传承性。知识价值的积累性体现在知识价值是人类长期实践和思考的积极成果。在人类历史的长河中，每一代人通过观察环境、思考问题和探索未知领域不断积累解决实践问题的方法和经验，这些个体智慧被记录并保留，以书籍、文章、艺术作品等载体形式不断传递，形成知识价值的前期积累。知识价值的积累并非孤立存在，而是随着科学技术、哲学社会科学、文化等领域的发展不断拓展和深化，像一座高耸的山峰不断累积增长，为人类认知的边界提供了无限拓展的空间。同时，知识的价值通过教育体系、家庭、社会传统等途径打破时空的鸿沟代代相传，使人类文明在不同的历史时期保持联系和延续。

其次，知识价值具有开放性和包容性。知识的本质不是封闭的，而是开放且不断扩展的网络体系，不仅推动了知识内容的持续丰富和更新，还为多元文化思想的相互碰撞提供了肥沃的土壤。不同领域和文化的知识边界往往是模糊的，学科间的交叉融合可以碰撞出更加丰富和多样的火花，生物学、化学和物理学之间的学科交叉催生了生物化学和生物物理学等新兴学科，为生命科学领域的发展带来了新的动力，文学、哲学和社会学的学科交叉也能在理解人类社会与文化的过程中提供全新的视角。学科交叉融合不仅能够深化对知识价值本质的理解，还能够带来新的思维方式和创新观点。知识价值的开放性还体现在知识可以探索未知并不断延伸方面。随着科技进步，新的发现和创新不断涌现，探索未知的领域可以揭示更多隐藏的规律和现象，推动知识价值不断扩展和深化。知识具有广泛包容的特点，不同的观点和声音都可以在知识的舞台上充分表达，加快思想的碰撞与交流，推动文化的交融发展。在学术界，不同学者对同一问题的观点可能存在分歧，这种分歧常常催生出新的思考和洞见，不同观点的辩论和对话能够使之更全面地理解知识的属性和内容，从而作出更准确的判断和决策，实现向价值的转化。

最后，知识价值具有引导性和变革性。知识的力量早已超越被动堆积而发展为能动的力量，影响着人们的价值观与实践行为，引发积极的文化发展和进步。知识价值不仅在指导个体认知和行动上具有重要意义，还在推动社会文化发展和创新中发挥着关键作用。知识的引导作用对思维和行为产生了积极影响，积累和学习知识可以拥有深刻的理解力和辩证思维，能从多角度更好地认识事物的本质和对立统一的关系；知识成为解决矛盾、应对挑战的有力工具，在面对社会问题时，拥有丰富的知识储备能够直击问题的根源，提出更加有效的解决方案。在个人发展中，知识也能够引导个体作出明智的决策并实现成长与发展。知识在不同领域的应用和实践都实现了向价值的转化，知识价值的变革性在于它对社会、经济和科技等领域的深刻影响，只有不断创新思维方式和应用知识，才能够超越过去，开创新的未来。

**3. 知识价值的作用**

具有知识储备能更容易透过现象看本质，准确分析并解决问题，作出明智的决策。在日常生活和职业领域，个体需要在实践中分析和解决各种复杂矛盾，具备丰富的知识储备能够准确分析核心矛盾并找到解决方法。知识的积累还可以培养辩证思维和创造性思维，在接收知识的同时辩证地看待知识的真实性和逻辑合理性，辨别虚假知识，提高知识的质量和可信度。创造性思维能够融合不同领域的知识，找到处理复杂矛盾的关键点，碰撞出新的观点、理念和解决方案。

（1）知识价值可以推动创新与发展。创新是社会发展和进步的引擎，不仅改善了人们的生活，还引领着未来科技与经济的发展趋势。知识作为创新的源泉，在科技、经济和文化等领域都发挥着关键作用，通过对现有知识的整合和创新应用，形成新的观点、方法和技术，推动学科领域的发展进步。创新往往不是孤立发生的，而是在已有知识的基础上进行的，知识的整合和应用是创新的基础，通过整合不同学科的知识，发现学科间的内在联系并探索新的学术观点和思维方式，将知识应用于实践并进行创造性的应用更是掌握知识本质的关键。创新者往往通过对已有知识的重新组合、延伸和拓展，创造出独特的思路和成果。在科技领域，信息技术创新催生的互联网和智能手机改变了人们的生活方式和社会结构，推动了人类的科技进步；经济领域的创新为产业升级和发展提供了动力，推动了经济增长和竞争力的提升；文化领域的创新带来了新的思想、观念和艺术形式，丰富了社会文化的内涵。然而创新往往伴随着风险和不确定性，创新者也可能面临失败和困境，因此，创新者需要在推动创新的过程中敢于突破传统思维，为推动社会发展和增进人类福祉做出积极贡献。

（2）知识价值塑造正确的价值观与文化观。知识不仅影响人们的认知，还对个体价值观和文化观产生深刻的影响，个体学习不同领域的知识能够更好地理解历史发展、社会变迁和文化传承的价值和意义，通过学习不同文化，促进跨文化的交流与理解，拓宽全球视野，激发对历史发展规律和世界观、人生观、价值观的思考，塑造与社会发展统一的文化价值观。

## 二、知识评价要素

对知识价值进行评估不仅是个体需要，还是保障社会知识质量和利用率的必要路径。因此，明确评价指标可以更好地应对知识过载的挑战，保障知识的可靠性和辐射力，为社会经济、文化教育的可持续发展奠定坚实基础。

（1）科学性和严谨性

科学性和严谨性是保障知识质量、知识可信度和影响力的核心标准。科学性要求知识必须是在可靠数据和研究方法的基础上形成的合理和可重复的知识；知识的论证过程同样要具备逻辑和连贯性，能够经受实践的检验而非主观臆断或主观偏见，这样才能为个体和社会提供真正有价值的判断和指导。严谨性要求知识的研究流程透明，即研究方法、数据收集、数据分析等流程都有详尽的记录和说明，能够让其他研究者复现研究过程并验证研究结果；严谨性还要求研究过程遵循科学道德和规范，不被外力干扰或影响以及不夸大和歪曲研究结果。

（2）知识的影响力和可应用性

知识的影响力和可应用性不仅反映了知识的实际影响和实用性，还在一定程度上决定了知识的地位和价值。知识的影响力是指知识在学术界或社会所产生的影响程度，能够量化知识的传播和影响范围。在学术界，知识的影响力通常用引用次数、被引频率、学术评价等指标来衡量，被其他研究者广泛引用的学术成果往往会成为该领域的经典之作；社会中知识的影响力体现在引发公众关注和讨论的程度以及对社会产生影响的范围。高影响力的知识常常能够引领学术和社会文化的发展方向，为学科领域的未来发展提供思路并激发创新和进步。可应用性是评价知识在实际问题中产生的效果，以及解决现实挑战并提高工作效率的程度。高可应用性的知识常常直接应用于工程、技术、医疗、政策等领域，为解决实际问题提供有效的方法和方案，可以产生直接的社会价值。基于科学研究的医疗技术和药物能够治疗疾病，保持人类健康；应用于环境领域的知识能够减少污染，保护生态系统；在社会政策中应用的研究能够保障社会公平和福祉。影响力和可应用性互为补充并互相强化，具有高影响力的知识往往能够吸引更多的关注，为其应用创造更多机会，高应用性知识则具有解决实际问题的能力，往往也能够引发更广泛的关注和更大的影响力，两者之间的相互关系让知识在学术界和实践社会都能够发挥更大作用，推动学科领域的进步和发展。

（3）道德伦理原则

伦理道德作为社会共识的基石，对知识发展、传播和应用起着重要的引导作用，遵循道德伦理标准可以让知识价值与人类社会的可持续发展方向保持一致，避免对人类健康、权益或社会公正造成损害。首先，知识的产生应遵循伦理道德原则。在科学研究和学术领域，研究者应遵循诚实、诚信、透明的学术道德原则，不得伪造数据、窜改结果或者选择性地报告研究成果，学术道德的要求保障了科学研究的真实性和可信度，维护了学术界的公正和声誉。研究涉及人体或动物实验时也须严格遵循伦理道德规范，确保研究不会对实验对象造成伤害或侵犯其权益。其次，知识的应用需考虑伦理道德的影响。科学技术进步的背后常常伴随着伦理道德的争论，生物技术的发展因可能涉及基因编辑曾引发关于生命伦理和道德界限的讨论，在科技发展中遵循伦理道德的标准可以更好地平衡创新和社会影响之间的关系，让技术发展不会对人类健康、权益和社会公正造成损害。此外，知识的传播也应遵循伦理道德准则，传播虚假信息和错误内容很可能误导公众甚至引发社会舆情，因此，媒体、出版商以及在线平台有责任保证所传播的信息真实和准确，不掺杂恶意、歧视或误导性内容。遵循道德伦理标准可以创设可靠的知识传播环境，便于公众从官方途径获取正确的知识，为决策决定提供支持。

因此，伦理道德在知识的产生、传播和应用中扮演着重要的角色，遵循道德伦理标准可以让知识价值与人类社会可持续发展方向保持一致，避免对人类健康、权益或社会公正造成损害，伦理道德既是知识的保障，更是社会文明的保障，在知识创新的同时，我们应当始终牢记伦理道德的底线，让知识应用为人类社会带来积极而可持续的影响。

（4）多元性和包容性

知识的产生和应用是对不同领域的知识、文化和观点交叉和碰撞的多元过程。知识的多元性体现在不同领域知识的交叉融合，知识越来越趋向于交叉学科，许多复杂的实践问题都需要从多个角度应用综合知识进行思考和研究，评价交叉领域的知识也需要参考其在不同学科的应用效果，避免陷入评价单一学科领域的偏见。多元性还体现在知识在不同文化的交流和交融，可以丰富知识的内涵，推动文化的多样和共存。文化背景的差异造成了对知识的不同理解和论断，评价知识应尊重文化差异，避免将特定文化的标准强加于其他文化的评估，包容不同学者所持有的不同知识观点，形成学术和知识的百花齐放，推动知识的进步和创新；包容性还意味着在知识产生和传播过程中包容不同的声音和观点，使知识评价更加全面和客观。

充分考虑不同知识、不同文化和不同观点的多样性，可以避免产生偏见和偏执，推动知识的全面发展和应用。通过交叉融合、文化对话、多元包容丰富知识的内涵，促进知识的繁荣和发展。

（5）公众参与和透明度

知识评价是涉及专家学者、政策制定者、社会大众等多个利益群体的复杂过程，以图书馆知识管理评价为例，在评价过程吸纳不同读者群体的意见和反馈并确保评价过程的公开透明，可以提高评价的客观性和公正性。首先，吸纳读者意见拓宽了图书馆知识管理评价的视野。读者是图书馆知识应用的直接受益者和影响者，他们的观点和需求反映了读者群体的利益，通过开放性的读者参与活动，从不同的角度评估知识的价值和效率，避免决策制定陷入曲高和寡的狭隘性。其次，吸纳读者参与反馈可以维护评价的客观公正。读者是图书馆服务的主体对象，全心全意为读者服务一直以来都是图书馆工作的出发点和落脚点，满足读者的知识需求也是图书馆各项工作的最高准则。图书馆在业务和管理中引入知识管理并对其应用效果进行评估，根本目的也是让读者服务工作做得更好，因此，只有倾听读者意见并吸纳读者参与知识管理评估的各项流程，才能让评价过程始终不偏离全心全意为读者服务的主线。读者参与知识管理评价主要包括收集读者对图书馆知识管理的意见建议和读者参与评价流程两部分内容，读者对图书馆知识管理的意见建议指的是读者享有图书馆知识管理的成果、接受图书馆知识服务，并对图书馆知识管理的内容、方式、效果提出个人见解和完善建议，以供图书馆参考和采纳。读者建议是从使用者的视角评价图书馆知识管理的效果，可以发现图书馆在知识管理中遗漏和忽略的地方。读者参与知识管理评价流程是读者切实参与评价工作，在评价流程、影响因素、权重分配等方面具有实际话语权。图书馆知识管理评价涉及图书馆业务和管理的诸多数据，存在图书馆、相关业务单位和评估机构等多方利益角逐，评价过程容易引发大众怀疑，读者的参与可以督促评价机构慎重对待此项工作，确保评估结果真实有效，完善图书馆知识管理体系。

知识评价指标因素涵盖了科学性、严谨性、影响力、可应用性、道德伦理、多元性、公众参与和透明度等多个因素，这些因素相互交织、相互支持，共同判定知识的质量、可信度和影响力。在知识爆炸的时代，依据这些指标因素能够引导人们正确获取、传播和应用知识，为社会的可持续发展提供有力支持。

## 第三节　定量与定性方法在图书馆知识评价中的应用

### 一、定量方法与定性方法介绍

**1. 定量方法在图书馆的应用**

（1）问卷调查

问卷调查是常用的定量方法，通过发放有组织结构的问卷，收集公众、专家、读者等不同群体的定量数据，了解其对特定知识的看法、意见和反馈。图书馆问卷调查收集了涵盖广泛读者群体和大量反馈的数据，能够有效量化不同读者群体对图书馆服务质量的观点和意见，可以挖掘图书馆知识管理和服务的影响力、实用性和创新性数据，为知识评价提供客观数据支持，更加准确地评估图书馆知识服务的价值和影响。在设计调查问卷时需站在被调查者的角度审视问卷设计的合理性，进一步凝练问题表述以节省被调查者的时间和精力并得到有效问卷；样本的选择应具有广泛性和代表性，能够反映大多数读者群体的观点；数据分析需准确慎重，避免对结果的错误解读，确保问卷调查的结果可靠有效。

（2）文献引用分析

文献引用分析是通过学术成果被引用的次数和频率以及学术期刊的影响因子，量化文献的学术影响力和重要性，客观评估知识的学术贡献和影响程度。图书馆知识管理被引用的次数和频率是衡量其影响力的重要指标，当多篇学术论文都引用了图书馆知识管理相关成果，意味着其理论在本学科研究领域具有了一定的影响力，已经被其他学者认可和应用，是图书馆学科领域的重要参考资料。此外，学术期刊的影响因子反映了学术期刊所发论文的平均被引用次数，被认为是该刊学术水平和知名度的衡量标准，同样影响知识评价结果。发表在高影响因子期刊的学术成果通常意味着有较大的影响力和较高的认可度，但是我们在追求高影响知识成果的同时也要认识到被引次数和影响因子并不是唯一的衡量知识影响力的标准，还需要考虑引用质量、引用者的权威性等因素，另外不同学科的影响因子和引用规律也可能存在差异，需要根据具体情况进行具体分析。

（3）社会网络分析

社会网络分析是通过构建和分析知识覆盖的社会网络，评估其在不同学科领域、读者群体之间的传播路径和影响程度，从而更好地判断知识的社会影响力和传播情况。社会网络分析的核心是构建二维网络图，以揭示知识在不同学科领域和群体之间的联系和影响，网络图中的节点代表了个体、组织或其他实体，边表示实体之间的关系，在图书馆知识评价中，节点可以表示图书馆知识管理成果的发表者、引用者和传播者,通常以发表成果的篇数和被引用次数进行量化;边则表示引用、合作等理论的传播关系,可以用传播频率高低和传播方向多寡进行量化,通过量化数据可以衡量其在社会网络中的地位和影响力。

分析社会网络图的中心度、连通性等特征也可以揭示图书馆知识管理的影响力。中心度是节点的集中情况,代表网络中具有重要影响力的节点,也就是现实中的关键传播者数量;连通性是边的延展,揭示了不同学科领域和读者群体之间的联系,可以评估图书馆知识管理在多领域的潜在发展趋势。构建和分析社会网络图可以深入了解图书馆知识管理在不同学科领域、读者群体之间的传播路径和影响程度,为知识评价提供全新视角,更全面、客观地反映知识的社会影响和传播情况。

(4)统计分析

使用统计方法对收集的数据进行分析可以判断变量之间的关系和影响,并得出客观结论。图书馆知识评价通常使用统计分析中的描述统计和回归分析,揭示知识服务和读者需求变量之间的关联,以评估其影响和价值。描述统计是常见的统计方法,它通过计算数据的平均值、标准差、分布等指标对数据进行总结和描述,直观了解读者入馆时段、常用知识服务等具体数据的分布情况、集中趋势和变异程度,汇总影响变量之间的所有关系。回归分析是更深入的统计方法,通过数学模型量化变量之间的影响程度,从而分析多个变量之间的关系,并识别对知识具有显著影响的重要变量。在图书馆知识评价中,利用回归分析评价服务创新性、实用性和使用变化,可以了解图书馆知识服务对读者利用的影响程度和方向;量化分析揭示了变量之间的关联、影响程度和趋势,可以客观判断图书馆知识管理的效果,更准确地评价其知识价值。

(5)影响因子

量化知识的影响因子是通过制定指标和标准而将知识影响量化为具体数值,可以更准确地衡量知识在特定领域的影响程度。知识影响因子主要分为社会影响因子和学术引用指数,社会影响因子是评估知识传播程度、影响人数以及影响行为程度的指标,图书馆知识管理与服务在社交媒体被分享和讨论的频率、媒体报道的数量都可以作为社会影响因子的衡量指标，量化分析后得出相对客观的数值，可以评估图书馆知识管理在社会中的影响程度。学术引用指数是计算在学术成果中引用的次数和频率评价其学术影响力，被广泛引用的理论和知识往往具有较大的影响力，被认为是领域内的重要研究成果，可以通过量化在学术界的引用情况计算学术引用指数并进行直接的比较和分析，评估其学术影响程度和知识价值。

（6）建立模型和仿真模拟

基于定量数据构建数学模型，模拟知识在现实情境中的影响过程，可以得出定量化的预测结果和分析结论，预测知识的影响和效果。数学模型是用方程或算法描述不同变量之间的关系和影响，将定量数据输入模型预测不同变量之间的变化关系，分析知识在特定情境下的影响程度。计算机模拟是基于已有数据和假设构建虚拟系统，模拟真实情境中的各种因素并通过多次实验观察结果。构建数学模型或计算机模拟可以更直观地了解图书馆知识管理和服务在不同读者需求下的效率，分析知识管理影响因素的权重并预测未来服务的变化趋势，优化服务和管理的决策方案，通过模拟读者入馆时间、使用资源偏好、读者知识背景等因素对服务的影响，预测图书馆知识服务的趋势和方向，为政策制定者提供决策依据。

（7）制定综合评价指标

综合评价指标是对多个变量和因素定量加权，得出对知识价值的综合评估结果。综合评价指标需参考不同层面不同内容的综合性影响因素，得到更全面、客观的评价结果。制定图书馆知识综合评价指标首先需确定影响因子、社会影响、学术引用指数、实际应用效果的变量和影响因素，将变量以相关数据和指标量化，并根据实际情况和专家意见设定权重，反映其在综合评价中的重要程度。每个变量的测量标准与结果表示方式都不相同，不便于整体比较和管理，因此需要先对变量进行标准化操作，依据各变量在评估体系的重要程度赋予相应权重，用变量数值乘以权重比例即可得到该变量在评估体系中的加权值，将所有变量的加权值相加即为综合评估得分。图书馆知识管理评价体系的分值可以反映出其在业务和服务中的综合效果。评价数据挖掘技术在图书馆知识服务中的应用价值，可以学术价值、实践效果、读者反馈、社会反响等作为评估因素并赋予权重，根据实践情况确定因素的评价指标以及相应等级并给定分数，将分数乘以该因素的权重比例最终得出加权值。以社会反响因素为例，根据社会反响因素在评估数据挖掘技术在知识服务中的重要程度，给定权重为0.35，将社会反响因素划分为三个等级，等级一是在社会中取得重要反响，在国家级媒体中有相关报道，赋分为100分；等级二是在社会中取得较大反响，在省级以上媒体中有相关报道，赋分为80分；等级三是在社会中取得反响，在市厅级单位得到宣传报道，赋分为60分，根据实践情况确定得分，用分值乘以权重0.35，得到的数值即为加权值。

定量方法应用于知识评价可以从多个角度深入分析知识的质量、影响和价值，并提供客观和可比较的数据，然而定量方法也容易忽略定性因素、主观评价和深层社会背景的局限性，因此在知识评价过程中，应结合定量和定性方法综合考量图书馆知识管理的效果和影响。

**2. 定性分析**

定性分析是研究和评价知识价值的分析方法，通过分析和描述文字、图像、音频等非数值化数据获得对知识影响和价值的深入理解。与定量分析强调量化数据不同，定性方法更常用于理解复杂情境、主观意见和文化背景，为决策和评估提供充分的依据。

（1）内容分析法

内容分析法是对分析对象进行客观、系统和量化的分析方法，可用于对纸质载体的文字、图像、音频等资源的价值进行分析和评估。内容分析法中较为重要的是词频分析法与主题分析法。词频分析法是计算词汇在文本、图像、音频等分析对象中出现的频率，以确定相应的高频词，明晰该分析对象所研究的领域和知识内容。一般来讲，出现频率较高的实体词多与研究内容密切相关，代表着作者对研究内容的观点和态度，可以通过词频分析法确定高频词直观展示知识内容；将同一学科的高频词频率以柱状图或折线图的形式进行对比，可以直观展示学科发展脉络并预测学科发展的方向和趋势，为学科知识评价提供更丰富的支撑依据。主题分析法是通过编码识别分析对象的主题和中心，揭示分析对象的主题以及主题层级结构。应用主题分析法需先将分析对象的实词内容进行编码，根据内容和作用将编码分类为冗余编码和相似编码，并根据需要管理。冗余编码一般为不足以表示主题概念和层级的常用实词，通常做摒弃处理；相似编码为分析对象中接近或有知识联系的编码，汇总后可以识别分析对象的主题联系并揭示其层级结构，对准确把握核心主题内容以及与其他研究主题的关系具有重要价值和意义，因此需重点管理和使用，以正确评价知识价值。

（2）质性访谈

质性访谈是由访谈者与交流者共同完成的定性研究方法，通常采用开放式交流的方式，由访谈者根据访谈目的向交流者提出问题，并在交流者的回应中抽取与访谈目的相关的内容展开调研和分析。质性访谈的交流内容和方式都较为灵活，一般不做事先规定的结构和流程，主要在交流中引导逻辑与情感的方向，引导交流者深入探讨与访谈目的相关的部分，从而获得与定量数据不同的情感、观点、动机等信息数据。质性访谈的效果较依赖于访谈者的专业知识背景、表达方式以及交流者分享的意愿。质性访谈一般没有访谈提纲，但是在访谈前需根据访谈目的规划访谈内容和方向，这样才能调整访谈中有所偏离的方向和话题，并捕捉交流者表达的相关信息，确保访谈有切实可行的效果；在质性访谈中交流者主观交流的意愿非常重要，分享的意愿和表达方式是决定质性访谈成败的关键因素，因此在访谈前，也需根据交流者的性格和知识构成设计交流方式。质性访谈是了解交流者思维、情感、观点的重要途径，在知识管理评价中适当采用质性访谈与图书馆管理者、读者、专家学者进行深入交流，可以直接了解图书馆知识管理评价和建议的第一手资料，对改进工作有重要的借鉴意义。

（3）案例研究

案例研究是收集和汇总不便于转为数量的事实、方法、事例并找到其中规律和经验的定性研究方法。开展案例研究一般由确定研究目标、收集相关案例、分类、筛选、归纳和分析六个环节组成。在开展前，首先需根据案例收集的方向和范围明确研究目标，注重从不同层次和角度收集具有代表性的样本案例，根据案例所代表的事实阶段、层次、深度进行分类，保留符合研究目标方向的代表性案例并补录有特征属性却未在收录范围的案例，在收录完整全面的基础上做归纳整理，分析不同案例所具有的共性特点并预测其发展规律，通过归纳规律在不同案例的表现形式判断规律发生的条件并应用于实践活动，可以更直观了解知识管理内部因素，构建全面合理的知识管理评价体系。

（4）现场调研

现场调研是观察和记录知识在实际情境中的影响和应用。研究者可以通过现场调研近距离了解知识在真实环境中的效果、影响以及与其他因素的交互作用。在现场调研中，研究者应避免仅依靠受访者口述的局限性，需亲自前往知识应用场所实时观察并收集行为、实践、互动、环境等方面的数据，观察知识在实际环境的真实影响，为知识评价提供更丰富的信息。

定性方法通过分析和描述非数值化数据，揭示其对社会、文化、人类学等方面的影响和价值，为知识评价提供了丰富的信息，然而定性方法的主观性较强，结果可能因研究者自身观点和主观偏见而影响评价结果。

## 三、定量与定性方法在图书馆知识管理评价中的应用

**1. 定量方法在图书馆知识管理评价中的应用**

图书馆通过采用读者调查和统计、引用分析、数据挖掘与文本分析等定量分析方法评价知识管理的利用率和读者满意度。

读者调查和统计是根据入馆次数、文献借阅量、电子资源点击量和下载量分析读者对图书馆资源的利用情况，重点采购和推荐利用频率高的文献类型和内容，满足读者个性化的知识需求，提高读者对图书馆知识管理和服务的满意度。

引用分析是分析学术文献、研究报告等文本资料中的引用关系，揭示不同文献之间的影响和关联，常用于学术研究领域，通过被其他文献引用的次数和情境评估

被引用文献的影响力。在引用分析中，被引用的文献称为被引用文献，引用这些文献的文献称为引用文献，研究者使用 Web of Science、Scopus 和 Google 学术搜索等数据库或搜索引擎检索文献的引用列表并获取引用信息，了解文献之间的联系、影响和学术价值，可以揭示学科领域的发展趋势、研究热点和未来演化。引用分析在图书馆知识评价中也得到了广泛应用，图书馆分析其收藏的学术文献被其他研究者引用的频率可以揭示资源的学术价值及其在学术界的影响力，引导调整收藏和订购的相关策略。

对图书馆资源建设而言，引用分析主要通过挖掘知识之间的引用关系揭示其内在学术联系并构建知识网络，为评价知识质量和影响力提供重要依据。首先，引用分析可以优化读者服务和资源推广策略，运用引用分析可以筛选在学术研究中被频繁引用并应用的资源类型，有针对性地将高影响力资源纳入信息培训、学术指导等服务并进行推广，吸引读者兴趣并提高资源的利用率，为读者提供更具价值的知识支持。其次，学科馆员深入分析知识引用关系可以帮助研究人员和学者更好地了解领域内的前沿动态，提供更具深度和广度的学术支持，帮助读者在研究领域取得更有价值的成果。学科馆员需依据知识所属的学科和特征确定一个或多个主题词，不同学科领域的逻辑关系各有不同，因此主题词需在符合知识内容的基础上兼顾学科专用术语的表达。确定主题词后，再根据学科属性和层级特点为主题词排序，并按先后顺序录入检索系统，便于将具有相同主题词或相似主题概念的知识一同展示。在一定程度上，引用关系的质量关乎馆藏质量，因此要划定主题词要表达的学科范围，并用标准语言表述主题词之间的属性和关系，建立规范统一的主题词体系，增强主题词体系的统一管理和操作的可协调性。应用引用分析贯穿读者知识检索和利用的全过程，读者在检索系统提出检索需求后，由系统自动匹配读者检索词与自有主题词表，并将符合的匹配结果输出至读者界面；系统同时将读者提供的检索词用于发掘和预测新的关联模式和趋势，并将与读者检索词有逻辑关联的主题词一并推送给读者，便于读者进一步规划检索方向。在读者检索和利用过程中，完整清晰的主题词网络可以为读者推荐潜在学科关联内容，提供精准的个性化服务，发挥读者在学科检索和分析中的导航作用。因此，引用分析可以使知识之间的学术联系更加完整，逻辑关系更加清晰，可以更深入地挖掘潜在的知识关系，提高知识的检索效率。最后，引用分析可以评价知识的影响力，图书馆可以通过分析知识在学术界的引用情况而评估其影响力和学术价值，了解自身馆藏的质量。分析不同学科知识的引用关系还可以洞察学科之间的交叉合作并预测其发展趋势，为图书馆的馆藏发展和服务规划提供有益的参考。

引用关系是学科发展变化的反映，会随着学科发展发生动态变化，因此需要定期对主题词系统的引用关系进行维护和更新，以保持其准确、完整和及时。学科知识的发展和融合推动了可应用多学科领域的新知识的不断涌现，在这样的背景下，定期利用自动化技术抓取新知识并补充到已有的主题词系统中，可以保持知识引用关系的时效性与准确性；采用链接预测深度挖掘主题词系统中新的主题词和关系，也可以预测学科未来的发展趋势并提前应对。主题词系统的主题词和逻辑关系蕴含了大量现有学科的知识内容、处于萌芽的创新知识内容和预测的学科发展内容，及时摒弃陈旧过时的主题词和关系、修订完善不准确的主题词和关系，可以保持主题词系统的稳定和高效，正确匹配读者的检索需求并推荐有价值的引用分析，更好地服务于知识需求和知识获取。因此，引用分析不仅为图书馆提供了深入了解馆藏资源的途径，还为馆藏发展、读者服务和学术支持等提供了重要的决策依据，通过深入分析图书馆知识引用关系，更好地满足读者需求，推动学术研究和学科发展。

利用数据挖掘和文本分析技术，图书馆可以对大规模的文本数据进行定量分析，了解文献中的研究热点、关键词频率等信息，精准预测知识领域的发展趋势，为读者提供有针对性的资源服务。

**2. 定性方法在图书馆知识评价中的应用**

图书馆通过采用深入访谈与焦点小组讨论、观察与实地调研等定性分析方法评估知识管理的利用率和读者满意度。

与读者、研究者等进行深入访谈和焦点小组讨论可以了解读者对图书馆知识的态度、需求以及实际应用情况，分享读者的个体经验、观点，提出对图书馆服务的期望，为图书馆改进服务质量提供指导。可以通过实地调研和观察读者在图书馆内的行为、使用习惯以及与图书馆工作人员的互动情况，评估知识在实际情境中对读者的影响效果，优化服务和资源布局。

定量和定性方法在图书馆知识评价中各有其独特优势，定量方法主要通过数据统计和分析提供客观的指标和趋势，帮助图书馆进行全面的知识评价；定性方法能够深入了解读者需求、使用体验以及知识在实际情境中的影响，为图书馆提供更具体的改进建议。综合运用定量和定性方法可以更全面、多维度地评价图书馆知识的价值和影响。

# 第八章 图书馆知识创新与评价

## 第一节 知识创新

### 一、知识创新的概念和特点

**1. 概念**

知识创新是为了满足不断升级的知识需求和应对困难挑战，在已有知识的基础上凭借独立思考、开创性研究和创造性思维的方式构建新知识体系，探索新信息、理念、技术、产品或方法的过程。知识创新包括知识融合和知识新建两种路径：知识融合是以创造性思维为核心，打破束缚思维的知识框架，以跨学科思维将不同领域的知识融合在一起，鼓励自由联想和大胆猜想，寻找新的实践解决方案；知识新建是知识创新的重要路径，主要是通过深入研究和实践，以新的思维视角探索并创造新的见解和发现。探索过程可能伴随失败和挫折，但失败的经验正是创新最宝贵的财富，可以不断推动创新者调整和完善知识体系。另外，知识创新需要合作与交流，创新者分享知识观点并吸纳他人的反馈建议，可以在集体智慧的基础上不断完善和扩展创新知识体系，形成多元观点和思维碰撞，激发更多的创新火花，提升知识的延展性，提高全局站位，其价值在于推动社会的发展和进步，更好应对未来挑战。因此，知识创新是高度创造性的思维过程，突破了传统的知识思维模式，探索新的学科发展领域，推动社会经济文化的进步与发展。在不断变化的经济文化环境中，知识创新是保持知识竞争力和适应力的重要手段，也是引领未来发展的关键因素。

**2. 知识创新的特点**

（1）知识创新具有独立性与独创性

独立性与独创性是知识创新的关键特征，代表了创新者在思维和行动上的自主和独特。在现代社会，知识创新已经成为推动科学、技术、文化和经济进步不可或缺的力量，而独立性与独创性是创新的核心驱动力。独立性强调创新者不受传统观念和惯性思维的束缚，能够进行独自深入的思考、探索和研究，在把握知识体系多个层面的基础上深刻揭示知识的根本属性。创新者在面对挑战时需摆脱对现有学科体系的依赖，独立思考问题本质，勇于全面探索学科新变化和未知领域，形成更符合实践需要的解决方案。独创性强调创新者具备敏锐的洞察力和缜密的思维，可以从多角度审视已有知识并提出独特且前所未有的观点，独创性并不是对现有知识进行简单改造，而是在全新思维框架下重新构建知识体系并寻找实践问题的解决方案，其发现往往具有颠覆性和突破性，能够引领学科领域的发展方向。

在知识创新的过程中，独立性与独创性是相辅相成的，独立性是独创性的基础，独创性是独立性的升华。独立思考是创新者必须具备的学术素养，意味着创新者打破已有学术观点和成果的束缚，以全新的视角和站位审视学科和知识发展并形成独树一帜的理论和方法。独立性并不是完全摒弃和全面否定已有的学科体系和理论，而是在已有研究的基础上采众家之长形成具有个人特色的研究结论；独立性强调创造者的思考过程不受已有成果和外界声音的干扰，而这既是创新的前提，更是科学技术向前发展的先决条件。独创性是独立性的升华，其强调的是研究成果在独立思考的基础上同时具有首次创新的特性，创造者需在已有学术成果的基础上独立思考形成个人的学术见解，并以成果的形式表述和发布，使成果具有独创性。在独立性与独创性的关系中，独立性并不完全能产生独创性，多次深入的独立思考、全新的学科视角、学术成果的凝练都是形成独创性学术成果的因素，都需要创造者投入大量的时间和精力，因此，知识创新是从独立思考开始，以独创性成果的发表为一个周期。但是知识创新的目的不只是形成独创性成果，创造者坚持不懈的毅力和勇气、广泛而深厚的专业知识背景和强大的自我学习能力都可以持续提升知识素养和科研能力，在未来创新中取得更大的成就。

独立性与独创性是知识创新的两大核心特征，它们共同构成了创新者在知识探索和创造中的基本素养。在不断发展的时代背景下，鼓励和培养独立思考将为个体、组织和社会带来更多的机遇和可能，推动人类不断超越自身，开拓前进，为未来的发展开创更加辉煌的篇章。

（2）知识创新具有持续迭代的特征

持续迭代代表了创新者对创新成果的发展和完善，是保持创新活力和竞争力的关键要素。与一次性创新不同，持续迭代更加强调创新的循环性，需要经过不断的实验、反思和改进而让创新成果与环境和需求的发展保持一致。知识创新并非一蹴而就，而是充满了挑战和变数，创新者在探索新领域、解决新问题或开发新产品时往往需要大量试错、验证假设和数据实验来检验想法的可行性，在这一过程中并不是每一次验证都会获得成功，但正是失败给了后续迭代更优的决策。创新者不断分析和反思实验结果并在技术性实验数据、用户体验、市场需求等软环境信息中提取有用信息，对比实验数据与初始目标，可对技术、设计、功能等方面进行不断修正和升级，使其更符合预期目标和市场需求。持续迭代强调创新不是一次性事件，而是随着社会、技术和市场的不断变化发展，以不断反思、实验和改进的循环状态逐步优化创新成果的质量和性能，并以灵活开放的心态倾听用户的反馈和建议，始终保持创新的活力、竞争力和适应性，从而为社会进步和发展不断注入活力，实现持久的影响力，发挥更大的价值。

## 二、知识创新的价值

知识创新作为人类社会发展的重要动力，为社会、经济、科技和文化等领域发展带来了巨大的价值，它不仅是单纯的科学技术活动，还是塑造未来社会形态的关键因素。第一，知识创新推动科学与技术的进步。科学技术是现代社会发展的重要支柱，推动科学技术发展的原动力是知识创新，人类通过知识创新能够探索自然界的奥秘，发现宇宙、生命和物质等多维度的规律。知识创新为医学、工程、信息技术等领域带来了前所未有的突破，不仅改善了生活质量、延长了寿命，还提升了生产效率，使社会发展不断迈向新的高度。第二，知识创新催动了经济的增长与繁荣，企业只有不断推陈出新才能创造新的产品和服务，开发新市场和商业模式，赢得更多的发展机会并推动产业升级，在激烈的市场竞争中保持领先地位。创新是经济结构转型的重要引擎，传统产业向高科技、高附加值产业的转变都离不开知识创新的驱动。第三，知识创新推动了社会多领域的全面进步。知识创新不仅涉及科学技术领域，还关乎文化、艺术等多个领域的发展，艺术家、作家、思想家通过独特的创意和观点，丰富了人类文化的多样性。第四，知识创新推动了国际合作与交流。在全球化的时代背景下，各国之间的合作与交流变得更加紧密，作为核心竞争力的知识创新推动了世界范围内科研、教育、技术开发等领域的合作，有助于共同解决全球性的挑战和矛盾，同样，创新成果能够跨越国界为全球带来更多的机遇和可能。因此，知识创新是推动社会进步和人类发展的重要力量，也是启迪智慧、推动社会前进的重要引擎，影响着科技、经济、文化等领域的方方面面，通过持续创新不断超越自身局限，创造更加美好、富有活力的未来。

## 三、知识创新的内容

现有成熟的知识体系和内容是知识创新的基石和催化剂，创新者通过重新组合、扩展、深化和解释现有的知识体系和内容，创造出新的知识体系和解决方案。

知识创新需要深化和扩展已有的知识体系。研究不同学科的知识可以发现其中共性和相互作用的学术增长点，这意味着在已有知识的基础上进一步探索和应用，可以逐渐发现隐含的新问题、挑战以及可能，为创新提供更多的切入点和机会，推动知识的进一步演化和发展。在深化和扩展已有知识的过程中，创新者需要具备深厚的学科基础并保持开放的思维和求知欲，勇于挑战现有观点和既定思维模式，通过深化阅读、实验、观察、分析等方法揭示已有知识之间的联系和交融，不断拓展创新的边界，为解决复杂问题提供精细而全面的解决方案。

对现有成熟的学科概念、理论和现象的重新解释是知识创新的重要延伸。现有成熟的学科概念、理论和现象反映了真实世界的知识和实践经验，而知识所具有的动态性和演化性特点让知识随着学科研究的深入和实践的发展衍生出新的表现形式，因此对现有成熟的学科概念、理论和现象进行重新解释变得尤为重要。知识创新并不仅是创造新知识，还是分析研究知识在学科发展中衍生的新变化并延伸已有的知识体系；及时发现并纠正其中不再符合知识发展方向或被包含或替代的过时知识，重新审视其在特定情境下的适用性。对已有知识的重新解释要求创新者能够在全面学科知识背景的支撑下，敏锐捕捉学科发展出现的新变化，并用精确的语言重新解释；具有开放的创新思维也能够在知识发生新变化时不拘泥于已有概念和理论，创新思考知识新变化的原因、表现和其中蕴含的学科发展趋势，赋予其新的维度和含义，并为创新提供思维路径和切入点。

对现有学科领域知识体系和内容进行重新组合是知识创新的基本路径。在现有的知识体系中，每个学科领域都拥有各自独特的概念、理论和方法，形成了有序的结构框架，而实践环境中矛盾与问题的解决往往需要多学科知识共同参与才能制订综合解决方案。因此，了解不同学科的知识和方法，找到其中联系和潜在的知识点可以交汇融合不同学科领域的知识，碰撞出全新的思维模式和解决方案。需要注意的是，不同学科在术语、概念和方法等方面都存在差异，同时学科之间可能存在概念冲突和认知障碍，因此跨学科融合更需要创新者具备广博的知识背景和多学科理论基础，以及在知识交融领域进行创新的能力，这些都需要创新者深入学习和沟通协作。

知识创新可以将已经证明有效的概念、方法或技术从知识成熟的学科应用于新生或交叉学科领域，促进不同学科之间的交流合作，带来新的学术讨论和创新成果，为解决实践矛盾提供新视角和新方法。跨学科的知识迁移源于不同学科知识本身具有的相似性和互补性。虽然不同学科的研究内容和体系看似迥异，但在更深层次可能存在共同的原理、模式或机制，因此将成熟学科的知识应用于新生或交叉学科就是将共性原理进行连接和迁移，引发新的价值和创新。在知识创新中，引入新技术、新工具能够带来更高的效率和精度。大数据时代利用数据分析技术可以从海量数据中挖掘有价值的知识和见解，机器学习、人工智能等技术的应用可以发现已有知识之间的关联和规律，推动知识的深度解析和拓展。同时，新技术、新工具也为知识创新带来了新的应用场景和方法，大量应用于医学、建筑、工程等领域的虚拟现实技术可以实现虚拟环境中的实验和模拟，在实际操作之前预测和优化结果，提高了工作效率，降低了误差风险和成本。除提供更好的分析和处理方法之外，新技术、新工具还创造了新的知识领域，区块链、基因编辑等新兴技术的兴起和应用让数据的存储和传输更加安全和透明，为金融、物流等领域的创新带来新的可能，推动了知识的深化和拓展，创造了新的应用和价值。

逆向思考是知识创新的重要特点和经验。逆向思考打破了传统知识框架，用全新的视角看待传统知识，将已有的结论和知识进行反向推理，用创新思维审视其中的过程和环节，找到可以深化和拓展的学术增长点。不是所有的知识都需要逆向思考，失败且需要进一步改进和完善的知识更适用于此方法。知识验证为真理要经过实践的检验，若实践中出现矛盾和问题，说明知识在某方面可能存在不可忽视的错误，在这种情况下运用逆向思考的方式，从实践环节对知识进行逆推，将知识理论与实践过程进行对比和观察，可以较容易发现其中导致最终实践结果失败的矛盾环节。实践中没有通过检验的知识可能只是其中某个推论和推断发生了错误和偏差，从而导致谬误，找到错误和偏差并进行修正同样可以提高获取知识的效率。逆向思考同样适用于需要进一步完善和改进的知识，通过逆向思考快速找到相关知识环节，根据学科专业发展进行完善和改进，让知识更加符合实践的需要。在这里需要注意的是，逆向思考并不是对传统知识的否定，而是采用全新的视角和思维模式重新分析传统知识并挖掘需要深入拓展思考的领域，推动知识的创新和进步。

现有知识和知识体系是创新的基础，创新不是从零开始，而是在已有知识的基础上通过重新组合、深化、扩展、逆向思考、重新解释并应用于新领域，结合新技术对知识进行延伸、拓展和转化，形成创新成果并推动社会的进步和发展。

## 第二节　图书馆知识创新的路径与效果

### 一、图书馆实现知识创新的路径研究

图书馆实现知识创新需要适应不断发展的知识环境，满足不断变化的读者需求，转变自身的服务定位、服务方式和思维方式。

**1. 从知识提供者转变为知识创造者**

作为知识储存和提供机构的传统图书馆，承担着收集、分类和传播知识的固定职责，网络和数字技术的发展增加了从互联网、交互社区等多种渠道获取知识的方式，图书馆不再是获取知识的唯一路径和最佳选择。因此，图书馆只有转变思维方式，拓展业务职能，将服务重点从提供知识转变为对知识进行深层创造和加工，才能为读者提供更有价值的服务，为知识创新开辟新的可能。成为知识的创造者和加工者意味着图书馆需参与知识的生产、整合和应用全过程，与相关领域学者开展合作研究项目就是创造知识的重要参与方式。图书馆依据丰富的知识资源和技术工具参与学术研究，提供研究所需的数据、文献和技术，支持创造新的知识资源，可以创新有价值的知识和服务，具体表现为：应用馆藏数字化技术提高纸质资源的访问利用率；定期整理和更新数字馆藏，为研究者提供有组织的数据资源；举办研讨会、讲座和展览等活动，加快知识的融合与共享，激发不同学科的思维碰撞，让图书馆逐渐回归于知识和创新的交汇中心。另外，图书馆需要更新自身技术和完善知识体系，与研究机构、学术界、产业界合作构建多元网络并汇集更多的创新力量，适应不断变化发展的知识环境。从知识提供者到知识创造者的转变为图书馆的发展注入了新的活力，也为知识创新带来了新的动力。

**2. 从单一资源的管理模式转变为多样化服务**

传统图书馆的主要职能是收藏、整理和提供文献，以满足读者的阅读和学习需求，知识获取与利用的便利让读者不再满足于单一的图书和期刊资源，逐渐转为形式和内容均有多元属性的知识需求，为了适应读者的需求变化，图书馆需要从单一

资源管理部门转变为主动创造、加工和整合知识的多功能服务中心。多样化服务是图书馆转向知识创造者的重要举措，需要从资源、服务和技术三个层面进行创新和升级。现阶段的数字资源已经成为图书馆资源的主体，电子书、电子期刊、在线数据库等便于读者随时随地获取所需知识，这也为图书馆扩大资源范围提供了新途径，对数字资源进行分类、整理和分析并有针对性地推送知识检索和推荐服务，可以满足读者日益增长和变化的知识需求。引入创客空间也是图书馆多样化服务的重要表现，引入3D打印机、激光切割机等创新工具和设备鼓励读者参与探索实践，培养其动手能力，可以推动图书馆创新服务的发展。图书馆从单一资源管理向多样化服务的转变同样需要图书馆馆员转变思想，提升工作能力，通过不断的学习和应用熟练掌握传统资源和数字资源的管理和维护，更好支持读者服务和科学研究。从单一资源管理向多样化服务的转变是现代图书馆发展不可逆转的趋势，引入数字资源、创客空间、数字人文支持等多样化服务，可以更好地满足读者的需求，推动知识的创新和创造，提升图书馆的影响力和价值，为读者提供丰富多彩的知识和学习体验。

### 3. 从消极接收读者需求转变为主动深入参与读者创造活动

在图书馆的发展历程中，读者需求一直是驱动服务提升和创新的关键要素。传统图书馆服务往往是等待读者提出需求再被动回应，完全不能适应知识变革和信息技术快速发展的时代背景。如今图书馆正迅速转向主动深入了解读者需求并与读者互促共赢、探索服务创新和发展的新模式。深入了解读者需求不是仅听取读者的声音，而是理解他们的实际需求、困惑和期望，通过读者座谈、问卷调查、焦点小组讨论等方式积极主动与读者建立紧密的联系，精准定位其知识领域和服务需求，以读者的兴趣爱好为出发点组织读书俱乐部、展览会、讲座等文化活动，并提供图书推荐和学术写作指导，吸引读者积极参与。与读者的深入交流还可以更好理解读者并提升图书馆个性化服务质量，根据读者的反馈优化数字平台的界面设计，改进检索功能，提供智能、个性化的服务内容，提高读者的阅读体验。为了对读者需求实现实时了解和快速响应，图书馆可以应用社交媒体、移动应用等社交App与读者进行互动，提供有针对性、贴近实际的服务，提升服务质量，增强与读者之间的亲近和信任，推动创新服务的不断完善和升级。

**4. 从专业分工转变为跨界合作**

在知识和技术高度融合的现代社会，知识创新已不再是单个学科各自为战，而是融合多个学科门类的专业知识进行跨学科合作和交流，只有这样才能创造更深刻和具有前瞻性的知识和价值。传统的图书馆专业分工模式曾经在图书馆发展历程中起到了重要的推动作用，但随着知识的不断交叉融合，单一学科的知识往往难以解决实践中的复杂问题，需要跨学科融合专业知识和技能并形成更全面的认知。因此，作为知识集散地的图书馆必须摒弃传统的专业分工模式，通过组织研讨会、研究合作项目、搭建线上社区等合作平台，加强学科之间的沟通和交流，开发跨整合学科知识的能力，融合不同学科的专业知识和视角探索知识创新的新路径，从而成为跨学科合作的中心。跨学科合作可以帮助不同学科的研究人员消除学科专业术语和思维方式可能存在的差异，增进了解并进行有效的交流合作，推动跨学科知识的碰撞和分享。

跨学科合作已经成为推动知识创新不可或缺的重要因素，作为知识保管者和传播者的图书馆更是具备融合不同学科知识的优势，建立合作平台提供学术文献、研究报告和数据资源，加强学科之间的沟通，发挥推动知识交流融合的桥梁作用。

**5. 服务模式从被动应对转变为积极创新**

在知识创新的浪潮中，图书馆服务模式正经历着从被动应对向积极创新转变的深刻变革。过去的图书馆往往是服务的接受者和知识的传递者，面对读者对于转变服务方式的诉求，图书馆更多的是调整服务举措和馆舍布局，很难从根本上转变服务方式，因此在管理和服务方面都没有出现焕然一新的局面。而快速发展的智慧服务要求图书馆积极主动地探索新技术、新方法和新服务，为读者提供更具价值的知识创新体验，真正成为创新的推动者和引领者。积极创新意味着图书馆跳出传统舒适区，密切关注数字技术、人工智能、大数据等前沿技术并应用于图书馆服务；通过定期的反馈调查、读者访谈、焦点小组等活动与读者保持紧密互动，深入了解其期望和反馈，并创新和改进自身服务。图书馆馆员是图书馆创新的重要驱动力量，其创意和想法可以为服务和发展带来新的活力和动力，图书馆可以通过开展创新项目、举办创新竞赛等方式鼓励馆员参与创新,汇集更多创新力量,推动知识创新。

图书馆是知识的海洋,知识是作为图书馆服务的内容而存在的,相应的技术设备是读者获取图书馆知识的辅助和支撑条件,丰富的知识内容与智慧高效的技术设备都是读者享受高质量图书馆服务必不可少的因素,因此,引入先进的技术设备并应用于图书馆服务也是积极创新的重要途径。高度关注新技术新发明的更新迭代,创新性地与图书馆服务有机结合,使读者在接收图书馆知识的同时享受高科技带来的智慧服务体验,可以提高读者对图书馆服务的满意度。

**6. 服务理念从以书为中心转变为以读者为中心**

长久以来,图书馆服务一直是以书为中心,即以馆藏书籍和期刊为主要资源,以传统的馆藏管理和借阅服务为主导的服务模式。在信息科技不断进步、知识多元化的今天,图书馆的使命和定位正在从以书为中心逐渐演变为以读者为中心,这不仅是服务理念的改变,还符合时代潮流和读者需求的未来服务发展方向。以读者为中心需要深入了解读者的兴趣、需求和行为,应用移动 App 和社交媒体等与读者建立更密切的联系,通过调研、访谈、数据分析等方式获取读者的反馈和意见,真正了解读者的知识需求,更准确地提供服务。在提供传统纸质书籍和期刊资源的基础上侧重数字资源服务,通过创客空间、数字人文支持和学术写作指导全面支持读者的学习和研究。以读者为中心同样需要创新服务模式,根据读者的学科兴趣和阅读历史开展个性化推荐服务,推荐符合其喜好的资源,满足读者在数字时代的知识获取需求。从以书为中心到以读者为中心并不是一蹴而就的过程,图书馆需要对资源进行分批次整合和转型,将资源管理从传统著录向 RFID、智慧盘点等数字化和多元化的管理方式转变。以读者为中心同样需要转变馆员的服务理念,培养馆员的服务意识和技能,使其具备根据读者的知识需求提供相应服务的水平和能力。以读者为中心是现代图书馆发展的必然趋势,通过了解读者需求、提供多样化服务和资源,更好地满足读者的实际需求,扩大图书馆的影响力,更好地发挥图书馆的价值。

**7. 馆员的知识更新应从被动接收转变为主动学习**

长期以来,图书馆的工作职能是保存知识而非对知识的加工和创造,因此工作作风都较为传统和保守。随着时代的发展，许多知识机构、网红书店如雨后春笋般频繁出现，他们用更新颖的服务理念、更具个性化的知识表达分流了部分有知识需求的群体，面对这样的挑战，图书馆只有转变工作思路和改进工作作风，变知识集散地为智慧加工场所，主动向读者推送知识和服务，才能重新赢得公众的认可。这需要图书馆馆员以主动学习的态度提高业务水平并为读者提供更优质的服务，主要包括提升自我和关注读者需求两个方面。提升自我强调的是馆员进行学习的自主性和积极性，主要包括通过业务培训、学术研讨会、阅读专业书籍和期刊等方式持续关注应用技术和学科发展的最新趋势，了解行业发展和前沿知识，不断充实知识储备并提升服务技能。提升自我还要求馆员具备辩证思维和判断力，具备从海量知识中分辨真伪并筛选有价值知识的能力，为读者提供可靠的知识指导和建议。馆员持续关注读者需求是馆员根据读者知识需求的变化调整自身的学习方向，更好地为读者提供有针对性的服务。

在馆员主动学习的过程中，管理层也要注重示范引领作用，通过举办定期培训、学术交流和研讨会等学习活动，让馆员走出去学习最新的知识和技能，增加与同行交流和互动的频率，拓宽学科视野和深化认知；表彰和奖励在主动学习中取得学术成果、创新项目和专业认证的馆员，激励馆员保持学习热情和积极性。此外，管理层可以示范主动学习的态度，倡导馆员以分享资源和交流经验的方式开展学习互助，营造浓厚的学习氛围，共同促进知识的积累和创新。只有保持持续学习的态度，不断更新自己的知识和技能，图书馆馆员才能够适应不断变化升级的知识环境，为读者提供更具价值的服务。

## 二、图书馆创新的效果评价研究

### 1. 效果评价

效果评价可以全面、客观地评价创新成果在实际应用中产生的影响和效果，主要通过资源利用增长率、读者数量变化、读者需求响应时长等定量指标以及读者反馈、满意度调查等定性指标来衡量。

对图书馆创新效果的定量评价指标主要包括资源利用增长率、读者数量变化和读者需求响应速度。资源利用增长率是比较创新项目实施前后资源利用的数据变化，包括比较数字资源的下载率以及纸质文献的借阅率来评价创新成果对馆藏资源实际使用产生的影响。图书馆创新服务的效果可以通过读者数量的变化进行直观评价。应用创新服务通常会吸引更多的读者，如果在创新服务应用后新注册读者或参加图书馆活动的读者有明显增加，就可以认为是创新服务应用效果的积极的指标数据，表明应用的创新服务已经成功吸引了更多的受众。图书馆的服务宗旨是满足读者的知识需求，通过对比应用创新服务前后读者需求的响应时长，评价创新服务对读者需求的支撑效果。

定性分析主要包括读者反馈和满意度调查。读者反馈是常见的定性分析方法，通常以开放式交流的方式倾听读者意见和建议。读者反馈主要包括专题反馈和日常反馈两种形式，专题反馈是读者仅针对图书馆设定的内容提出具体的意见和建议，日常反馈多是图书馆通过设立意见箱、反馈点、馆长信箱等形式接收读者关于图书馆服务、管理、人员等不同方面的反馈意见，帮助图书馆不断改进和优化创新成果。满意度调查主要是通过线上或线下方式收集读者的调查问卷，是图书馆掌握读者对创新服务项目感受和满意度的第一手资料。设计读者调查问卷时需明确调查的内容和范围，根据内容的部分、层次、逻辑关系设计问题，做到全面与重点兼顾，更好发挥调查问卷的反馈作用。

定量指标通过可衡量的数据评价创新服务的应用效果，定性分析深入挖掘了读者的体验和反馈，揭示了项目的异质性影响。定量与定性分析方法结合使用为图书馆提供了评价的全面视角，可以不断改进创新服务，更好地满足读者需求。

**2. 检索页面易用性评价**

直观、易用的检索页面可以显著改善读者的使用体验，提高读者对图书馆资源和服务的满意度，检索页面的易用性可通过用户测试、可用性评估和 A/B 测试进行评估。用户测试流程一般为招募代表用户在指定的创新页面完成特定任务，通过观察操作、记录问题和听取反馈，快速识别页面创新中的问题和瓶颈，揭示了用户在使用创新检索页面时可能遇到的困难并模拟了实际使用场景，可以帮助研发者确定用户检索页面的改进方向。可用性评估通常由专家反复试验评价界面的导航结构、布局、标签、按钮设计等多方面性能，以可用性和最佳实践作为检索界面的创新设计和用户需求的平衡原则，通常采用A/B测试将两种不同的界面设计（A和B）同时提供给用户使用并对比分析用户的行为和反馈，通过对比两个版本的数据差异选择更吸引用户和更好实现预期目标的页面设计。

良好的读者检索界面可以提高资源利用率，提高读者对图书馆服务的满意度。应该注意的是，读者检索界面易用性的评价是随着读者知识水平和检索需求的变化而不断变化的，因此应保持对读者检索界面的关注和改进，定期倾听读者的需求，以改进界面服务功能，及时将相关技术的更新版本应用于检索界面技术参数，优化读者的使用体验。

**3. 创新程度评价**

创新程度评价是评估成果在相关领域内的科研新颖性和实践创新性，对图书馆领域的创新服务或成果程度进行评价可以反映该服务或成果在图书馆科研和实践中的独特性，指导深化创新的方向和水平。创新程度评价一般通过专家评审和专利申请数量来衡量，专家评审是其中被广泛采用的评价方法，通过邀请图书馆界的知名学者、研究员或图书馆学相关专业学者对创新项目的文献综述、技术评估、实际应用潜力等多个方面开展独创性和创新性评价，鉴定其在图书馆服务和发展中的贡献和新颖性。图书馆的创新成果如果具有专利价值，则专利申请数量也可作为衡量指标，反映其在技术创新方面的程度，这主要适用于技术或工程方面等特定类型的创新。创新成果被其他研究引用则意味着对引用领域产生了学术影响，因此分析相关文献的引用情况也可以识别其在理论和实践中的认可度，评价其对知识体系的价值和贡献。此外，读者反馈和满意度调查也提供了评价创新成果的重要因子，读者是创新项目的最终受益者，他们的观点和需求至关重要，如果读者认可创新项目提供了新的服务或资源，满足了自身的知识需求，这表明创新项目在读者眼中具有新颖性，因此通过满意度调查收集读者的意见和建议并了解读者对创新成果的满意度也是评价创新项目的重要方式和手段。同理，与开展合作的其他图书馆、研究机构和专业组织交流经验和观点，听取他们的反馈，同样可以评估创新成果在领域内的地位和认可程度。

创新程度评价是持续的过程，应与读者需求和图书馆事业发展同步进行，确保创新成果始终具有新颖性和创新性。综合使用创新评价可以在不断变化的知识环境中持续为读者提供高质量的资源和支持，指导图书馆创新发展战略、资源分配和决策，始终引领社会主义先进文化的发展方向。

# 第九章 图书馆知识管理文献提要

进入知识经济时代，知识成为最重要的资本，知识的急剧增长、快速传播和交流使图书馆的管理模式发生根本性变革，作为一种全新的管理理念和管理方法，知识管理在图书馆界得到广泛研究和应用，成为图书馆未来发展的新契机。本书前八章在知识和知识管理理论的基础上，研究了图书馆知识管理的获取与组织、传播与共享、应用与转化流程，分享了知识图谱、语义网络、数据挖掘等应用工具，重点围绕基于参考咨询和数字图书馆领域的知识管理应用展开研究，其中第一章阐述了知识管理概念与理论，研究了知识管理的发展历程、知识的特点与分类，并对国内外知识管理的相关文献进行统计与分析；第二章到第四章分别研究了图书馆知识管理的流程，包括图书馆知识的获取与组织、传播与共享、应用与转化转化与评价，对其中的重要环节展开论述；第五章分析了知识图谱、语义网络、数据挖掘等图书馆应用知识管理的工具；第六章针对参考咨询领域和数字图书馆领域对知识管理服务的应用和实践进行探究；第七章和第八章重点研究图书馆知识评价的内容和要素，包括知识传播与知识评价、知识创新与知识评价。

本书的前八个章节以理论研究为主，对图书馆知识管理和服务展开层层论述；第九章节的内容为"图书馆知识管理文献提要"，主要以文献提要的方式强化前八个章节的研究广度和深度，揭示图书馆知识管理与服务理论的发展脉络，展示其丰富的文化内涵，为学术研究和文化交流提供坚实基础，凝练和提升文献利用的重要价值。第九章节以文献提要的形式呈现图书馆知识管理的相关文献，笔者有如下考虑：在本书的前期准备阶段，笔者检索了大量与图书馆知识管理相关的背景文献和实践案例，经分析发现众多图书馆学专家和从业者都将研究目光聚焦知识管理领域，对图书馆知识管理的概念、内容、特征、目标以及实施策略与方法进行了深入研究，为图书馆的管理实践提供了有力的指导；同时整理、组织、传播和应用了知识管理的相关理论以提高图书馆的核心竞争力，满足读者的多元化需求，这些已经开展的理论研究和实践探索显著提升了图书馆的服务效率、服务层次与服务水平，使图书馆的业务管理与创新服务在知识经济时代始终立于不败之地。基于"图书馆知识管理"这一研究课题所具有的重要理论和实践价值，笔者萌生了检索整理相关文献提要的想法，在"读秀学术搜索""中国知网""万方学位论文数据库"三个较权威的电子文献数据库中以"图书馆知识管理"为主题进行检索，累计检索出相关博硕士论文 410 余篇（学位授予时间截至 2023 年）、电子图书 194 种（截至 2023 年 12月），并对其中部分内容进行精读，发现在文献综述部分都缺乏对"图书馆知识管理"研究文献的系统整理，因此决定梳理"图书馆知识管理"的文献提要，完善这一专题的支撑文献资料，节省检索的精力和时间，为后继学者开展研究提供文献指引的帮助和支持；同时让读者能够更加全面地了解图书馆知识管理的历史研究脉络和已有研究成果，激发创新思维，推动图书馆知识管理的理论和实践得到进一步深化和发展。

  在文献提要的整理过程中，笔者以"图书馆知识管理""图书馆服务"为主题词，通过"国家图书馆网站""读秀学术搜索""中国高等教育文献保障系统"三个大型的文献检索系统进行检索，将检索结果去重并按时间降序排序，筛选出 2004—2024 年出版的图书馆知识管理相关文献共 238 部，涵盖了图书馆知识管理领域近 20 年出版的绝大部分文献，具有文献收集全面的特点；同时笔者利用在图书馆工作的优势，全方位检索文献信息，以文献提要的方式编辑整理了每部文献的出版信息和内容简介，其中出版信息共七项，分别是书名、作者、出版社、出版时间、ISBN 号、页码和中图分类号；内容简介则重点介绍了每部文献的章节划分、主要研究内容以及研究意义和价值。"图书馆知识管理"文献提要的梳理为读者提供了更加准确详实的文献信息，可以精准定位所需的提要条目，并通过 ISBN 号段和中图法分类号快速实现实体书借阅或电子书阅读。本章节收录的文献内容也包含了多领域知识管理的研究成果和应用案例，内容丰富、学科广泛，可以为不同研究方向的读者提供文献指引,这是本书的重要特色也是价值所在。《面向农村信息化的图书馆知识服务》阐明了图书馆农村知识服务的基本特征与内涵,并通过农村知识服务供给状况的调查与分析,对服务模式和发展运行机制建设提出思路和方法;《走向知识管理与知识服务 数字档案馆建设研究》回顾了档案工作数字化的历程和重点工作,研究了知识管理在档案馆的智慧化建设相关内容;《跨国公司知识管理:理论与实证研究》对100多家代表性跨国公司的知识管理应用进行收集和整理,采用模型对结果进行了分析,研究了跨国公司知识管理的一般规律;《出版业知识服务转型之路 知识服务国家标准解读》阐述了新闻出版知识服务标准体系建设的方法和路径,对标准中的核心条款进行解读,全方位展示了出版业技术与标准融合的新路径、新探索。

本章节的文献提要并不同于文后的参考文献。第一,两者的目的不同。文献提要具有考查性,可以为读者提供了查阅图书馆知识管理文献资料的线索,便于开展后续研究;参考文献是将本书形成过程中参考和借鉴的书目进行汇总,以最大限度保护知识产权。第二,两者内容范围不同。本章节的文献提要收录了图书馆知识管理专题近20年出版的绝大部分文献,具有全面性的特点;参考文献仅是收录作者参考和借鉴的文献。第三,两者作用不同。本章节的文献提要可以为研究者提供精确、全面的文献指南,无论是学者还是对图书馆知识管理感兴趣的读者,都能从中找到宝贵的文献指引,避免重复工作;参考文献则是将前人的研究成果与作者的研究内容进行区分,以最大限度的保护和尊重作者。

综上所述,"图书馆知识管理文献提要"具有重要的参考和使用价值,是其他研究人员检索图书馆知识管理专题相关资料的重要路径,可以为后续研究的开展提供了重要的文献指引价值。

**1. 高校图书馆知识服务理论与实践**

著（编）者：王金娜　　出版社：湖北科学技术出版社　　出版年：2017

ISBN：978-7-5352-9437-1　　页码：256　　中图分类号：G258.6

内容摘要：《高校图书馆知识服务理论与实践》对高校图书馆开展知识服务情况进行梳理，总结了高校图书馆开展知识服务的特有属性和功能职责，预测了未来发展方向，提出了高校图书馆知识服务的运行与保障机制。书中还针对高校图书馆运行机制建立过程中可能出现的问题提出了解决建议，以指导知识服务工作顺利开展。

**2. 面向农村信息化的图书馆知识服务**

著（编）者：张会田　　出版社：科学出版社　　出版年：2017

ISBN：978-7-03-052391-4　　页码：255　　中图分类号：G258.23

主要内容：《面向农村信息化的图书馆知识服务》在全面系统分析知识服务基本概念与内涵、知识服务特征与过程、知识服务类型与模式等基本理论以及文献信息机构知识服务能力、服务应用案例的基础上，阐明图书馆面向农村的知识服务的基本特征与内涵，并通过调查与分析农村知识信息需求和知识服务供给的情况，对图书馆农村知识服务体系构建、服务模式设计、服务平台建设、发展运行机制建设提出较为系统、创新的思路、方法与模型框架。

**3. 大数据、知识服务与当代图书馆学**

著（编）者：施强　　出版社：浙江大学出版社　　出版年：2020

ISBN：978-7-308-20338-8　　页码：280　　中图分类号：G250.1-53

主要内容：《大数据、知识服务与当代图书馆学》一书主要简述了我国图书馆精神的研究历程及其含义、内容，通过分析其结构与当代精神缺失，提出加强图书馆制度建设、强化图书馆精神培育并实现图书馆权利；通过对图书馆知识、数据的有效组织、管理与建设，发挥图书馆在社会经济建设中的作用；通过图书馆文化建设，提升图书馆在当代社会中的生存力与服务水平。书中还阐述了社会公众更多关注的是图书馆在社会公共文化领域的服务方式和方法，关注图书馆服务价值取向、图书馆服务的公平性和自由性。正是社会公众的现代公共意识和民主意识的增强，提升了图书馆回馈社会公众以自由、平等阅读权利的速度。

**4. 知识服务探索与实践**

著（编）者：赵颖梅　　出版社：西南交通大学出版社　　出版年：2014

ISBN：978-7-5643-2809-2　　页码：174　　中图分类号：G258.6-53

主要内容：《知识服务探索与实践》一书的主要章节包括图书馆数字技术应用与开发，图书馆知识服务模式、探索及创新，图书馆文化建设，图书馆社会化服务，信息素质教育及其他。

**5. 信息素养与知识服务**

著（编）者：杨守文，孙秀良，郭倩玲等　　出版社：北京邮电大学出版社　　出版年：2011

ISBN：978-7-5635-2834-9　　页码：205　　中图分类号：G201-53;G250-53

主要内容：《信息素养与知识服务》收录了文献检索教学改革与发展、文献检索课程教学与实践、信息与知识服务和信息检索与技术四个方面的内容。

**6. 走向知识管理与知识服务：数字档案馆建设研究**

著（编）者：姚乐野，蔡娜　　出版社：四川人民出版社　　出版年：2010

ISBN：978-7-220-08079-1　　页码：332　　中图分类号：G270.7

主要内容：《走向知识管理与知识服务：数字档案馆建设研究》主要研究了知识管理在档案馆的智慧化应用和实践，开篇介绍了知识管理的概念、原理和实践应用，同时回顾了档案工作数字化的历程和重点工作，通过对多家省市级档案馆调研工作的梳理，提出知识管理背景下智慧化档案馆建设相关内容。

### 7. 知识服务的语义匹配机制研究

著（编）者：黄涛　　　　出版社：华中师范大学出版社　　　　出版年：2015

ISBN：978-7-5622-6933-5　　　　页码：138　　　　中图分类号：G254.0

主要内容：语义是用规范语言定义学科领域基本术语和术语间逻辑关系，使用户检索与系统识别具有统一的语言和格式，便于管理和整合多个知识源内容。《知识服务的语义匹配机制研究》一书共八章，主要介绍了知识服务的语义研究以及资源建模相关内容，试图将语义匹配技术引入知识管理与知识服务，解决用户检索与系统识别语义不统一的问题，帮助用户输入特定的检索内容被系统高效识别后得出与之相关的检索结果，实现更精确的知识检索，同时为用户提供智能精准的资源推荐，实现知识服务效果最大化。

### 8. 知识服务的现在与未来

著（编）者：图书情报工作杂志社　　　　出版社：海洋出版社　　　　出版年：2013

ISBN：978-7-5027-8652-6　　　　页码：297　　　　中图分类号：G252-53

主要内容：《知识服务的现在与未来》精选了《图书情报工作》2009年到2013年初正式发表的精品学术成果，展示了作者对知识服务的研究水平和学术思想，可以推动图书馆知识服务的发展和进步。

### 9. 图书馆知识服务战略研究

著（编）者：初景利，邵正荣　　　　出版社：北京图书馆出版社　　　　出版年：2004

ISBN：978-7-5013-2609-6　　　　页码：265　　　　中图分类号：G252-53

主要内容：《图书馆知识服务战略研究》主要依据"图书馆知识服务研讨会"的研讨成果，收录了专业专家学者对图书馆知识服务的不同研究方向、内容和结论。

### 10. 跨国公司知识管理：理论与实证研究

著（编）者：王清晓　　出版社：经济管理出版社　　出版年：2007

ISBN：978-7-5096-0122-3　　页码：306　　中图分类号：F276.7

主要内容：《跨国公司知识管理：理论与实证研究》一书共八章，在跨国公司异军突起的社会背景下，分析了跨国公司内部的特点，架构了跨国公司知识转移理论，并对100多家代表性跨国公司相关数据进行了收集和整理，采用模型对结果进行了分析，研究了跨国公司知识管理的一般规律。

### 11. 学术出版的知识服务研究

著（编）者：聂静　　出版社：上海科学技术文献出版社　　出版年：2021

ISBN：978-7-5439-8184-3　　页码：228　　中图分类号：G237

主要内容：《学术出版的知识服务研究》是上海高校服务国家重大战略出版工程资助项目之一，该研究从多学科融合发展的角度，尝试构建开放创新的知识服务环境，发挥学术出版的终极价值，努力达到知识流和价值流之间的平衡，增强了学术出版知识服务的可行性和有效性，拓展了知识服务的广度和深度，将知识营销延伸至用户的全谱段知识服务，可以增强用户的沉浸式体验，提升学术出版的核心竞争力。全书通过文献综述、用户分析、模型设计、模型检验、机制与价值研究、路径研究、路径设计等内容，系统阐述了作为专业出版的学术出版如何跑赢数字转型升级赛。全书内容精准、逻辑严谨，具有一定的学术价值和研究价值。

### 12. 知识服务理念下的高校图书馆创新与发展探究

著（编）者：陈雪　　出版社：新华出版社　　出版年：2023

ISBN：978-7-5166-6493-3　　页码：134　　中图分类号：G258.6

主要内容：《知识服务理念下的高校图书馆创新与发展探究》从新形势下高校图书馆发展趋向入手，研究了高校图书馆文化建设与创新、高校图书馆信息服务创新、高校图书馆管理创新以及高校图书馆阅读推广。

### 13. 面向知识服务的知识组织理论与方法

著（编）者：苏新宁等　　出版社：科学出版社　　出版年：2014

ISBN：978-7-03-040220-2　　页码：241　　中图分类号：G358

主要内容：《面向知识服务的知识组织理论与方法》具有研究体系完整、研究目的明确、研究方法科学、数据准确翔实、研究成果丰富等特点，提出知识服务应从知识需求出发并以知识服务的形式和要求为依据，从宏观和微观两个层面探究各类知识组织在技术上的实现与应用，对推动知识服务和知识组织理论的发展具有重要作用，可作为计算机科学、信息管理等学科研究生、高年级本科生的研究读本和教学参考书。

### 14. 高校智慧图书馆知识服务研究

著（编）者：周娜，戴萍　　出版社：中国国际广播出版社　　出版年：2020

ISBN：978-7-5078-4665-2　　页码：266　　中图分类号：G258.6

主要内容：《高校智慧图书馆知识服务研究》通过对高校图书馆知识服务和智慧图书馆知识服务的深入探索，结合高校智慧图书馆的建设现状，进而构建高校智慧图书馆知识服务的支撑体系和服务模式，最后进一步创设了高校智慧图书馆知识服务延伸的实践情景。

### 15. 大数据环境下高校图书馆知识服务模式研究

著（编）者：李敏　　出版社：机械工业出版社　　出版年：2021

ISBN：978-7-111-69139-6　　页码：173　　中图分类号：G258.6

主要内容：《大数据环境下高校图书馆知识服务模式研究》共七章，主要探索了大数据环境下图书馆知识服务的理论与实践重点。大数据技术在图书馆领域的实践与应用推动了图书馆知识服务的发展和演变，引起了相关领域专家和学者的深刻关注。全书在总结国内外研究现状的基础上构建了大数据环境下图书馆知识服务体系，分析了影响知识服务效果的多个因素，总结了高校图书馆知识服务实践中存在的问题并提出了解决方案。

**16. 地质专业知识服务系统建设及其关键技术研究**

著（编）者：宋韦剑，周峰　　出版社：地质出版社　　出版年：2021

ISBN：978-7-116-12216-1　　页码：154　　中图分类号：G252

主要内容：《地质专业知识服务系统建设及其关键技术研究》基于中国地质图书馆馆藏资源，面向地质调查对信息资源的实际需求，结合知识服务的最近技术理念，以研究地质专业知识服务目标及建设为内容，为开展地质调查领域知识服务规划提供参考。同时从地质专业知识资源的获取渠道入手，分析各种知识资源的类型和特征，研究数字资源的聚合模式，构建富含语义关系的地质专业知识关联模型，以期实现知识资源的精细化揭示、深度序化和知识化组织。主要内容包括：面向地质专业知识资源讨论可视化方法和内容，对比关联数据可视化的应用效果；针对馆藏的不同资源类型，研究地质专业知识空间主题的抽取方法，建立其空间化表达方法，并以此为基础详细描述了地质专业知识服务系统建设内容。

**17. 基于知识库的出版知识服务实现**

著（编）者：袁小群，国家新闻出版署语义出版与知识服务重点实验室　　出版社：武汉大学出版社　　出版年：2021

ISBN：978-7-307-22596-1　　页码：289　　中图分类号：G239.2

主要内容：《基于知识库的出版知识服务实现》一书旨在利用信息技术实现个性化定制的出版知识服务，目的是克服数字出版面临的资源利用率低、个性化服务能力不足等问题。全书以数字出版资源为对象，以出版知识服务活动过程中出版内容资源的流动方向为主线，制订出版知识服务内容生产和服务的解决方案，为国内出版企业发展提供指导和借鉴。首先从用户内容消费入手，对用户内容消费需求特性进行分析，并引入知识服务概念，系统分析和阐述出版知识服务相关理论。在此基础上，以出版知识服务内容流通为主线，引入语义技术、数据分析、自然语言处理、生物信息技术、优化理论以及网络通信技术，从出版内容资源管理、出版物动态生成以及服务提供与优化三个角度阐述了实现个性化出版内容定制的技术原理，实现了信息技术对出版流程的再造，是信息技术与出版产业的高度融合，具有重要的学术价值和现实意义。

**18. 图书馆知识整合与知识服务研究：以西部社会科学院图书馆为例**

著（编）者：袁懿，吴新年等　　出版社：社会科学文献出版社　　出版年：2012

ISBN：978-7-5097-3113-0　　页码：309　　中图分类号：G251

主要内容：《图书馆知识整合与知识服务研究：以西部社会科学院图书馆为例》注重将图书馆知识管理的理论与实践相融合，开篇重点介绍了知识的相关理论，以及知识管理、知识服务相关领域的研究现状和发展趋势，在此基础上总结分析了图书馆开展知识管理和知识服务的框架和重点工作，针对西部社会科学院图书馆在应用知识管理的实践中遇到的问题，以及如何有效地满足此类需求开展了系统、深入的研究。

**19. 知识服务模式与创新**

著（编）者：杜也力等　　出版社：北京图书馆出版社　　出版年：2005

ISBN：978-7-5013-2766-1　　页码：279　　中图分类号：G252.6

主要内容：《知识服务模式与创新》论述了知识社会与知识创新、图书馆知识服务、知识服务的创新、知识服务的评价、知识服务的产业化发展方向等内容，汇总了大量国内外关于知识服务的实践，在此基础上总结了知识服务的多种模式及其特点，为相关行业开展和评价知识服务提供了理论支撑。

**20. 图书馆知识管理与知识服务**

著（编）者：卢盛华，李新芬，金建军　　出版社：吉林文史出版社　　出版年：2009

ISBN：978-7-80528-159-9　　页码：344　　中图分类号：G25

主要内容：《图书馆知识管理与知识服务》主要论述了图书馆知识管理与知识服务的相关内容，初步给出了战略实施路线图，勾勒了图书馆知识资源集成组织与检索服务系统平台的总体架构。

**21. 社会网络视觉下的知识服务**

著（编）者：袁莉，赵英　　出版社：四川大学出版社　　出版年：2012

ISBN：978-7-5614-6206-5　　页码：234　　中图分类号：G358

主要内容：《社会网络视觉下的知识服务》从社会网络的视觉对知识服务进行了全面的认识和研究。第一部分介绍了知识服务的相关理论、服务机制和服务工具；第二部分主要介绍了社会网络的相关理论及社会网络分析的应用；第三部分将社会网络从理论研究到实际应用，通过社会网络视觉分析用户的社会网络属性，研究用户的网络结构以及对知识的获取、转移、共享和创新的影响。在上述研究的基础上，提出了基于社会网络的知识服务的系统框架，并结合相关案例进行分析。

**22. 高校图书馆知识服务体系研究**

著（编）者：梁瑞华　　出版社：河南大学出版社　　出版年：2010

ISBN：978-7-5649-0195-0　　页码：421　　中图分类号：G258.6

主要内容：《高校图书馆知识服务体系研究》主要阐述了高校图书馆知识服务和知识管理相关理论和应用，研究了高校图书馆知识服务和知识管理的基本概念与原理、技术支持手段、未来发展方向，针对涉及高校图书馆知识服务的知识管理进行探讨，涵盖多种组织知识管理的价值主张、可行战略和有效方法，分享了如何衡量知识管理效果和实践的案例研究。

**23. 面向创新的图书馆资源建设与知识服务**

著（编）者：姚乐野　　出版社：四川大学出版社　　出版年：2007

ISBN：978-7-5614-3772-8　　页码：679　　中图分类号：G258.6-53

主要内容：该论文集收录了论文 90 余篇。结合数字信息技术和高等教育改革的新形势，从文献资源建设、知识服务、文献信息开发利用、数字图书馆管理改革等多个方面探讨了高校图书馆服务创新、管理创新的相关理论与实践问题。

**24. 数字时代情报学理论与实践：从信息服务走向知识服务**

著（编）者：贺德方等　　　出版社：科学技术文献出版社　　　出版年：2006

ISBN：978-7-5023-5445-9　　　页码：725　　　中图分类号：G358

主要内容：为适应数字化、网络化时代的需要和促进信息服务业、知识服务业的发展，《数字时代情报学理论与实践：从信息服务走向知识服务》从理论与实践相结合的角度全面介绍了信息化社会信息服务走向知识服务的特征、规律及其基本内容，以及信息与知识服务的情报学理论基础与学科建设等。

**25. 出版业知识服务转型之路：知识服务国家标准解读**

著（编）者：魏玉山　　　出版社：社会科学文献出版社　　　出版年：2021

ISBN：978-7-5201-9171-5　　　页码：264　　　中图分类号：G239.2-65

主要内容：《出版业知识服务转型之路：知识服务国家标准解读》阐述了新闻出版知识服务标准体系建设的方法和路径，对标准中的核心条款进行了解读，全方位展示了出版业技术与标准融合的新路径、新探索。全书共八章，第一章对知识服务国家标准的编制背景、目的及意义、技术路线、编制过程和应用情况等进行了整体概述；第二章到第八章分别就知识资源建设与服务工作指南、知识元描述和知识单元描述等多项国家标准，从核心条款、应用案例、应用建议等方面进行了详细解读。

**26. 知识服务视角下的大学出版社融合发展研究**

著（编）者：冯卫东，张明星，李特军等　　　出版社：西南财经大学出版社　　　出版年：2022

ISBN：978-7-5504-5077-6　　　页码：160　　　中图分类号：G239.22

主要内容：《知识服务视角下的大学出版社融合发展研究》立足知识服务的视角，对多家大学出版社进行调研和实践，融合发展中各关联要素内在逻辑关系，构建了大学出版社融合发展内部机制研究的理论框架，结合出版业宏观、微观数据和案例分析，为形成一体化的组织结构和管理机制提供了理论基础和实践建议，同时提供了适合大学出版社的新型知识服务业态模式。

**27. 数字图书馆多粒度集成知识服务理论与实现**

著（编）者：王忠义　　出版社：科学出版社　　出版年：2021

ISBN：978-7-03-068888-0　　页码：225　　中图分类号：G250.76

主要内容：《数字图书馆多粒度集成知识服务理论与实现》采用认知领域的一些新见解，借助知识管理方面的先进技术，以连贯、简洁、可理解的方式描述了数字图书馆多粒度集成知识服务在架构层面的设计原理。该书在撰写过程中广泛吸收了知识服务方面的最新成果，内容自成体系，结构紧凑，具有一定的先进性、系统性和实用性。

**28. 高校图书馆知识服务研究**

著（编）者：曹意，王娟　　出版社：四川大学出版社　　出版年：2018

ISBN：978-7-5690-1904-9　　页码：165　　中图分类号：G258.6

主要内容：《高校图书馆知识服务研究》从知识服务的内涵、知识服务与相关研究领域的关系、知识服务模式、知识服务的服务营销、知识服务的相关技术、知识服务实践工作六个方面综述了国内知识服务研究的现状。知识服务作为提高图书馆服务质量的重要服务方式越来越受到图书馆界的重视，探究图书馆知识服务的特点和知识服务方式可以更好地了解知识服务的内容，提高图书馆知识服务的质量和水平。

**29. 数字图书馆知识服务研究**

著（编）者：麻琳　　出版社：四川大学出版社　　出版年：2018

ISBN：978-7-5690-2315-2　　页码：198　　中图分类号：G632.0-53

主要内容：《数字图书馆知识服务研究》主要研究了数字图书馆知识服务相关

理论和实践，涵盖网络环境下图书馆信息服务的组织与管理、泛在环境下图书馆嵌入式信息服务技术研究、数字图书馆知识服务研究等内容，通过理论对实践的指导作用，取得了一定的创新和思考。

**30. 面向知识服务的科学数据组织研究**

著（编）者：何琳，常颖聪　　出版社：科学出版社　　出版年：2019

ISBN：978-7-03-064066-6　　页码：123　　中图分类号：G202

主要内容：大数据既丰富了知识的内涵，又增添了知识显式化的障碍。对大数据进行数据清洗是最终获取知识的有效途径。由大数据的特点对知识服务重新提出要求，不仅要提高数据的使用价值，还要使数据严密地关联，这些要求一方面通过数据清洗满足数据质量的提高，另一方面容通过清洁数据实现知识服务效率与水平的同步提高。《面向知识服务的科学数据组织研究》共八章，在数据共享现状实践下主要研究了科学数据的收集、管理和组织模式。

**31. 大数据环境下的数字出版知识服务**

著（编）者：郭亚军　　出版社：国家图书馆出版社　　出版年：2020

ISBN：978-7-5013-7051-1　　页码：161　　中图分类号：G237.6

主要内容：《大数据环境下的数字出版知识服务》立足大数据和智能技术充分发展的今天，认为出版行业的发展方向是数字出版领域，对数字出版的内涵和发展进行了界定，研究了数字出版知识服务的发展方向、内容要求和未来展望，对相关领域的研究具有重要的借鉴作用。

**32. "双一流"战略下高校知识服务保障体系建设**

著（编）者：孙会清等　　出版社：吉林大学出版社　　出版年：2020

ISBN：978-7-5692-6043-4　　页码：255　　中图分类号：G252.8

主要内容：《"双一流"战略下高校知识服务保障体系建设》针对完善和优化"双一流"国家发展战略下的高校知识服务保障体系建设进行论述，选取新的知识服务研究和实践视角，梳理国内外知识服务理论的研究现状，并从学科化知识服务、信息素质教育、文化推广保护与传承、空间服务、智慧信息服务五个方面对国内外知识服务实践发展现状进行概括总结，提出"双一流"发展战略下高校知识服务保障体系建设的构建目标、原则、内容和策略，构建和优化"双一流"发展战略下我国高校知识服务保障体系，推动更多高校尽早进入世界一流大学和一流学科建设的队伍和行列。

**33. 数字图书馆知识服务能力评价研究**

著（编）者：李雅　　出版社：吉林文史出版社　　出版年：2018

ISBN：978-7-5472-5721-0　　页码：256　　中图分类号：G250.76

主要内容：《数字图书馆知识服务能力评价研究》主要内容包括数字图书馆的基本概念、产生背景、发展史及与传统图书馆两者之间的比较，分别介绍了数字图书馆自动化系统管理、信息化管理及智能化管理，最后阐述了评价数字图书馆知识服务能力建设的路径和策略。

**34. 图书馆知识服务能力及用户需求研究**

著（编）者：肖艳梅　　出版社：北京日报出版社　　出版年：2018

ISBN：978-7-5477-3001-0　　页码：118　　中图分类号：G252

主要内容：随着图书馆外部环境的深刻变革以及图书馆去中心化、去职业化趋势的加剧，图书馆逐渐加强对用户需求的研究，以用户需求为主要研究内容的论文如雨后春笋般涌现出来，以用户为中心、以用户需求为导向的理念逐渐成为学者们的共识，并在相关研究中发挥着引领思潮的作用。

**35. 数字图书馆知识服务能力体系建设研究**

著者：任萍萍　　出版社：哈尔滨工业大学出版社　　出版年：2019

ISBN：978-7-5603-8295-1　　页码：152　　中图分类号：G250.76

主要内容：数字图书馆和智慧图书馆是图书馆发展的重要阶段，其知识服务能力水平是数字图书馆发展的重要标志。《数字图书馆知识服务能力体系建设研究》以数字图书馆为研究背景，分析了知识服务能力所需要的要素和因子，构建了数字图书馆背景下知识服务能力体系，研究了其发展趋势。

### 36.出版业知识服务转型之路（二）：追踪新技术，探索新应用

著（编）者：张立　　出版社：中国书籍出版社　　出版年：2020

ISBN：978-7-5068-8030-5　　页码：294　　中图分类号：G239.2

主要内容：《出版业知识服务转型之路（二）：追踪新技术，探索新应用》从技术层面详细阐述了国家知识服务平台建设的全过程，从市场层面分析了出版业知识服务平台的应用情况，从产业层面深入探讨了提升我国出版业知识服务水平的对策及路径。

### 37."互联网+"背景下图书情报机构的知识服务理论与实践

著（编）者：周晓光　　出版社：中国农业出版社　　出版年：2018

ISBN：978-7-109-24264-7　　页码：147　　中图分类号：G250

主要内容：《"互联网+"背景下图书情报机构的知识服务理论与实践》主要介绍了"互联网+"背景下图书情报机构知识服务体系的理论问题、模型构建，分析了"互联网+"背景下图书情报机构知识服务体系建设的现状，提出了"互联网+"背景下图书情报机构知识服务需求体系建设、供给体系建设、媒介平台建设及建设对策，最后以实证分析了高校图书馆知识服务体系建设的实践探索。该书的出版对构建"互联网+"背景下图书情报机构知识服务的新兴体系具有重要参考价值。

### 38.图书馆知识服务研究

著（编）者：廖志江等　　出版社：吉林大学出版社　　出版年：2015

ISBN：978-7-5677-3907-9　　页码：250　　中图分类号：G252

主要内容：《图书馆知识服务研究》从知识服务的基本理论出发，系统阐述了知识服务的机制及图书馆知识组织方式，论述了图书馆知识服务的理论、方法、技

术与应用，深入揭示了图书馆知识服务的理论框架和思想，分析了国内外图书馆知识服务的典型案列，是一部系统论述图书馆知识服务理论及应用的集成创新之作。

**39. 出版业知识服务转型之路：国家知识资源服务模式试点研究**

著（编）者：张立　　出版社：社会科学文献出版社　　出版年：2019

ISBN：978-7-5201-4986-0　　页码：865　　中图分类号：G239.2

主要内容：《出版业知识服务转型之路：国家知识资源服务模式试点研究》重点分析总结了出版单位知识服务实践经验，内容涉及国家知识资源服务模式试点工作综述、国家知识资源服务模式试点单位调查问卷分析及应用案例分析、知识服务标准研制情况、国家知识服务门户网站建设情况和试点单位案例等。

**40. 图书馆知识管理与知识服务**

著（编）者：肖芃　　出版社：吉林大学出版社　　出版年：2012

ISBN：978-7-5601-7375-7　　页码：240　　中图分类号：G2

主要内容：《图书馆知识管理与知识服务》探讨了在我国信息技术高质量发展和网络化、数字化环境下，图书馆开展知识管理与知识服务的必要性和可行性，研究了实现知识管理和服务的手段和策略。

**41. 信息可视化在高校图书馆知识服务中的应用研究**

著（编）者：孙莉群　　出版社：吉林出版集团股份有限公司　　出版年：2017

ISBN：978-7-5581-4047-1　　页码：208　　中图分类号：G258.6

主要内容：信息可视化的技术发展突飞猛进，其相关技术也愈加深入，《信息可视化在高校图书馆知识服务中的应用研究》重点研究了信息可视化在图书馆知识服务的应用与实践，介绍了信息可视化的特点、功能和相关技术重点，深入探讨了信息可视化在知识服务中的应用和实践并预判其发展趋势。

## 42. 面向知识服务的信息组织理论与方法

著（编）者：苏新宁　　出版社：科学出版社　　出版年：2014

ISBN：978-7-03-040220-2　　页码：242　　中图分类号：G203

主要内容：知识服务已成为信息社会信息服务领域的趋势和重要特征，有效进行信息组织来满足各类知识服务需要的相关研究更是信息服务领域需要研究的重点。目前，有关信息组织的研究大多处在信息服务这一层面，难以满足知识服务的要求，且有关知识组织的研究也是零散的，尚未形成一定的体系。《面向知识服务的信息组织理论与方法》主要从知识服务的角度出发，研究信息组织的相关理论和方法。

## 43. 知识组织系统构建与知识服务研究

著（编）者：卜书庆　　出版社：国家图书馆出版社　　出版年：2014

ISBN：978-7-5013-5335-4　　页码：219　　中图分类号：G356.6

主要内容：《知识组织系统构建与知识服务研究》综合研究了知识组织系统的构建体系，分析了在知识服务过程中的研究重点和难点，创新性地提出了基于中国分类—主题一体化的知识组织系统，并对该系统的结构、在线服务系统和自动标引服务系统展开了论述，对图书馆知识服务具有较强的实践指导意义。

## 44. 个性化知识服务的实践与技术

著（编）者：汤江　　出版社：科学出版社　　出版年：2012

ISBN：978-7-03-035997-1　　页码：190　　中图分类号：G252-53

主要内容：《个性化知识服务的实践与技术》以知识经济时代及网络信息技术发展为背景，探讨了理论研究与服务探索的实践过程。书中以现阶段我国图书馆界开展个性化知识服务实践和技术发展为主线，跟踪研究国内外图书馆个性化知识服务的实践和技术发展与运用，并对国内外已开展或正在进行的相关研究项目做了案例分析。

### 45. 专业图书情报机构的知识服务创新

著（编）者：中国图书馆学会专业图书馆分会　　出版社：北京图书馆出版社　　出版年：2010

ISBN：978-7-5013-4403-1　　页码：428　　中图分类号：G259.255-53

主要内容：随着新技术、新服务在图书馆行业的应用，专业图书馆的发展实现了跨越式迈步，《专业图书情报机构的知识服务创新》主要收录了专业图书馆发展的相关研究论文88篇，其中信息服务与咨询28篇，文献资源建篇设15篇，学科情报研究7篇，综论17篇，文博系统图书馆数字化建设21篇，对专业图书馆的管理和服务进行了深入的研究。

### 46. 图书馆个性化知识服务发展报告

著（编）者：中国科学院上海生命科学信息中心　　出版社：科学出版社　　出版年：2010

ISBN：978-7-03-026891-4　　页码：194　　中图分类号：G259.2

主要内容：随着数字图书馆和智慧图书馆的发展，读者获取知识的途径不断增多，对图书馆个性化服务提出了更高的要求。《图书馆个性化知识服务发展报告》对近年来图书馆推行和实践的个性化知识服务内容进行阐述，汇总了相关图书馆实践个性化知识服务的案例，分析在实践中遇到的困难和挑战并提出应对措施。

### 47. 智能城市建设中的知识管理与知识服务研究

著（编）者：陈婧　　出版社：人民邮电出版社　　出版年：2015

ISBN：978-7-115-39703-4　　页码：228　　中图分类号：G302

主要内容：《智能城市建设中的知识管理与知识服务研究》将文献调查、社会调研与现实问题的分析相结合，对智能城市建设中的知识资源利用障碍、各种组织的知识行为及知识需求进行了阐述与剖析，在分析知识在智能城市建设中的作用机制的基础上提出智能城市的知识服务方案，并搭建了智能城市的知识服务平台。

## 48. 高职院校学科馆员与图书馆知识服务理论与实践

著（编）者：徐端娥　　　出版社：北京理工大学出版社　　出版年：2014

ISBN：978-7-5640-9560-4　　　页码：186　　中图分类号：G258.6

主要内容：《高职院校学科馆员与图书馆知识服务理论与实践》主要是针对高职图书馆服务建设系统性不强的事实，立足加强图书馆内部管理，调动馆员积极性，通过优化图书馆服务内容和层次，调整服务方式方法，提高服务者素质等办法，进一步优化图书馆资源，改善服务效果，对高职图书馆建设具有指导意义。

## 49. 走向知识服务：21世纪中国学术信息服务的挑战与发展

著（编）者：张晓林　　　出版社：四川大学出版社　　出版年：2002

ISBN：978-7-5614-2243-4　　　页码：386　　中图分类号：G358

主要内容：《走向知识服务：21世纪中国学术信息服务的挑战与发展》是国家社科规划基金九五青年课题研究成果，对21世纪中古学术信息服务展开研究，探索了中国学术信息服务的内容、职能和意义，分析了中国学术信息服务的困境和不足，同时提出解决方案，以推动中国学术信息服务向知识服务的方向迅速发展。

## 50. 知识管理与实践

著（编）者：刘畅　　　出版社：吉林人民出版社　　出版年：2021

ISBN：978-7-206-18588-5　　　页码：115　　中图分类号：G302-49

主要内容：《知识管理与实践》分为知识管理概论和交互记忆系统两部分，涵盖知识管理的基本理论、知识管理的主要活动、交互记忆系统、交互记忆系统实证研究、实证研究结论、研究意义、知识管理模型构建七章内容。

## 51. 高校知识管理体系创新研究

著（编）者：谢保生　　　出版社：吉林文史出版社　　出版年：2020

ISBN：978-7-5472-7206-0　　　页码：162　　中图分类号：G644

主要内容：《高校知识管理体系创新研究》重点研究了高校知识管理体系的创建，结合高校应用知识管理相关流程的环节和特点提出与高校知识管理体系相关的因素和层级关系，创新性构建了体系框架，模拟了高校知识管理体系运行模式和管理机制，优化了高校知识管理流程，提高了知识管理效率。

**52. 图书馆知识管理与服务研究**

著（编）者：杨秀臻　　出版社：天津科学技术出版社　　出版年：2019

ISBN：978-7-5576-5635-5　　页码：190　　中图分类号：G251

主要内容：《图书馆知识管理与服务研究》一书介绍了图书馆知识管理的概念、内涵和外延，研究了图书馆知识管理相关流程和环节，重点提出了图书馆知识管理的绩效评价机制，对优化和完善图书馆知识管理具有重要的借鉴意义。该书精选了图书馆知识服务相关案例，推动了图书馆知识管理和服务实践活动。

**53. 数字图书馆动态知识管理研究**

著（编）者：周义刚　　出版社：中国书籍出版社　　出版年：2019

ISBN：978-7-5068-7067-2　　页码：201　　中图分类号：G250.76

主要内容：动态知识是数字图书馆工作的显著特点，它会随着数字图书馆的运行和发展调整、修正和完善知识。《数字图书馆动态知识管理研究》一书在分析研究数字图书馆运行机制的基础上，整理了与数字图书馆相关的动态知识，提出基本本体分子的动态知识管理方案，同时围绕目前已有的案例展开了深入的研究。

**54. 知识管理的理论与实践**

著（编）者：李华伟，董小英，左美云　　出版社：华艺出版社　　出版年：2002

ISBN：978-7-80142-369-6　　页码：472　　中图分类号：G250-51

主要内容：该书属"21世纪图书馆学丛书"，共分为两编十四章，第一编是知识管理的理论探索，包括知识管理产生的背景与需求、知识管理的研究现状综述等六章内容；第二编为知识管理的应用与实践，包括知识管理战略与激励机制设计等八章内容，对知识管理的理论、价值和实践探索进行了深入研究。

**55. 知识管理**

著（编）者：企业档案信息化战略研究课题组　　出版社：广东人民出版社　　出版年：2010

ISBN：978-7-218-06607-3　　页码：155　　中图分类号：G275.9-39

主要内容：该书是广东省档案局立项并资助的科技项目——"企业档案信息化战略研究"课题的主要研究成果，分析了企业档案信息化战略的实施背景，创新性地提出将知识管理引入企业档案信息化的全流程，并对实施过程进行深入探究。

**56. 知识管理技术与应用**

著（编）者：李海生　　出版社：北京邮电大学出版社　　出版年：2012

ISBN：978-7-5635-2916-2　　页码：253　　中图分类号：G302

主要内容：《知识管理技术与应用》主要从计算机科学技术和知识管理IT实现的角度，系统介绍了利用信息技术和人工智能的相关理论进行知识处理和实现知识管理系统的相关技术，主要内容包括知识管理概述、知识管理技术基础、知识获取、概念相似度计算、知识检索、知识服务工作流、知识网格、知识管理平台、企业信息化和知识管理以及产品设计知识管理等。

**57. 走向知识管理与知识服务：数字档案馆建设研究**

著（编）者：姚乐野，蔡娜　　出版社：四川人民出版社　　出版年：2010

ISBN：978-7-220-08079-1　　页码：332　　中图分类号：G270.7

主要内容：《走向知识管理与知识服务：数字档案馆建设研究》是教育部社科研究规划基金项目成果，阐释了知识管理的基本理论和主要应用范畴，回顾并展望了数字档案馆的发展历程和趋势。

第九章　图书馆知识管理文献提要

**58. 学校知识管理**

著（编）者：骆玲芳　　　出版社：北京理工大学出版社　　出版年：2010

ISBN：978-7-5640-3548-8　　　页码：165　　中图分类号：G47

主要内容：《学校知识管理》主要包括新世纪新探索、学校知识管理的方法论、知识管理下的学校制度和文化、激励教师创新知识的路径、促进教师共享知识的方法、推动教师应用知识的激励措施等相关内容。

**59. 知识管理与图书馆服务**

著（编）者：李玉梅等　　　出版社：天津人民出版社　　出版年：2009

ISBN：978-7-201-05799-6　　　页码：346　　中图分类号：G25

主要内容：知识管理是提升图书馆服务质量的创新管理方式，《知识管理与图书馆服务》首先研究了知识管理的概念、发展历程以及图书馆运行知识管理的必要性与重要性，同时提出了图书馆服务应用知识管理的模式、运行方式和管理方法等，对提升图书馆服务质量和管理效率具有实践意义。

**60. 信息管理与知识管理**

著（编）者：周九常　　　出版社：大众文艺出版社　　出版年：2004

ISBN：978-7-80171-432-6　　　页码：398　　中图分类号：G203

主要内容：《信息管理与知识管理》共分为信息管理与知识管理两部分，信息管理与知识管理之间存在着千丝万缕的联系，信息管理是知识管理的基础阶段，知识管理是信息管理的发展和完善。该书在对信息管理的概念、职能、特征、作用研究的基础上提出了知识管理的相关内容和环节，为读者厘清这二者之间的关系从而更好应用知识管理和信息管理起到了重要作用。

**61. 知识管理与学校发展**

著（编）者：易凌峰　杨向谊　　出版社：天津教育出版社　　出版年：2006

ISBN：978-7-5309-4524-7　　　页码：164　　　中图分类号：G47

主要内容：《知识管理与学校发展》是2004年上海市教育科学规划课题"基于知识管理的校本教学研究机制的建构"的科研成果，简明表述了现代知识管理的基本理论，分析了在学校发展中的实践案例，对学校管理者有一定的启发意义。

**62. 印刷传播知识管理**

著（编）者：张志林　　　出版社：中国书籍出版社　　　出版年：2004

ISBN：978-7-5068-1250-4　　　页码：277　　　中图分类号：G206

主要内容：印刷传播是传播学领域的重要概念和研究方向，印刷传播是传播方式的方式之一，在以印刷为主要知识载体的时代更是知识传播的主要途径。《印刷传播知识管理》一书共九章，分别阐述了印刷传播知识管理的概念，回溯了其发展脉络，构建了印刷传播知识管理的体系，介绍了知识管理的重要技术支持，研究了知识分享的过程和方式，是传播学专业学生和研究人员不可多得的研究传播知识管理的图书。

**63. 知识管理与现代远程教育发展研究**

著（编）者：李兵　　　出版社：广西人民出版社　　　出版年：2014

ISBN：978-7-219-09154-8　　　页码：259　　　中图分类号：G729.2

主要内容：《知识管理与现代远程教育发展研究》以现代远程教育和终身教育的发展为实践基础，通过对现代远程教育的学习理论进行梳理，并与关联主义学习理论进行比较、反思和借鉴，讨论了在知识管理理论视角下对现代远程教育的认识与反思，提出并进一步发展了"双主体学习论"。

**64. 图书馆知识管理理论与实践研究**

著（编）者：李清　　　出版社：沈阳出版社　　　出版年：2012

ISBN：978-7-5441-5029-3　　　页码：252　　　中图分类号：G251

主要内容：《图书馆知识管理理论与实践研究》是作者在长期从事图书馆管理

工作的基础上对图书馆知识管理理论与实践的探索研究，进一步分析了知识管理与数字图书馆的关系，对知识管理与图书馆文化创新作了理论探索。通过对图书馆知识管理案例的分析，提出了知识管理与图书馆馆员终身教育密不可分的研究观点，进而探索了图书馆知识管理的模式与实施策略。

### 65. 图书馆知识管理理论与实践

著（编）者：刘传和，陈界　　出版社：海洋出版社　　出版年：2007

ISBN：978-7-5027-6908-6　　页码：199　　中图分类号：G251

主要内容：《图书馆知识管理理论与实践》共分为两大部分，分别介绍了图书馆知识管理的理论和实践案例。在知识管理的理论部分，介绍了知识管理的概念和特点，回溯了知识管理的发展历程，构建了图书馆知识管理相关环节和重要因素；在实践案例部分，主要汇总了图书馆知识管理的相关案例，为理论部分起到了重要的支撑作用。

### 66. 档案馆知识管理研究

著（编）者：伍振华　　出版社：中国文联出版社　　出版年：2003

ISBN：978-7-5059-4368-1　　页码：259　　中图分类号：G271

主要内容：《档案馆知识管理研究》重点研究了知识管理在档案馆学科领域的应用和实践案例，介绍了知识管理的概念、特点、职能和作用，构建了档案馆应用知识管理的体系和流程，同时分析了档案馆知识管理的评价机制，以及通过绩效评价的方式评估档案馆知识管理效果的路径和策略。该书还列举了档案馆应用知识管理的相关案例，对今后档案馆领域应用知识管理研究具有重要的借鉴作用。

### 67. 知识管理与服务策略研究

著（编）者：宛福成，于丽娜等　　出版社：延边大学出版社　　出版年：2002

ISBN：978-7-5634-1780-X　　页码：225　　中图分类号：G302

主要内容：《知识管理与服务策略研究》重点研究了知识管理与知识管理应用的服务策略两大部分。知识管理是近年来较为热门的研究方向，知识管理的应用可以大大提高管理的水平和工作效率。该书在对知识管理理论内容介绍的基础上提出完善服务策略的观点，并以此为依据展开论述，对提高服务质量和用户满意度具有重要作用。

**68. 上海教育资源库知识管理研究**

著（编）者：王民　　　出版社：上海交通大学出版社　　　出版年：2009

ISBN：978-7-313-05609-2　　　页码：222　　　中图分类号：G434

主要内容：《上海教育资源库知识管理研究》从国内教育资源库的现状及发展趋势入手，研究了上海教育资源库的目标定位、资源建设模式、软件平台建设模式、推广应用模式、管理运营模式等相关内容，可供有关工作人员和研究人员阅读。

**69. 知识管理在科研网络及企业中的应用研究**

著（编）者：刘璇，张朋柱　　　出版社：上海交通大学出版社　　　出版年：2015

ISBN：978-7-313-14316-7　　　页码：247　　　中图分类号：G302

主要内容：《知识管理在科研网络及企业中的应用研究》共分为上下两编，重点介绍了知识管理的应用研究。上编主要研究了知识管理在科研网络中的应用，创造性地提出了科研网络的概念，并以科研要素为网络节点对科研系统的知识分散和分享进行了深入的研究；下编研究了知识管理在企业中的应用，发展和知识共享的相关理论。

**70. 知识管理视阈下的教师专业发展**

著（编）者：任英杰　　　出版社：东北大学出版社　　　出版年：2009

ISBN：978-7-81102-660-3　　　页码：302　　　中图分类号：G451.2

主要内容：教师专业的发展和业务水平的提高是备受教师群体关注的研究领域，在知识管理时代如何更好地对教师专业的发展进行规划变得尤为重要。《知识管理视阈下的教师专业发展》抓住了知识管理时代教师专业发展的关键因素，介绍了教师专业发展所应用的网络技术手段，重点分析了与教师专业发展有关的研究方法，推动了该研究领域的创新。

### 71. 战略管理过程视角的知识管理评价体系研究

著（编）者：张瑞红　　出版社：新华出版社　　出版年：2015

ISBN：978-7-5166-2135-6　　页码：182　　中图分类号：G302

主要内容：《战略管理过程视角的知识管理评价体系研究》注重对知识管理过程和结果的评价机制，在战略管理理论的基础上引入了对过程的评价，将过程评价与结果评价综合评判，形成对知识管理体系更为完整和全面的认知。

### 72. 北京知识管理研究报告（2008）

著（编）者：葛新权　　出版社：方志出版社　　出版年：2008

ISBN：978-7-80238-434-7　　页码：283　　中图分类号：G322.71

主要内容：《北京知识管理研究报告（2008）》收录了2007年北京知识管理研究基地的重要研究成果，分为理论篇、应用篇、实践篇、创新篇四个篇章。

### 73. 知识管理战略的影响因素及实施后果研究

著（编）者：杜维　　出版社：西南交通大学出版社　　出版年：2011

ISBN：978-7-5643-1100-1　　页码：172　　中图分类号：G302

主要内容：《知识管理战略的影响因素及实施后果研究》主要内容包括文献综述、理论模型与假设、量表开发与检验、数据分析与模型检验、模型差异性分析等。

### 74. 数字化时代的个人知识管理

著（编）者：李奕　　出版社：吉林人民出版社　　出版年：2006

ISBN：978-7-206-04991-5　　页码：192　　中图分类号：G302

主要内容：数字化时代的来临加快了知识裂变，极大丰富了知识工作者可以选择的范围和数量。《数字化时代的个人知识管理》研究了在数字化时代对个人知识进行优化管理的内容和方法，介绍了知识工作者对个人知识进行管理所使用的技术工具，帮助知识工作者系统地管理和应用所拥有的知识，加快知识创新和发展。

**75. 企业档案知识管理模式：基于双向视角的研究**

著（编）者：徐拥军　　　出版社：中国档案出版社　　出版年：2009

ISBN：978-7-5105-0020-6　　页码：217　　中图分类号：G275.9

主要内容：《企业档案知识管理模式：基于双向视角的研究》属"当代档案学理论丛书"，研究了当代企业档案管理的相关内容，分别从当代企业视角和知识管理视角对企业档案知识管理进行了研究，分析了企业档案管理和知识管理面临的弊端和困境并深挖其原因，同时结合二者具有的共性和特性构建了企业档案知识管理的工作模式。

**76. 基于知识管理和生态学的信息系统项目管理**

著（编）者：安红昌　　　出版社：中国工人出版社　　出版年：2009

ISBN：978-7-5008-4515-7　　页码：238　　中图分类号：G202

主要内容：《基于知识管理和生态学的信息系统项目管理》分为信息系统项目管理、信息系统项目管理和知识管理、信息系统项目管理和生态学三部分，分别介绍了项目管理的概念、特点、发展阶段以及知识管理、生态学的基础理论，深入研究了基于信息系统项目管理的知识管理和生态学观点，同时汇总了相关实证案例。

**77. 知识管理与数字图书馆建设研究**

著（编）者：龚胜泉，汪红军　　出版社：四川大学出版社　　出版年：2014

ISBN：978-7-5614-7556-0　　页码：348　　中图分类号：G250.76

主要内容：《知识管理与数字图书馆建设研究》研究了知识管理背景下数字图

书馆建设相关内容，介绍了知识与知识管理的概念、研究和应用，对数字图书馆应用知识管理理论进行深入研讨，重点介绍了知识管理的理论、方法和技术在数字图书馆的应用，提出了知识管理背景下数字图书馆的构建策略和系统解决方案。

**78. 知识管理思想史**

著（编）者：孙立新　　出版社：企业管理出版社　　出版年：2022

ISBN：978-7-5164-2578-7　　页码：326　　中图分类号：G302-091

主要内容：古为今用，洋为中用，践行当下，引领未来。《知识管理思想史》以思想纲要、思想渊源和思想贡献为目的，纲举目张，从宏观到微观、时间到空间、整体到局部、共性到特殊性的视角深入挖掘知识管理的思想。

**79. 数字图书馆知识管理研究**

著（编）者：皇甫娟　　出版社：中国书籍出版社　　出版年：2022

ISBN：978-7-5068-9046-5　　页码：210　　中图分类号：G250.76

主要内容：《数字图书馆知识管理研究》是理论与实践并重的研究成果，介绍了数字时代图书馆应用知识管理的相关研究和实践应用，重点讨论了数字图书馆应用知识管理在资源、用户、馆员方面的特点和职能，同时分析了应用知识管理的相关技术和方法以及实践案例、管理策略。

**80. 在共享中求发展：知识管理视野下教师知识共享机制的校本构建**

著（编）者：滕平，杨向谊，朱海燕等　　出版社：上海社会科学院出版社　　出版年：2009

ISBN：978-7-80745-320-8　　页码：193　　中图分类号：G622.0

主要内容：《在共享中求发展：知识管理视野下教师知识共享机制的校本构建》是上海市徐汇区教师团体共同智慧的结晶。随着信息技术的更新换代，教师获取知识的途径更加多样化，为了达到更好的教学效果，徐汇区的教师团体提出了在知识管理的背景下，以支持共享的方式构建校本联合体，共同开展课程研究。基于此，该书重点研究了相关的概念理论框架体系和实践经验。

**81. 知识管理学科的兴起、理论发展与体系构建研究**

著（编）者：储节旺，郭春侠　　出版社：安徽大学出版社　　出版年：2014

ISBN：978-7-5664-0207-3　　页码：306　　中图分类号：G302

主要内容：《知识管理学科的兴起、理论发展与体系构建研究》共八章，分别概述了知识管理研究的国内外现状，以及研究内容、学术流派、研究成果等相关内容，尤其对知识管理研究的内容体系进行了深入探讨，提出了许多不乏见解的设想，具有很高的研究价值，对知识管理学发展具有一定的影响力。

**82. 教师知识管理**

著（编）者：陈列　　出版社：东北师范大学出版社　　出版年：2020

ISBN：978-7-5681-7066-6　　页码：208　　中图分类号：G645.12

主要内容：教师知识管理是教师实现专业发展的有效路径之一。《教师知识管理》通过对不同发展阶段教师的日常教学工作的典型案例的分析，尤其是通过对优秀教师成长生活史的考察，以及对教师教学实践中教学案例的分析，揭示了教师知识管理在专家型教师成长中的重要作用，探讨了教师如何通过有效的知识管理过程，实现对教师专业发展具有可持续发展意义的、具有可操作性的教师专业发展的策略与方法。

**83. 大规模协同知识管理**

著（编）者：朝乐门　　出版社：国家图书馆出版社　　出版年：2014

ISBN：978-7-5013-5436-8　　页码：239　　中图分类号：G302

主要内容：《大规模协同知识管理》为国家社科基金后期资助项目成果。研究"大规模协同知识管理"这一前沿性课题，在语义 Web 背景下研究知识处理方法，从文献分析、比较研究、归纳推理、演绎推理和案例分析多个角度对知识是处理的技术、特征、方法及其实现框架进行全面探讨，为构建网络环境下开放的知识生态系统提供理论依据。

**84. 基于知识管理的组织变革研究**

著（编）者：张熙　　出版社：知识产权出版社　　出版年：2021

ISBN：978-7-5130-7654-8　　页码：253　　中图分类号：G311

主要内容：《基于知识管理的组织变革研究》以一个不得不开始变革的研究组织即J组织为对象，试图还原该组织当时面临的困境，追溯其基于知识管理进行的战略转型，描述其逐渐从不得不变革到主动选择变革的历程，讨论组织的战略定位、相关影响因素、隐性知识如何成为显性知识、个人与团队的关系等命题，形成了"知识流"三阶段、组织变革战略地图等模型，勾勒出不同时期的组织结构图，简述了知识型员工成长等机制的形成。

**85. 图书馆知识管理与服务研究**

著（编）者：盛剑锋　　出版社：科学出版社　　出版年：2012

ISBN：978-7-03-034804-3　　页码：245　　中图分类号：G251;G252

主要内容：《图书馆知识管理与服务研究》是专门系统地论述和指导图书馆应用知识管理与服务的著作，对图书馆知识管理的概念、内容、特征、目标和实施策略与方法进行了大量的探讨，取得了一定数量的有意义的成果并应用于图书馆管理实践，大大提高了图书馆的服务效率、服务层次与服务水平。

**86. 智能知识管理：基本理论及其拓展**

著（编）者：张玲玲，石勇，朱正祥等　　出版社：科学出版社　　出版年：2015

ISBN：978-7-03-042337-5　　页码：212　　中图分类号：G302-39

主要内容：《智能知识管理：基本理论及其拓展》是众多科研人员科研成果的结晶。多年来，该书的作者一直从事基于最优化的数据挖掘，对知识管理进行了深入的研究。全书共七章，主要阐述了智能知识管理提出的应用和研究背景以及作者对于智能知识管理的一些主要观点。

### 87. 面向语义 Web 的知识管理技术

著（编）者：漆桂林，黄智生，杜剑峰等　　出版社：高等教育出版社　　出版年：2015

ISBN：978-7-04-043700-3　　页码：179　　中图分类号：G302-39

主要内容：《面向语义 Web 的知识管理技术》比较详细地介绍了描写语义 Web 的知识管理技术，并对未来发展进行了展望。

### 88. 传媒知识管理

著（编）者：汤书昆　　出版社：科学出版社　　出版年：2007

ISBN：978-7-03-020100-3　　页码：241　　中图分类号：G206.2

主要内容：《传媒知识管理》是将知识管理与传媒理论进行融合研究所形成的成果。该书共八章，分别介绍了知识管理的概念和发展脉络，以及传媒领域的基本理论，创新性地研究了传媒理论知识管理的相关概念、理论框架以及评价指标，探讨了在传媒领域应用知识管理方法实践的经验和教训，并提出了进行优化和改进的相关建议。

### 89. 高校学科知识管理与发现研究

著（编）者：王伟赟　　出版社：电子工业出版社　　出版年：2014

ISBN：978-7-121-23687-7　　页码：214　　中图分类号：G644

主要内容：《高校学科知识管理与发现研究》共六章，介绍了国内外知识管理、知识服务和知识发现的现有理论成果，对高校学科知识管理进行了深入的研究，系统分析了高校学科知识管理的基本概念、特点、分类和应用，同时推荐了在高校学科知识管理中应用较为广泛的知识地图、Web 语义分析、数据挖掘等信息技术手段，构建了高效学科知识管理发现平台，对相关领域的研究具有重要的借鉴作用。

### 90. 文献计量分析的知识管理学科规范研究

著（编）者：储节旺，郭春侠　　出版社：中国社会科学出版社　　出版年：2015

ISBN：978-7-5161-6764-9　　页码：202　　中图分类号：G250.252

主要内容：《文献计量分析的知识管理学科规范研究》主要回答了五个重要问题。知识管理作为一门新兴学科是否已经存在？知识管理有哪些核心概念，其内涵是什么？知识管理的主流研究方法有哪些？知识管理的规范体系是什么？如何推进知识管理教育并确定标准的课程体系。

### 91. 情境知识管理决策研究：市场预测 & 图书馆

著（编）者：刘小锋，罗平，张军华等　　出版社：经济管理出版社　　出版年：2013

ISBN：978-7-5096-2622-1　　页码：411　　中图分类号：G251

主要内容：《情境知识管理决策研究：市场预测 & 图书馆》共有三部分：第一部分主要介绍图书馆情境以及情境知识预测的基本概念、重要理论和主要预测方法；第二部分重点介绍图书馆和情境知识决策的基本理论、图书馆市场知识建模及其主要决策方法；第三部分重点介绍情境知识管理以及关键技术与应用。

### 92. 科学 2.0 时代科研人员学术交流行为研究

著（编）者：李晶　　出版社：武汉大学出版社　　出版年：2021

ISBN：978-7-307-22710-1　　页码：214　　中图分类号：G321.5

主要内容：《科学 2.0 时代科研人员学术交流行为研究》以科学 2.0 时代科研人员的学术交流行为规律为研究对象，从学术交流行为概念、学术交流行为过程与模式、用户的学术信息需求、学术交流平台及特征、科研用户对学术交流平台的使用现状调查、未来学术交流行为的演进与优化等方面进行阐述，注重将学术交流的主体与客体特征相结合，同时将技术变革和推动影响纳入考虑范围，以期全面展现由技术驱动的科研用户学术交流行为的协同演进过程，可作为图书情报学专业研究人员的理论工具书。

### 93. 卓越学术文库：产业共性技术协同研发的知识管理流程研究

著（编）者：刘洪民　　出版社：郑州大学出版社　　出版年：2015

ISBN：978-7-5645-2320-6　　页码：184　　中图分类号：G302

主要内容：《卓越学术文库：产业共性技术协同研发的知识管理流程研究》创新性地将产业共性技术研发、协同创新和知识管理三个领域纳入一个框架下进行研究，对产学研多主体协同研发下的产业共性技术知识管理流程和影响因素进行了深入研究，建立了产业共性技术协同研发知识管理流程的有关理论模型，并构建了相应的绩效评价指标体系，分析了协同创新背景下我国知识管理流程。

### 94. 夏书章著作选辑：知识管理导论

著（编）者：夏书章　　出版社：中山大学出版社　　出版年：2017

ISBN：978-7-306-06179-9　　页码：304　　中图分类号：G302

主要内容：《夏书章著作选辑：知识管理导论》共分"引论""总论""分论""专论"四个部分，重点阐明实施知识管理必须得到公共管理的配合和支持、知识管理在中国应当受到重视，以求能够更及时和有效地发挥后发优势，从而促进可持续发展和全面建设小康社会，开创中国特色社会主义事业新局面。

### 95. 基于 T-M-E 知识维度模型的组织知识管理研究

著（编）者：李海波　　出版社：山东大学出版社　　出版年：2020

ISBN：978-7-5607-6679-9　　页码：138　　中图分类号：G302

主要内容：T-M-E 知识维度模型是以哈马贝斯知识论为依据提出的创新研究方式，T 代表了技术性知识，M 代表了管理性知识，E 代表了伦理性知识。《基于 T-M-E 知识维度模型的组织知识管理研究》共六章，以基于 T-M-E 知识维度模型的角度深入研究了组织知识管理的框架、流程和评价机制，分析了相关应用案例，是相关学科研究的重要参考。

### 96. 高校协同创新的知识管理

著（编）者：樊平军　　出版社：东北大学出版社　　出版年：2016

ISBN：978-7-5517-1390-0　　页码：172　　中图分类号：G644

主要内容：目前，我国高校已经开始有意识地引入知识管理理念和方法，并且取得了一定的成效。《高校协同创新的知识管理》在学习和借鉴国内外相关研究成果的基础上，吸纳了有关知识管理的最新实践成果，同时考虑到国内知识管理研究现状和发展趋势，以知识管理理论为指导，系统论述了高校知识管理与协同创新的内在联系及高校协同创新的治理系统。高校协同创新是目前我国高等教育领域的热点话题，知识管理是目前管理学领域追踪的热点学术领域，该书以知识管理的视角审视高校协同创新的管理，具有较强的学术意义和实践意义。

### 97. 2015北京知识管理研究报告

著（编）者：葛新权　　出版社：知识产权出版社　　出版年：2016

ISBN：978-7-5130-4637-4　　页码：244　　中图分类号：G322.71

主要内容：《2015北京知识管理研究报告》在知识管理方面的研究包括产业集群知识创新系统及失效及治理、协同知识管理实践、基于领域本体知识库的专业搜索引擎查询推荐算法、基于生命周期的联盟企业网络能力评价、基于因子分析的制造业员工工作价值观量表等。

### 98. 大学隐性知识管理研究

著（编）者：杨靖，王震，杨双琪等　　出版社：河北大学出版社　　出版年：2015

ISBN：978-7-5666-0355-5　　页码：277　　中图分类号：G647

主要内容：《大学隐性知识管理研究》针对大学知识管理特别是隐性知识管理意识淡薄、水平较低的现状，对大学隐性知识的相关问题进行了论述。该书是国内首部系统论述大学隐性知识管理问题的著作，对在大学中普及隐性知识理念、改进隐性知识管理以提高教学、科研工作水平和人才培养质量具有指导和借鉴价值。

### 99. 图书馆知识管理

著（编）者：刘贵琴　　　出版社：安徽大学出版社　　出版年：2007

ISBN：978-7-81110-256-7　　　页码：250　　中图分类号：G251

主要内容：《图书馆知识管理》共八章，研究了知识管理与图书馆文献与业务管理的关系、图书馆知识管理的创新服务方式、数字环境下知识管理的应用和人本管理等，分析了在应用知识管理过程中，图书馆如何采取激励措施更好发挥馆员的主观能动性，做好知识服务的同时深入贯彻终身学习的理念，介绍了国外图书馆应用知识管理的案例和相关经验。

### 100. 图书馆知识管理研究

著（编）者：柯平　　　出版社：北京图书馆出版社　　出版年：2006

ISBN：978-7-5013-3167-7　　　页码：477　　中图分类号：G251

主要内容：《图书馆知识管理研究》共十章，分别研究了知识管理基础理论以及知识管理在图书馆的创新应用与发展。柯平教授认为知识管理发展到了第二代知识管理阶段，这一阶段的知识管理更具有实践应用价值，分析了图书馆知识资本管理和战略知识管理，提出了应用知识管理的模式，创新性地构建了宏观和微观图书馆学体系。

### 101. 媒体知识管理

著（编）者：程小萍　　　出版社：光明日报出版社　　出版年：2007

ISBN：978-7-80206-432-5　　　页码：275　　中图分类号：G206.2

主要内容：《媒体知识管理》共九章，融合了媒体基础知识和知识管理相关理论综合研究，将知识管理相关理论引入媒体运营和品牌管理是该书的一大亮点，创新性地提出了媒体知识核心竞争力的概念和评价办法，论述了基于知识创新的媒体运营和管理相关案例，并对媒体知识管理的未来发展进行了展望。

### 102. 数字图书馆知识管理

著（编）者：肖芃　　出版社：吉林大学出版社；Pearson Education 出版集团　　出版年：2004

ISBN：978-7-5601-2716-9　　页码：202　　中图分类号：G250.76

主要内容：《数字图书馆知识管理》是基于数字图书馆环境下知识管理的相关理论研究。数字图书馆是图书馆发展的数字化阶段，随着电子资源和电子设备在图书馆的大规模应用，图书馆的服务内容和职能定位发生了重要变化，将知识管理引入数字图书馆业务管理和服务，可以更好地满足读者的支持需求，实现图书馆的可持续发展。

### 103. 现代图书馆知识管理

著（编）者：张兵　　出版社：知识产权出版社　　出版年：2008

ISBN：978-7-80247-185-6　　页码：309　　中图分类号：G251

主要内容：《现代图书馆知识管理》共九章，结合现在图书馆的特点以及知识管理理论展开研究，探索了将知识管理引入图书馆文化创新、人力资源管理等领域的创新性做法，是一本应用性较强的理论研究图书。

### 104. 图书馆知识管理引论

著（编）者：盛小平　　出版社：海洋出版社　　出版年：2007

ISBN：978-7-5027-6738-9　　页码：178　　中图分类号：G251

主要内容：《图书馆知识管理引论》对图书馆知识管理展开系统研究，回顾了图书馆知识管理的发展历程，研究了图书馆知识管理的相关流程和环节，对其中的重点要素和环节进行了分析，提出了对图书馆知识管理进行绩效评价的概念，分析了相关实践案例的优点和不足，同时提出了改进方案。

### 105. 图书馆知识管理与知识服务

著（编）者：卢盛华，李新芬，金建军　　出版社：吉林文史出版社　　出版年：

2009

ISBN：978-7-80528-159-9　　　页码：344　　　中图分类号：G25

主要内容：《图书馆知识管理与知识服务》是一本理论与实践并重的研究专著。该书对图书馆知识管理与服务两部分内容展开研究，介绍了图书馆知识管理的概念、意义、职能等基本理论，精选了图书馆知识服务相关实践活动，对图书馆知识管理与实践服务具有理论指导作用。

**106. 北京知识管理研究报告（2012）**

著（编）者：刘伟等　　　出版社：方志出版社　　　出版年：2013

ISBN：978-7-5144-0863-8　　　页码：141　　　中图分类号：G322.71

主要内容：《北京知识管理研究报告（2012）》，主要分为北京地区高校大学生就业现状分析、实验经济学的基础理论、大学生就业实验经济学实验设计、大学生就业实验经济学实验设计、大学生就业实验经济学实验结果分析、北京地区大学生就业政策研究五个部分，深入研究了影响大学生就业能力的关键因素，并提出相关建议。

**107. 北京知识管理研究报告（2010）**

著（编）者：葛新权　　　出版社：方志出版社　　　出版年：2011

ISBN：978-7-5144-0051-9　　　页码：241　　　中图分类号：G322.71

主要内容：《北京知识管理研究报告（2010）》是北京市重点建设学科管理科学与工程、企业管理、数量经济学建设项目和北京知识管理研究基地资助，由北京大学经济管理学院院长葛新权老师主编，收录了在北京市哲学社会科学规划办公室和北京市教委组织第三批研究基地第一期（2007—2009）建设工作验收中取得的优秀成绩。内容分为知识管理应用、产学研联盟研究、高校知识创新体系、北京地区高校大学生就业的实验经济学分析四部分。

**108. 基于知识管理的大学核心竞争力研究**

著（编）者：韩锦标　　　出版社：中国矿业大学出版社　　　出版年：2014

ISBN：978-7-5646-2471-2　　　页码：256　　　中图分类号：G644

主要内容：《基于知识管理的大学核心竞争力研究》在分析知识管理内涵的基础上，通过调查对知识管理视角下的大学核心竞争力进行了模糊评价，提出了相关的提升策略，可供高校管理人员及高等教育研究人员阅读和参考。

**109. 虚拟学习社区中的知识建构和集体智慧发展：知识管理与 e-Learning 结合的视角**

著（编）者：甘永成　　出版社：教育科学出版社　　出版年：2005

ISBN：978-7-5041-3198-9　　　页码：382　　　中图分类号：G434

主要内容：《虚拟学习社区中的知识建构和集体智慧发展：知识管理与 e-Learning 结合的视角》重点研究了虚拟学习社会和集体智慧两方面的内容，第一部分介绍了虚拟学习社会的概念、职能和特点，重点介绍了虚拟学习社会相关的数字技术以及虚拟学习社会的现有研究成果；第二部分研究了集体智慧的发展历程、重要作用以及应用框架。

**110. 知识管理**

著（编）者：姚伟　　出版社：清华大学出版社　　出版年：2020

ISBN：978-7-302-54684-9　　　页码：262　　　中图分类号：G302-43

主要内容：《知识管理》是中国轻工业"十三五"规划教材。该书从知识管理流程出发，按照知识管理过程的不同阶段设计逻辑结构。首先系统阐述了知识管理的基本理论；其次详细阐述了显性知识和隐性知识的具体内涵；再次以知识管理基础理论和框架为依托，组建知识管理的科学流程系统，该流程包括了多途径对知识进行获取与收集、对获取的知识进行分类与组织存储、对知识进行管理与利用、知识的传递与交流和知识的再造与创新，并对该流程进行阐述和细化，详细介绍了知识管理技术及个人知识管理；最后介绍了知识管理审计与评估。

**111. 知识管理**

著（编）者：顾基发，张玲玲　　出版社：科学出版社　　出版年：2009

ISBN：978-7-03-021583-3　　页码：312　　中图分类号：F272.4-43

主要内容：《知识管理》主要介绍国际上著名的 SECI 模型及 Ba 等，知识管理系统、有用的知识管理工具和方法、知识的创造等。书中关于综合集成方法与知识科学、群体研讨环境等内容是作者及其合作者近十年的研究成果，介绍了国际上最新发展的对知识管理有用的新技术。

### 112. 图书馆知识管理与服务研究

著（编）者：左瑾，宋秋水，金莲等　　出版社：内蒙古人民出版社　　出版年：2019

ISBN：978-7-204-16112-6　　页码：454　　中图分类号：G251

主要内容：服务社会是图书馆人的理想，探索创新是图书馆人的智慧，学术思考是图书馆人的责任。中国图书馆正处在一个全新的时期，图书馆人应当与时俱进，积极探索创新。《图书馆知识管理与服务研究》立足于图书馆工作的特点和知识管理的基本理论，系统阐述了图书馆管理的基本概念、主要原理，图书馆知识管理概述、组织体系、系统建设以及图书馆服务的理论、方法、技术与应用和创新，深入揭示了图书馆知识管理与服务的基本思想和框架，具有理论价值和指导实践意义。

### 113. 知识管理视角下高质量本科在线课程研究

著（编）者：尚珊珊，高文瑾，吕文菲等　　出版社：经济科学出版社　　出版年：2022

ISBN：978-7-5218-3605-9　　页码：251　　中图分类号：G642.3

主要内容：《知识管理视角下高质量本科在线课程研究》综合利用了质性分析、大数据分析和行为实验的方法进行研究。首先，基于知识管理视角对高质量本科在线课程的内涵、预期结果及其内容结构进行系统详细的界定；其次，分析显性知识层面页面设计、课程资源推荐的影响作用；再次，分析显性隐性知识层面，在线课程教学方法中使用比喻、板书的作用与影响；最后，分析隐性知识层面上心理要素包括感知竞争、感知风险以及好奇心的影响过程。

### 114. 知识管理

著（编）者：王连娟，张跃先，张翼等　　出版社：人民邮电出版社　　出版年：2016

ISBN：978-7-115-41040-5　　页码：226　　中图分类号：G302

主要内容：《知识管理》以清晰的逻辑思路、理论与实践并重的内容结构，借鉴了社会网络理论、团队管理理论等多学科研究成果，探讨了知识管理的产生背景、基本概念、基本内容及技术支持系统。

### 115. 知识管理研究

著（编）者：葛新权等　　出版社：经济科学出版社　　出版年：2017

ISBN：978-7-5141-8985-8　　页码：170　　中图分类号：G302

主要内容：随着知识经济的发展，市场环境充满复杂性和不确定性，单纯的金融资本或自然资本不再是企业的核心资源。《知识管理研究》描述了企业知识管理研究的主要内容，归纳了企业知识管理研究的特点及存在问题，提出了相关建议。

### 116. "互联网+"时代教师个人知识管理

著（编）者：杨上影　　出版社：电子工业出版社　　出版年：2019

ISBN：978-7-121-36941-4　　页码：211　　中图分类号：G302-43

主要内容：互联网引发知识大爆炸，如何利用互联网这一知识的宝库进行知识的搜索、收集、关联、加工、集成并在教学中应用是广大教师必须掌握的核心技能。《"互联网+"时代教师个人知识管理》按照实际应用场景提供个人知识管理相关问题的解决思路、工具和经验借鉴，从容应对信息超载、知识碎片化、知识惰性化带来的严峻挑战。

### 117. 知识管理背景下的档案管理模式

著（编）者：曾祯等　　出版社：辽海出版社　　出版年：2019

ISBN：978-7-5451-4542-7　　页码：394　　中图分类号：G271

主要内容：该书共十一章，分别介绍了知识管理和档案管理的基本概念和理论，以及将知识管理引入档案管理作用和价值，研究了知识管理背景下档案管理的流程优化、信息安全人才管理内容，构建了新型人事档案管理模式、会计档案管理模式和特殊载体档案管理模式，为相关研究人员提供了重要参考。

**118. 创新环境下的开放知识管理**

著（编）者：王铮　　出版社：科学出版社　　出版年：2019

ISBN：978-7-03-061671-5　　页码：185　　中图分类号：G302

主要内容：《创新环境下的开放知识管理》围绕开放知识管理这一核心概念，从各类开放运动中探寻了其产生的根源，构建了开放知识管理的理论框架及理论模型。在实践层面，通过对知识管理实践一线的现场调研和典型个案分析，以及对理论模型的解释和验证，进一步完善了开放知识管理的实施模式，分析了影响实施的关键因素，并提供了在动态知识环境中相应的行动策略。

**119. 高校图书馆知识管理与服务**

著（编）者：莘岩　　出版社：吉林文史出版社　　出版年：2017

ISBN：978-7-5472-4275-9　　页码：220　　中图分类号：G258.6

主要内容：《高校图书馆知识管理与服务》系统简明地介绍了现阶段高校图书馆的管理与服务的主要内容，主体部分涵盖高校图书馆管理和服务的内涵、激励制度、保障制度以及将来在数字图书馆的发展中的重要作用的探讨，有助于图书馆人利用自身角色优势对图书馆管理与服务的再认识，为高校图书馆的进一步发展和建构打好基础。

**120. 北京知识管理研究报告（2017）**

著（编）者：葛新权　　出版社：经济科学出版社　　出版年：2018

ISBN：978-7-5141-9356-5　　页码：211　　中图分类号：G322.71

主要内容：《北京知识管理研究报告（2017）》收录了北京知识管理研究基地团队于2017年的研究成果，共计19篇文章，涉及知识管理、高校科研、城市垃圾分类、净菜供应链演化、城乡污染等多方面的研究，通过问卷调查、实证研究等方向对相关问题进行了深入的分析，为政府及企业提供了决策咨询服务，具有重要的理论和现实意义。

### 121. 知识管理

著（编）者：王雪原，董媛媛，徐岸峰　　出版社：化学工业出版社　　出版年：2016

ISBN：978-7-122-25931-8　　页码：217　　中图分类号：G302

主要内容：《知识管理》对知识管理相关理论与方法进行了系统研究，深入研究了知识管理的理论和实践，对今后学科研究起到重要的指导作用。

### 122. 知识管理战略制胜

著（编）者：［加］斯蒂芬妮·巴恩斯，［英］尼克·米尔顿　　出版社：电子工业出版社　　出版年：2016

ISBN：978-7-121-27828-0　　页码：158　　中图分类号：G302

主要内容：《知识管理战略制胜》共十九章，主要介绍了知识管理的概念、知识经理职责、知识管理论证、知识管理的战略、框架和技术原则等，具有较好的实操指导价值。

### 123. 图书馆知识管理理论与实践研究

著（编）者：胡小文　　出版社：郑州大学出版社　　出版年：2017

ISBN：978-7-5645-4837-7　　页码：239　　中图分类号：G251

主要内容：《图书馆知识管理理论与实践研究》系统梳理了关于知识和知识管理的理论，对我国图书馆实施知识管理的相关问题分析透彻，提出的相关措施也具有可操作性，实践意义很强，适合图书馆工作人员和相关研究者参考阅读。

### 124. 北京知识管理研究报告（2016）

著（编）者：葛新权　　出版社：经济科学出版社　　出版年：2017

ISBN：978-7-5141-8786-1　　页码：435　　中图分类号：G322.71

主要内容：《北京知识管理研究报告（2016）》收录了2016年北京知识管理研究基地的重要研究成果16篇，涉及居民垃圾、煤炭产业、制造业等与民生密切相关的内容。

### 125. 个人知识管理工具与方法

著（编）者：刘素军等　　出版社：河南人民出版社　　出版年：2016

ISBN：978-7-215-09917-3　　页码：381　　中图分类号：G302

主要内容：《个人知识管理工具与方法》是对个人知识管理工具与方法的研究与探讨，对个人知识的管理具有一定的参考作用，是一本有着实用价值的理论研究用书。

### 126. 高校图书馆建设与知识管理

著（编）者：王晓明　　出版社：光明日报出版社　　出版年：2016

ISBN：978-7-5194-1369-9　　页码：102　　中图分类号：G258.6

主要内容：《高校图书馆建设与知识管理》围绕在高校图书馆中新出现的"特色资源""知识管理"相关内容，以高校图书馆为主要研究对象，在当前国内外专家学者研究的基础上进行研究和探讨。

### 127. 图书馆知识管理初论

著（编）者：陈桂华　　出版社：上海交通大学出版社　　出版年：2016

ISBN：978-7-313-15112-4　　页码：227　　中图分类号：G251

主要内容：《图书馆知识管理初论》以图书馆管理的基本知识为切入点，将图书馆管理知识与知识管理融会贯通，阐明了图书馆领域知识管理的基本理论，以及概念、特点、性质、职能等内容，同时将知识管理理论引入智慧图书馆建设与发展，构建了智慧图书馆背景下知识管理的理论体系。

**128. 北京知识管理研究报告（2013）**

著（编）者：葛新权　　出版社：北京邮电大学出版社　　出版年：2016

ISBN：978-7-5635-4690-9　　页码：322　　中图分类号：G322.71

主要内容：知识管理理论与应用、实验经济学、循环经济研究是北京市知识管理研究基地的重要研究方向。《北京知识管理研究报告（2013）》从 2013 年取得的成果中选择了博弈论与实验经济学、循环经济、知识管理理论与应用研究方面的代表成果。在博弈论与实验经济学方面，研究内容包括密封招标博弈分析、知识型员工心理契约相关问题研究；在循环经济方面，研究内容包括盐湖化工企业的物质流模型研究，低碳制造的概念、特征及系统分析，基于生命周期的废旧纺织品全过程管理体系构建，北京市生活垃圾产生量的预测研究；在知识管理理论与应用方面，研究内容包括企业家人力资本形成机制研究、知识密集型服务业发展的文化需求拉动研究、基于灰关联的制造业集群企业知识服务能力研究、高校创新方法与创新体系研究。

**129. 知识管理方法论**

著（编）者：罗繁明　　出版社：广东经济出版社　　出版年：2015

ISBN：978-7-5454-4085-0　　页码：378　　中图分类号：G302

主要内容：《知识管理方法论》针对网络环境下的现实需要，分为理论基础、基本方法、关键工具和社会实践四个方面，构建了知识管理方法论的理论体系与创新实践。主要包括：重构知识管理方法论的理论基础、一般方法及前沿工具框架；提出知识螺旋方法由企业内部延伸到互联网跨时空的应用；为知识管理方法论在哲学方法与科学方法的地位上给予范畴的坐标定位；明确知识管理方法论的范式规律；提出情报转换知识理论创新及假设树模型；等等。

**130. 信息与知识管理：第 2 版**

著（编）者：王众托等　　出版社：电子工业出版社　　出版年：2014

ISBN：978-7-121-23255-8　　　页码：344　　　中图分类号：G203-43;G302

主要内容：《信息与知识管理：第2版》讲述了信息管理与知识管理的基本原理，鉴于信息管理是知识管理的基础，二者的一些方法有共性或连续性，故以信息管理为先导，以知识管理为主要内容，介绍了信息与信息管理的概貌、知识与知识管理的基本概念以及二者有共性和相互关联的方法与工具。

### 131. 个人知识管理

著（编）者：徐红彩　　　出版社：江苏凤凰教育出版社　　　出版年：2014

ISBN：978-7-5499-4393-7　　　页码：200　　　中图分类号：G302

主要内容：《个人知识管理》系统探究了个人知识管理的内涵、基本内容及其在信息技术环境下的模型。该书提出的个人知识管理模型不仅为连接个人知识管理与个体学习实践架起了桥梁，还为个人知识管理策略在学习实践中的应用创造了前提条件；对信息技术环境中个人知识管理策略的探讨，为大学生解决自主学习中的具体问题提供了新的方法与策略。

### 132. 图书馆知识管理范式理论与实践

著（编）者：朱环宇，康英　　　出版社：现代出版社　　　出版年：2016

ISBN：978-7-5143-4778-4　　　中图分类号：G251

主要内容：《图书馆知识管理范式理论与实践》共分为四部分内容，第一部分研究了知识的基本概念、特征和性质；第二部分展开论述了知识管理的起源、发展阶段以及个阶段所具有的特征；第三部分是该书的重点所在，主要介绍了知识管理在图书馆学领域的应用，包括知识管理的功能与特点、框架和工具；第四部分介绍了图书馆知识管理的现状，分析了图书馆知识管理所遇到的实践问题并提出了解决方案。

### 133. 知识管理

著（编）者：刘文良　　　出版社：碁峰资讯股份有限公司　　　出版年：2008

ISBN：978-986-181-407-0　　页码：　　中图分类号：G302

主要内容：《知识管理》共七章，是作者在自己多年从事知识管理的教学和科研基础，根据国内外知识管理的最新理论研究和实践成果凝练而成，分别研究了知识管理的起源与发展、知识的概念和特性、对知识工作者的管理方法和工具、如何应用知识管理更好地进行共享和交流、知识管理系统的理论和研究以及政府知识管理等相关内容。

**134. 知识管理方法与技术**

著（编）者：安小米，朝乐门，徐少同等　　出版社：南京大学出版社　　出版年：2012

ISBN：978-7-305-09928-1　　页码：345　　中图分类号：G302;G302

主要内容：《知识管理方法与技术》首次系统研究了知识管理视角、方法论、方法、技术、工具、标准和应用的相互关系及其作用规律，从多个层面构建了知识管理的理论体系和学科范式。

**135. 图书馆知识管理理论与应用**

著（编）者：冯媛　　出版社：江西高校出版社　　出版年：2015

ISBN：978-7-5493-3889-4　　页码：130　　中图分类号：G251

主要内容：《图书馆知识管理理论与应用》系统阐述了图书馆知识管理的内涵、特征、国内外图书馆知识管理相关文献、知识管理模型、知识共享理论、知识转移理论、图书馆知识创新机制和策略、构建图书馆知识管理系统模型等内容，力图为不同类型的图书馆实施知识管理提供强有力的理论支持。

**136. 企业知识管理实务**

著（编）者：朱淑枝，吴解全　　出版社：清华大学出版社　　出版年：2009

ISBN：978-7-302-18566-6　　页码：195　　中图分类号：F270-43

主要内容：《企业知识管理实务》共十章，主要研究了企业知识管理实务，全书以企业化、系统化和简单化为特色，阐述了企业知识管理的基础理论，同时以IBM、3M、微软公司等十个大型企业为例，阐述了企业应用企业知识管理理论和应用保持企业竞争优势的路径和策略。

### 137. 图书馆知识管理范式研究

著（编）者：龚蛟腾　　出版社：知识产权出版社　　出版年：2013

ISBN：978-7-5130-2270-5　　页码：300　　中图分类号：G251

主要内容：托马斯·库恩的范式理论是学科演变与发展的重要依据，图书馆学学科发展迫切要求人们探讨图书馆知识管理范式。《图书馆知识管理范式研究》的内容特色和创新之处在于首先从库恩的学科范式革命理论入手，深入探讨了图书馆管理范式的演变与发展；其次，首次全面系统地探讨了图书馆知识管理的业务维、技术维和制度维；再次，详细分析了图书馆知识管理范式的业务维、图书馆知识管理范式的技术维和图书馆知识管理范式的制度维，形成了图书馆知识管理范式的三驾马车；最后，探究了图书馆知识管理的发展趋势，规划了图书馆知识管理的发展方向。

### 138. 现代图书馆中的知识管理与危机管理研究

著（编）者：汤艺　　出版社：中国商务出版社　　出版年：2016

ISBN：978-7-5103-1744-6　　页码：264　　中图分类号：G251

主要内容：知识管理和危机管理是做好现代图书馆管理和服务的两个重要研究内容。《现代图书馆中的知识管理与危机管理研究》从知识管理和危机管理的基础理论入手，深入研究了知识管理的概念、特点和职能，分析了在图书馆引入知识管理的必要性和重要性，构建了图书馆知识管理框架和评价机制，同时构建了图书馆危机管理框架，在图书馆应用案例中总结了知识管理和危机管理的实践重点。

### 139. 图书馆知识管理与知识服务

著（编）者：肖芃　　出版社：吉林大学出版社　　出版年：2012

ISBN：978-7-5601-7375-7　　页码：240　　中图分类号：G2

主要内容：《图书馆知识管理与知识服务》探讨了在我国信息技术发展和网络化、数字化的环境下，图书馆开展知识管理与知识服务的必要性和可行性，探讨了实现知识管理和服务的手段和策略。

**140. 高校图书馆建设与知识管理**

著（编）者：全国冶金院校图书馆研究会　　出版社：华东理工大学出版社　　出版年：2012

ISBN：978-7-5628-3379-6　　页码：198　　中图分类号：G259.2-53

主要内容：《高校图书馆建设与知识管理》总结了高校图书馆建设过程中的经验和不足，研究了知识管理在高校图书馆建设的应用相关理论，分析了在高校图书馆向现代图书馆迈进的过程中出现的管理新模式和创新型服务，深挖其背后所蕴含的图书馆学管理理论，结合知识管理理论与案例提出了高校图书馆建设的创新发展趋势。

**141. 图书馆知识管理创新研究**

著（编）者：胡明扬，张亚　　出版社：吉林大学出版社　　出版年：2010

ISBN：978-7-5601-4871-7　　页码：525　　中图分类号：G251

主要内容：《图书馆知识管理创新研究》研究了图书馆在业务管理和读者服务领域应用知识管理所出现的创新型组织架构和评价机制。在图书馆传统业务流程引入知识管理方法改变了知识资源的组织和检索方式，打破了载体对资源整合的壁垒，加快了知识在收集、存储、传递和利用领域的流动，推动了服务内容和模式的创新，同时以绩效评价方式评估了图书馆服务和管理的效果。

**142. 知识管理的核心理论体系及方法探究**

著（编）者：韩珂　　出版社：中国水利水电出版社　　出版年：2015

ISBN：978-7-5170-3398-1　　页码：217　　中图分类号：G302

主要内容：《知识管理的核心理论体系及方法探究》从知识管理的概念入手，对知识管理理论与模式研究、知识的获取、创造与共享、知识创新与国家创新体系、知识管理技术、知识管理的运作方式和知识管理的实施与评价等分别进行了阐述。

### 143. 大学知识管理研究

著（编）者：徐建培　　　出版社：高等教育出版社　　出版年：2005

ISBN：978-7-04-018230-9　　页码：247　　中图分类号：G640

主要内容：大学独有的性质和特点为大学管理注入了新的内涵和框架。《大学知识管理研究》共七章，主要介绍了大学背景下知识管理相关理论，研究了大学知识和知识管理的概念和特点以及大学知识活动的类型和内容，分析了做好大学知识活动以及知识共享和交流的方法意义，提出了在大学知识管理引入联盟概念的创新理念。

### 144. 知识管理与图书馆

著（编）者：丁有骏，刘勇　　出版社：北京图书馆出版社　　出版年：2004

ISBN：978-7-5013-2454-9　　页码：277　　中图分类号：G258.6-53

主要内容：《知识管理与图书馆》研究了知识管理背景下图书馆管理和发展的趋势，作者认为知识管理是以知识为主要生产要素对知识生产、存储、传递、加工等诸环节进行管理和评估，知识管理时代具有知识量多、更新快的特点，图书馆也应该转变管理思路，创新服务路径，以应对读者对知识的需求和变化。

### 145. 图书馆知识管理

著（编）者：石向实，刘晨　　出版社：浙江大学出版社　　出版年：2006

ISBN：978-7-308-04811-X　　页码：260　　中图分类号：G251

主要内容：《图书馆知识管理》共十一章，分别从图书馆学理论、图书馆馆员、读者三方角度研究探讨了知识管理对图书馆管理和服务的价值与影响。该书介绍了知识管理理论的发展溯源和管理流程，构建了文献收藏、信息服务等流程的图书馆知识管理系统，展望了知识管理对图书馆管理和服务、馆员能力提升和读者利用的未来发展趋势。

**146. 数字图书馆知识管理**

著（编）者：肖芃　　出版社：吉林大学出版社；Pearson Education 出版集团　　出版年：2002

ISBN：978-7-5601-2716-9　　页码：202　　中图分类号：G250.76

主要内容：《数字图书馆知识管理》共四章，主要研究了在数字图书馆背景下引入知识管理的具体路径。该书首先介绍了数字图书馆的基本概念和特点，从宏观角度使读者掌握了数字图书馆的基础理论；其次分析了在数字图书馆引入知识管理的必要性和可行性，以及数字图书馆背景下知识管理的特点和性质；最后总结了在数字图书馆实施知识管理的路径和策略。

**147. 现代图书馆知识管理与实践**

著（编）者：穆颖丽，江涛　　出版社：河南人民出版社　　出版年：2012

ISBN：978-7-215-07970-0　　页码：430　　中图分类号：G251

主要内容：《现代图书馆知识管理与实践》介绍了图书馆知识管理模式、图书馆知识管理平台构建、图书馆知识管理与文化建设等方面的内容。

**148. 高职院校知识管理战略与创新研究**

著（编）者：张德茗　　出版社：经济科学出版社　　出版年：2013

ISBN：978-7-5141-3545-9　　页码：299　　中图分类号：G718.5

主要内容：《高职院校知识管理战略与创新研究》以企业知识管理战略理论为指导，通过实际调研剖析了高职院校核心竞争力的内涵与构成，提出了高职院校知识管理战略制定的方法与流程。该书在高职院校知识管理战略框架基础上对知识管理的过程进行了凝练，并对创新路径进行了分析。

**149. 知识管理：一种集成方法（第2版）**

著（编）者：阿肖克·贾夏帕拉著；安小米等译　　出版社：中国人民大学出版社　　出版年：2013

　　ISBN：978-7-300-17172-2　　页码：312　　中图分类号：G302

　　主要内容：《知识管理：一种集成方法（第2版）》反映了知识管理的最新发展趋势，强调了知识管理思想与业务职能的关系，并在每章后补充了选自世界知名组织的案例。

**150. 知识管理良好实践指南：GB/T 23703 知识管理国家标准解读**

著（编）者：岳高峰，朱虹，张艳琦等　　出版社：北京：电子工业出版社　　出版年：2014

　　ISBN：978-7-121-23121-6　　页码：214　　中图分类号：G302-65

　　主要内容：《知识管理良好实践指南：GB/T 23703 知识管理国家标准解读》共七章，是 GB/T 23703 的宣讲教材，主要对 GB/T 23703 知识管理的国家标准进行解读，力求为知识管理的实践提供标准化指南。该书在解读的基础上分析了知识管理领域的实践案例，以西门子、青岛啤酒、中国人保等多家大型企业应用知识管理的实践为例，有力地佐证了 GB/T 23703 的科学性和严谨性。

**151. 北京知识管理研究报告（2011）**

著（编）者：金春华　　出版社：方志出版社　　出版年：2012

　　ISBN：978-7-5144-0449-4　　页码：266　　中图分类号：G322.71

　　主要内容：《北京知识管理研究报告（2011）》收录了2010年北京知识管理研究基地的一些重要研究成果，共四篇内容，分别是科技任务选择、北京市哲学社会科学规划项目管理机制创新研究、北京高校知识创新体系设计、高校创新方法研究与应用。

### 152. 信息化背景下的知识管理

著（编）者：杨晓辉　　　出版社：内蒙古大学出版社　　　出版年：2012

ISBN：978-7-5665-0119-6　　　页码：172　　　中图分类号：G203

主要内容：《信息化背景下的知识管理》主要研究了信息和自动化背景下知识管理的创新发展路径，信息大潮的涌现让知识成为新的生产力。该书研究了知识管理的概念和性质，分析了信息和自动化背景给知识管理带来的创新和发展，优化了知识在收集、存储、加工、利用环节的框架和流程，预测了知识管理的发展趋势。

### 153. 竞技体育人才隐性知识管理研究

著（编）者：曹连众　　　出版社：辽宁人民出版社　　　出版年：2011

ISBN：978-7-205-07166-0　　　页码：233　　　中图分类号：G808.18

主要内容：竞技体育是我国体育系统中的重要组成部分，随着知识和高科技在竞技体育中的广泛应用，对竞技体育人才的培养也在向精细和知识化转型。《竞技体育人才隐性知识管理研究》主要对竞技体育人才培养展开研究，重点分析了挖掘体育竞技人才隐性知识管理的技术和方法，提出了培养人才的方法和路径。

### 154. 基于知识链的高校知识管理研究

著（编）者：赵慧娟　　　出版社：经济科学出版社　　　出版年：2011

ISBN：978-7-5141-1328-0　　　页码：230　　　中图分类号：G647

主要内容：《基于知识链的高校知识管理研究》共七章，主要研究了高校知识管理链的构建和评价。高校是知识的聚集地，知识是高校主要生产元素，也是主要的成果形式，为了对高校知识进行有效管理和应用，该书构建了高校知识链体系，从知识的发现与存储、转移与共享、整合与创新环节研究了知识管理的路径和方式，分析了对高校知识管理进行绩效评估的要素，总结了高校应用知识管理链的相关案例。

**155. 科研机构知识管理研究**

著（编）者：李思经，周国民等　　出版社：经济科学出版社　　出版年：2005

ISBN：978-7-5058-4712-0　　页码：306　　中图分类号：G311

主要内容：《科研机构知识管理研究》是国家科技部科技基础性专项项目资助项目的研究成果，该书分为三个部分，第一部分是总体概述和理论分析，第二部分是系统研究和系统实现，第三部分是实践应用，主要运用了科研机构主要工作的具体案例进行系统应用分析。

**156. 北京知识管理研究报告（2009）**

著（编）者：葛新权　　出版社：方志出版社　　出版年：2009

ISBN：978-7-80238-720-1　　页码：211　　中图分类号：G322.71

主要内容：《北京知识管理研究报告（2009）》收录了2008年北京知识管理研究基地的一些重要研究成果，共分为两部分，分别是创新型国家建设测度分析和科技成果鉴定中介机构运作管理研究。

**157. 智能城市建设中的知识管理与知识服务研究**

著（编）者：陈婧　　出版社：人民邮电出版社　　出版年：2015

ISBN：978-7-115-39703-4　　页码：228　　中图分类号：G302

主要内容：《智能城市建设中的知识管理与知识服务研究》将文献调查、社会调研与现实问题的分析相结合，对智能城市建设中的知识资源利用障碍、各种组织的知识行为及知识需求进行了阐述与剖析，在分析知识在智能城市建设中的作用机制的基础上提出了智能城市的知识服务方案，并搭建了智能城市的知识服务平台。

**158. 维度本体理论与情境敏感知识管理应用**

著（编）者：姜赢，万里鹏，武庆圆　　出版社：清华大学出版社　　出版年：

2015

ISBN：978-7-302-42076-7　　　页码：137　　　中图分类号：G302-02

主要内容：《维度本体理论与情境敏感知识管理应用》共五章，主要研究了维度本体的基本理论和实践应用。本体理论和技术是知识管理理论的重要支撑，本体所具有的标准化特点可以更好表达知识之间的联系以及整合知识地图，但是也容易造成对情境敏感知识理解的偏差。针对这个问题，该书提出了维度本体的概念，研究了维度本体的理论内涵和应用支撑工具，针对研究现状提出了存在的理论薄弱环节并提出了解决方案。

**159. 知识管理**

著（编）者：袁曦临　　　出版社：东南大学出版社　　　出版年：2009

ISBN：978-7-5641-1517-3　　　页码：237　　　中图分类号：F270.7

主要内容：该书认为，以知识为主要标志的知识社会的到来带来了图书馆学情报学理论和实践的变革与发展，越来越清楚地显现出文献－信息资源－知识的研究趋向，知识管理逐渐成为图书馆学情报学知识论的核心。此种研究趋向不仅停留在理论探讨方面，还已经落实到图书馆工作的具体实践和管理，目前高校图书馆提出的个性化服务、知识增值服务以及人性化管理都是知识管理理念的具体体现。该书也可作为图书馆研究与业务指导用书。

**160. 图书馆知识管理与服务新探**

著（编）者：李明　　　出版社：合肥工业大学出版社　　　出版年：2018

ISBN：978-7-5650-3998-0　　　页码：215　　　中图分类号：G251;G252

主要内容：《图书馆知识管理与服务新探》以知识管理与知识服务的基本内容为切入点，论述了知识和知识组织在数字图书馆中的应用，同时在数字图书馆基本原则和方法的基础上，阐述了数字环境下知识管理的发展与延伸，分享了图书馆开展数字化知识管理的相关案例，供图书馆管理人员与图书馆学专业人员进行阅读与研究。

### 161. 教师实践性知识管理

著（编）者：程凤农　　出版社：山东人民出版社　　出版年：2018

ISBN：978-7-209-11865-1　　页码：236　　中图分类号：G451.2

主要内容：教师实践性知识是需要并且可以管理的，管理的目的是促进对教师实践性知识的生成、存储、共享、应用和创新，最终使教师实践性知识体现其价值。《教师实践性知识管理》在解读教师实践性知识内涵的基础上，从教师实践性知识管理的维度、机制、评价以及社会网络视角下的校际共享等方面展开系统论述。

### 162. 图书馆知识管理刍论

著（编）者：黄秋萍　　出版社：郑州大学出版社　　出版年：2017

ISBN：978-7-5645-4647-2　　页码：223　　中图分类号：G251

主要内容：《图书馆知识管理刍论》以图书馆管理的基本知识为切入点，在引入知识管理相关内容的基础上，论述了图书馆知识管理的相关原则、方法、职能、基本策略，在阐述数字图书馆基本原则和方法的基础上，分析了数字图书馆知识管理的相关内容，深层次地研究了知识管理与图书馆业务管理、人事管理、读者管理、设备管理以及文化创新之间的联系，对采用知识管理推动图书馆各项业务的开展具有重要的指导意义。同时，根据我国现有图书馆对知识管理的应用水平进行分析和评价，提出了相对不足之处以及应对的策略，具有较强的实践性，是一本不可多得的图书馆知识管理相关书籍。

### 163. 知识管理：图书馆管理的未来

著（编）者：张眉　　出版社：河北人民出版社　　出版年：2007

ISBN：978-7-202-04547-8　　页码：450　　中图分类号：G251

主要内容：《知识管理：图书馆管理的未来》主要就知识管理的基础知识、图书馆管理的理论基础和实践及知识管理与图书馆管理相结合的相关问题进行了系统论述，为图书馆实行知识管理提供了理论依据和实践经验。

### 164. 区域知识管理

著（编）者：赵晶媛　　出版社：中国经济出版社　　出版年：2007

ISBN：978-7-5017-8242-3　　页码：279　　中图分类号：C931

主要内容：《区域知识管理》的内容包括引论、知识和知识管理理论、区域知识管理的管理学分析、区域知识管理的组织——区域创新系统等。

### 165. 知识管理之道：知识管理系统建构与设计研究

著（编）者：刘丽萍　　出版社：黑龙江人民出版社　　出版年：2006

ISBN：978-7-207-07155-8　　页码：516　　中图分类号：C93

主要内容：《知识管理之道：知识管理系统建构与设计研究》共八章，主要研究了知识管理系统的建构与设计。"知识管理"被誉为管理领域的"第二次革命"，知识管理不仅是研究知识在收集、存储、传递和利用过程中的形态和特性，还包括知识系统的战略系统、知识型人才、文化系统和制度系统的建构与设计。该书在相关研究的基础上创新性地构建了知识管理系统的"飞机"模型、"天平"模型和"多轮"模型，是相关研究人员的重要参考文献。

### 166. 知识管理：知识社会的新管理模式

著（编）者：金吾伦　　出版社：云南人民出版社　　出版年：2001

ISBN：978-7-222-02588-X　　页码：220　　中图分类号：C93-05;C93

主要内容：《知识管理：知识社会的新管理模式》是《中国干部最新文库》的分册，力图提高领导干部的知识管理意识和能力。该书共十章，从宏观角度论述了知识时代进行知识管理的必要性和重要性，研究了在知识经济时代应用知识管理建立国家创新系统和培养知识人才的模式和路径。

### 167. 知识管理与组织设计

著（编）者：［美］保罗·S.麦耶斯（Paul S. Myers）主编；蒋惠工等译　　出版社：

珠海出版社　　出版年：1998

ISBN：978-7-80607-470-8　　页码：356　　中图分类号：C936；F062.3

主要内容：该书属"知识经济经典汉译丛书"，共分为三个部分，重点阐述了知识管理的组织创新和组织竞争与设计，在研究直线制组织结构利弊的基础上创新性提出了柔性组织的概念，分析了组织创新的结构、集团和社会条件，提出促进权利转移的组织竞争与设计理念。

### 168. 北京知识管理研究报告

著（编）者：北京市哲学社会科学规划办公室，北京市教育委员会，北京市知识管理研究基地　　出版社：同心出版社　　出版年：2007

ISBN：978-7-80716-512-X　　页码：218　　中图分类号：C93

主要内容：《北京知识管理研究报告》对知识管理理论进行了研究，阐述了知识管理的基础和知识管理发展的趋势，研究了北京奥运会服务质量管理体系，介绍了迎送服务子系统中项目的组织模式和运行等相关内容。

### 169. 知识管理

著（编）者：苗晋平　　出版社：煤炭工业出版社　　出版年：2018

ISBN：978-7-5020-6659-8　　页码：312　　中图分类号：C93

主要内容：《知识管理》系统地阐述了知识管理的发展历程、知识管理的基本概念及主要理论框架。全书共四篇十一章，主要包括知识与知识管理、知识管理主要理论框架、智力资本管理等理论和原理。全书结构合理、层次清晰、内容丰富、资料翔实、适用面广，适用于政府管理部门、企事业管理者，也适合高等院校相关领域师生使用和参考。

### 170. 组织学习与知识管理

著（编）者：徐修德，李静霞　　出版社：经济管理出版社　　出版年：2018

ISBN：978-7-5096-6011-9　　页码：229　　中图分类号：C936；G302

主要内容：《组织学习与知识管理》对管理学理论和原则等进行梳理，认为这些理论在一定程度上存在共性，这种共性就是如何把组织打造成像有机体一样具有学习能力的组织，这样的组织成功、高效、充满创新性和竞争力。在此基础上，作者结合我国实际情况，通过研究详细阐述建设这种组织的方法和手段，具有一定的理论价值和现实意义。

**171. 知识管理视角下差错学习模型和机制构建研究**

著（编）者：张家年　　出版社：科学出版社　　出版年：2021

ISBN：978-7-03-067245-2　　页码：208　　中图分类号：C93

主要内容：差错学习是组织学习的重要形式之一，既是组织知识增长的主要方式，也是组织知识共享和转移的中介。更重要的是，差错学习是组织完善其知识体系、规则体系、制度体系乃至管理方式变革的重要推动力。《知识管理视角下差错学习模型和机制构建研究》以知识管理为视角，在情报学、组织学习、差错管理等理论和实践成果基础上，系统地研究差错学习模型与差错学习机制。该书将理论模型构建、实证分析和对策机制设计等相结合，提出了组织差错学习实施路径，可供企业管理者、政府管理者、知识管理者阅读，也可为差错学习研究者提供参考。

**172. 知识管理**

著（编）者：张来仁，张钰祥　　出版社：山西人民出版社　　出版年：2005

ISBN：978-7-203-05234-6　　页码：230　　中图分类号：C93

主要内容：《知识管理》是关于知识管理基本理论的研究著作，全书共七个章，从知识管理的概念、意义、国内外相关理论研究的角度以深入浅出的语言介绍了知识管理的基本理论框架，重点分析了知识管理的运作方式以及学习型组织的构成与可持续发展策略。

**173. 知识管理与知识服务概论**

著（编）者：姜永常　　出版社：中国财富出版社　　出版年：2013

ISBN：978-7-5047-4695-5　　　页码：310　　　中图分类号：C932.6;G302

主要内容：在知识经济时代，知识已经成为重要的生产力，对知识进行有效管理才能发挥知识的最大价值。《知识管理与知识服务概论》研究了知识管理和知识服务的理论和实践案例，深入研究了知识管理的基本理论和实践应用，分析了知识服务的方式和内容，并对二者的发展和创新提出了自己的观点。

**174. 我国中小型咨询企业的知识管理优化研究**

著（编）者：车尧　　　出版社：知识产权出版社　　　出版年：2016

ISBN：978-7-5130-2833-2　　　页码：188　　　中图分类号：C932.82

主要内容：《我国中小型咨询企业的知识管理优化研究》共七章，主要研究了我国中小型咨询企业知识管理优化的内容和策略，介绍了咨询行业发展现状和研究背景，深入阐述了知识管理及其相关理论，分析了中小型咨询企业在知识生产和整合过程中知识管理优化的途径和策略，构建了相关模型以及评价检验办法，对中小型咨询企业优化知识管理具有重要价值。

**175. 从信息爆炸到智能知识管理**

著（编）者：李兴森，石勇，张玲玲　　　出版社：科学出版社　　　出版年：2010

ISBN：978-7-03-027315-4　　　页码：167　　　中图分类号：C93-39

主要内容：《从信息爆炸到智能知识管理》共八章，主要研究了信息爆炸时代智能知识管理的理论和实证。信息的爆炸引起了知识获取方式的变迁，智能知识管理逐渐走入研究人员的视野。该书分析了智能知识管理的理论框架和实现技术，设计并应用了智能管理知识系统，并对后续研究进行了展望。

**176. 决策支持系统与知识管理系统**

著（编）者：李东，蔡剑　　　出版社：中国人民大学出版社　　　出版年：2005

ISBN：978-7-300-06776-X　　　页码：403　　　中图分类号：C934-43;C931.6-43

主要内容：《决策支持系统与知识管理系统》共分为十五章内容，前十一章介绍决策支持系统的理论与实践，后四章介绍知识管理系统，内容分别为DSS概论、决策支持系统的体系结构、数据操作和数据管理、数据仓库和商业智能等。

**177. 国内外知识服务典型案例**

著（编）者：赵瑞雪，罗婷婷，武丽丽等　　出版社：科学出版社　　出版年：2023

ISBN：978-7-03-073560-7　　页码：184　　中图分类号：C932.6

主要内容：《国内外知识服务典型案例》在梳理并阐述知识服务的含义、服务模式、新需求、关键技术的基础上，剖析了国内外十一个主流知识服务平台案例和中国工程科技知识中心四十余个知识服务实践案例，归纳总结了国内外知识服务的显著特征，提出下一步开展知识服务工作的几点启示与建议。该书具有较好的适用性和实用性，可供从事知识服务的企业、科研机构等相关人员阅读和参考。

**178. 数据驱动的知识服务体系与方法**

著（编）者：王曰芬，陈必坤，关鹏　　出版社：科学出版社　　出版年：2019

ISBN：978-7-03-060998-4　　页码：297　　中图分类号：C932.6

主要内容：《数据驱动的知识服务体系与方法》利用 CNKI、SpringerLink 等数据库检索、网站调查、问卷调查、专家访谈、演绎法、归纳法、数理统计、计算机辅助设计等方法，深入分析了知识服务产生与发展的社会背景和研究的意义，系统总结与分析了国内外有关知识服务与大数据研究的现状、主要研究观点及存在的不足，有代表性地调查分析了国内图书情报机构的服务现状及面临的问题。在此基础上，以数据转化为知识为出发点，以数据转化流程为主线，以大数据技术为支撑，结合知识价值、战略管理、能力理论、计算机科学等先进的理论和方法，针对知识服务内涵实质、知识服务体系构架、知识管理体系、知识服务能力体系、知识服务的方法与技术应用几个方面进行了探索与研究，提出了具体的研究思路和可行的解决方案。

**179. 知识服务理论与实践及产业发展研究**

著（编）者：和爱超　　　　出版社：云南科技出版社　　出版年：2014

ISBN：978-7-5416-8191-2　　　页码：216　　中图分类号：C932.6;F062.9

主要内容：《知识服务理论与实践及产业发展研究》系统介绍了技术创新过程所要实施的各项科技工作，如科技文献资源保障、知识服务和咨询项目等。该书分两篇，第一篇是科技咨询服务，共九章：第一章介绍国家科技基础条件建设的信息资源公用平台；第二章介绍了可实现知识服务的平台；第三章介绍了为企业提供的知识服务；第四章介绍了科技查新服务工作；第五章介绍专利分析与预警；第六章介绍企业竞争情报分析；第七章介绍技术标准；第八章介绍撰写商业策划书；第九章通过7个案例全面介绍服务。第二篇为产业研究，分两部分分别介绍了旅游转型升级发展研究和低碳经济发展研究。

**180. 社会资本、知识管理与科技型中小微企业成长研究**

著（编）者：黄艳，陶秋燕　　出版社：经济管理出版社　　出版年：2023

ISBN：978-7-5096-8915-8　　　页码：185　　中图分类号：F276.44

主要内容：《社会资本、知识管理与科技型中小微企业成长研究》基于实践背景与理论背景，以社会资本理论、知识基础理论以及创新理论等为理论基础，将中小微企业社会资本细分为机构社会资本、关系社会资本，研究其对显性知识和隐性知识转移的不同影响，并深入探究知识转移在社会资本的结构维度、社会资本的关系维度与创新绩效之间的内在机理。该书进一步将社会资本分为强关系和弱关系，研究其与知识共享、技术创新绩效之间的关系，并运用深圳市中小企业板上市公司数据，研究社会资本与中小微企业成长之间的关系，最终得出的相关结论对我国科技型中小微企业的生存和成长具有一定的实践指导作用。

### 181. 新时代浙商知识管理经验

著（编）者：孔小磊，赵昶，董进才　　出版社：经济管理出版社　　出版年：2022

ISBN：978-7-5096-8407-8　　页码：131　　中图分类号：F279.275.5

主要内容：《新时代浙商知识管理经验》首先对浙江的企业在按照传统制造业的知识管理、转型升级以及服务化案例的基础上，分析了不同规模制造企业的知识积累、存储、分享和商业化，其次分析了金融服务业的前后台知识转移与产品开发，知识密集型服务业的模块知识组合与服务传递，最后试图探索数字平台企业的信息获取、基于算法开发的新产品和服务方案以及运营数字内容的企业案例。

### 182. 创造知识的螺旋：知识管理理论与案例研究

著（编）者：［日］竹内弘高，野中郁次郎著；陈劲，张月遥译　　出版社：人民邮电出版社　　出版年：2022

ISBN：978-7-115-58097-9　　页码：382　　中图分类号：F272

主要内容：知识管理是组织适应变革的核心，知识作为一种资源会很快过时，为此，组织需要不断创造新知识。《创造知识的螺旋：知识管理理论与案例研究》是一本集知识管理理论与实践指导的实用指南，介绍了知识创造的过程、机理、基本条件及 SECI 模型，结合产品概念的创新、全球化竞争、组织间的网络、战略制定过程、品牌能力、信息技术等，具体呈现了知识管理如何融入管理的思考和实践。该书还以日本一桥大学国际企业战略研究生院为例，总结了其处理、拥抱、培养和使用大量对立面实现创新的做法及启示。

### 183. 知识管理理论与支持算法：面向复杂产品系统

著（编）者：王庆林　　出版社：经济科学出版社　　出版年：2022

ISBN：978-7-5218-3775-9　　页码：315　　中图分类号：F273.2

主要内容：《知识管理理论与支持算法：面向复杂产品系统》首先对知识和知

识管理的概念进行了详细讨论，描述了知识管理解决方案中基础设施、流程、系统、工具和技术的关键组成部分，对知识管理流程的四种类型进行了详细说明。

**184. 创造知识的螺旋：知识管理理论与案例研究**

著（编）者：［日］竹内弘高，野中郁次郎著；陈劲，张月遥译　　出版社：人民邮电出版社　　出版年：2022

ISBN：978-7-115-58097-9　　页码：382　　中图分类号：F272.4

主要内容：《创造知识的螺旋：知识管理理论与案例研究》基于日本著名企业在知识管理领域遇到的问题进行研究，解析并总结了知识管理理论和实践方面的研究成果，将理论探讨延展到项目管理、组织架构搭建、企业文化建设等实践层面，为广大企业管理者提供了将知识创造、知识管理融入管理实践的实操，希望可以启发更多的思考。

**185. 知识管理**

著（编）者：王成军，方军　　出版社：社会科学文献出版社　　出版年：2020

ISBN：978-7-5201-7344-5　　页码：272　　中图分类号：F273.1

主要内容：《知识管理》是2019年度安徽高校人文社会科学研究重大项目"基于四重螺旋的创新创业动力机制及其管理策略研究"（SK2019ZD40）的研究成果。对四重螺旋（QH：Quadruple Helix）框架下的知识生产及其若干相应管理问题的探讨、阐析、破解和释读是该书主旨和全部生命力所在。探究了有关知识管理的四方合作关系的实质和内涵，揭示其中的游戏规则（发展演变的内部规律），促进了科技、教育、经济、社会协调发展和稳健进步，为决策运作提供参考方案，同时对建设国家创新系统、提升国家的国际竞争力，从而实现中国建成创新型国家的目标具有一定的积极且重要的理论意义和现实价值。潜在读者对象主要是知识管理、战略管理、技术经济及管理等领域（含大学科研院所里在职员工以及在校在研研究生）的科研工作者，科研管理部门的政策制定者以及其他对中国科技

## 第九章 图书馆知识管理文献提要

发展、科研管理、国际竞争力提升方面感兴趣的学者。

**186. 基于知识管理的质量管理体系研究**

著（编）者：崔有祥　　出版社：东北大学出版社　　出版年：2020

ISBN：978-7-5517-2269-8　　页码：147　　中图分类号：F273.2

主要内容：在知识经济时代全面来临之际，企业在知识管理层面的竞争力直接影响到企业的经营成败。然而受技术、流程机制等各方面因素影响，很难在企业中建立一套完整的知识管理系统。《基于知识管理的质量管理体系研究》从知识管理的实施现状出发，提出 ISO 质量管理体系能够作为知识管理实施的落脚点，在整合质量管理体系内部知识流的基础上以知识管理工具为手段，实现企业知识的梳理、共享和利用。

**187. 科技成果转化中的知识管理绩效评价**

著（编）者：喻登科　　出版社：经济管理出版社　　出版年：2020

ISBN：978-7-5096-7063-7　　页码：277　　中图分类号：F279.23

主要内容：提高科技成果转化率既是我国深化自主创新的当务之急，又是我国建设创新型国家的根本大计。科技成果转化与知识管理具有本质上的联系，两者的关键耦合域为知识创新。《科技成果转化中的知识管理绩效评价》基于科技成果转化与知识管理耦合产生绩效的全过程视角，对科技成果转化知识管理进行深入系统的研究，构建了系统的成果转化知识管理绩效评价体系，通过敏感性分析、一致性分析进行了实证评价结果的科学性检验，充分反映了评价方法和评价指标选择的科学性与适用性，为我国企业开展科技成果转化知识管理绩效评价提供了科学、系统的思路和方法体系。

**188. 数字化时代企业知识管理案例研究**

著（编）者：王连娟，田烈旭，姚贤涛　　出版社：北京邮电大学出版社　　出版年：2020

ISBN：978-7-5635-5984-8　　　页码：173　　　中图分类号：F272.4

主要内容：《数字化时代企业知识管理案例研究》是在研究团队对企业实地调研的基础上编写的具有本土特色的知识管理案例。探究了在中国特色文化背景下，知识管理在中国企业（如京东，中国建筑第5研究院，未来广告公司等诸多公司）的应用、企业在执行企业管理方面遇到的瓶颈、真正执行知识管理方案给企业带来的好处、对知识管理的应用和未来发展需要等具体内容。该书对有典型意义的知识管理案例进行分析研究，代表性强，信息量大，具有标杆和启发意义。

### 189. 高新技术企业知识管理模式与对策研究

著（编）者：王双　　　出版社：中国海洋大学出版社　　　出版年：2019

ISBN：978-7-5670-1386-5　　　页码：197　　　中图分类号：F279.244.4

主要内容：高新技术企业是国民经济的重要组成部分，是实现科技创新强国的重要载体，知识资源作为高新技术企业的核心竞争力，已经成为企业的主要竞争来源。《高新技术企业知识管理模式与对策研究》认为知识管理是知识经济时代企业战略变革的突破口，被国内外学界与企业界有识之士列为现代企业发展与改革的重大课题，并介绍了其应用于惠普（HP）等先进企业的实践，实现了理论研究与实践经验的结合。

### 190. 制造业服务化、服务知识管理及应用

著（编）者：高娜，赵嵩正　　　出版社：机械工业出版社　　　出版年：2019

ISBN：978-7-111-63715-8　　　页码：180　　　中图分类号：F426.4

主要内容：《制造业服务化、服务知识管理及应用》从制造业服务化的概念和内涵出发，通过对全生命周期服务知识支持系统的分析，运用知识管理理论和方法对服务知识进行建模和共享，构建了服务知识支持系统，从而实现服务过程的知识支持，提升了服务效率，助力了制造业的服务化转型。该书可供学习知识管理和服务化的本科生、研究生和从事相关研究的研究者参考。

**191. 产业集群知识管理与创新研究**

著（编）者：陈剑　　出版社：中国经济出版社　　出版年：2019

ISBN：978-7-5136-5848-5　　页码：256　　中图分类号：F263

主要内容：产业知识是促进产业集群形成和发展的关键要素，《产业集群知识管理与创新研究》从产业集群的角度出发，探讨了产业知识在产业集群形成和演变过程中所扮演的角色和作用，以及在产业集群情境下如何进行知识管理并促进知识创新，最终达到促进产业集群发展的目的。该书介绍了产业集群的形成理论、演变历程和运行特点，分析了产业集群情境下的知识特性和知识管理规则，归纳总结了知识管理、知识创新和集群竞争力之间的逻辑关系和作用机制，进而提出在产业集群情境下进行知识管理的应对策略，以期为集群企业、集群管理部门进行知识管理决策和知识创新决策时提供参考依据。

**192. 信任对校企合作创新绩效的影响研究：以知识管理能力为中介**

著（编）者：李晓歌，殷茗　　出版社：机械工业出版社　　出版年：2019

ISBN：978-7-111-62986-3　　页码：172　　中图分类号：F272.5

主要内容：《信任对校企合作创新绩效的影响研究：以知识管理能力为中介》在社会交换理论、产业组织理论、企业知识基础理论等相关理论的基础上，从企业视角出发，探讨了企业对高校的信任、对企业创新绩效的影响机理以及企业知识管理能力的中介机制，并通过数据收集和统计分析对模型和假设进行了验证。该书的目标读者是高校科研人员、企业管理者以及知识管理领域的专业人士。

**193. 陈春花文集·第一集·管理研究 4：组织学习与知识管理**

著（编）者：陈春花　　出版社：华南理工大学出版社　　出版年：2018

ISBN：978-7-5623-5762-9　　页码：296　　中图分类号：F272.4

主要内容：《陈春花文集·第一集·管理研究 4：组织学习与知识管理》介绍了领导特质理论的第三次研究高峰，对国外关于自恋型领导的研究述评及未来展望、领导学领域组织公正研究进展进行综述，分析了领导关爱下属行为、员工表面和谐价值观与员工沉默行为，以及服务型领导对团队绩效的影响。

**194. 建设项目知识管理理论与方法研究**

著（编）者：李红兵，李蕾　　出版社：武汉理工大学出版社　　出版年：2018

ISBN：978-7-5629-5773-7　　页码：141　　中图分类号：F284

主要内容：《建设项目知识管理理论与方法研究》共七章，主要研究了建设项目知识管理的理论与方法，介绍了知识管理和项目管理的基本理论和国内外研究现状，创新性地将知识管理引入建设项目管理范畴，介绍了建设项目知识管理的内容、流程以及绩效评价，并汇总了中国五环化学工程公司（CWCEC公司）建设项目知识管理相关案例。

**195. 组织间公平和知识管理对联盟演进影响研究**

著（编）者：杨燕　　出版社：浙江工商大学出版社　　出版年：2018

ISBN：978-7-5178-2557-9　　页码：187　　中图分类号：F279.23

主要内容：《组织间公平和知识管理对联盟演进影响研究》共七章，主要研究了组织间的公平和知识管理对联盟演进的影响。战略联盟是该书研究的重要组织形式，为了保持联盟内知识转移和知识保护的平衡，该书提出了知识转移和知识保护的平衡理论模型，并以实证检验的方式对模型进行验证，提出结论并进行展望。

**196. 知识管理：为业务绩效赋能**

著（编）者：［英］尼克·米尔顿（Nick Miltion），帕特里克·拉姆（Patrick Lambe）；吴庆海，张丽娜译　　出版社：人民邮电出版社　　出版年：2018

ISBN：978-7-115-48129-0　　页码：348　　中图分类号：F272.4

主要内容：《知识管理：为业务绩效赋能》的作者尼克·米尔顿曾在两年时间内带领英国石油公司成为知识管理界的标杆企业。该书介绍了他和另一位知识管理

第九章 图书馆知识管理文献提要

专家帕特里克·拉姆共同完成知识管理框架的建立及实施，并通过组织知识来为业务绩效赋能。

**197. 外部知识网络的创新效应及其知识管理模型研究**

著（编）者：詹湘东　　出版社：经济科学出版社　　出版年：2017

ISBN：978-7-5141-8434-1　　页码：246　　中图分类号：F272.4

主要内容：《外部知识网络的创新效应及其知识管理模型研究》以外部知识网络为研究对象，探讨外部知识网络结构、关系和知识特性对企业技术创新的效应关系的研究。

**198. 基于人机交互的知识管理系统**

著（编）者：滕明岩，郑福，苏亚坤　　出版社：科学出版社　　出版年：2017

ISBN：978-7-03-054494-0　　页码：113　　中图分类号：F270.7

主要内容：语义网技术的发展，使管理海量规模的语义网数据成为巨大挑战。《基于人机交互的知识管理系统》介绍了使用人机交互技术更为有效地进行知识获取、集成和检索的方法，从而更好地构建基于人机交互的知识管理系统。主要内容包括基于人机交互的知识获取及集成、基于人机交互的知识检索和基于人机交互的知识管理系统原型三个部分。

**199. 联知创新——复杂产品系统创新的知识管理**

著（编）者：陈劲，童亮　　出版社：科学出版社　　出版年：2008

ISBN：978-7-03-020090-X　　页码：214　　中国分类号：F270

主要内容：《联知创新——复杂产品系统创新的知识管理》共八章，主要研究了复杂产品系统创新的知识管理路径，介绍了知识管理、跨组织合作以及复杂产品创新系统的关系，提出了基于跨组织合作的复杂产品知识管理系统的创新路径，以实际案例分析了复杂产品知识管理系统的不足之处并提出了改进策略。

**200. 创新时代知识管理绩效评价研究：以高新技术企业为例**

著（编）者：郭彤梅　　出版社：经济科学出版社　　出版年：2016

ISBN：978-7-5141-7679-7　　页码：230　　中图分类号：F276.44

主要内容：《创新时代知识管理绩效评价研究：以高新技术企业为例》的研究结果能够有效评价企业在实施知识管理后所产生的绩效，发现企业在知识管理方面存在的不足，为企业日后实施知识管理提供可操作性较强的依据，为知识管理相关内容的研究提供相关基础。

**201. 社会资本、网络与知识管理**

著（编）者：李浩　　出版社：人民出版社　　出版年：2016

ISBN：978-7-01-016451-9　　页码：287　　中图分类号：F272.4

主要内容：《社会资本、网络与知识管理》根据对文献研究主题和领域的分析评价，基于知识管理过程、网络类型和社会资本构建了一个新的三维研究框架。

**202. 知识密集型业务流程导向的知识管理与学习型组织整合过程模型研究**

著（编）者：李凯　　出版社：中国海洋大学出版社　　出版年：2016

ISBN：978-7-5670-1186-1　　页码：141　　中图分类号：F270

主要内容：《知识密集型业务流程导向的知识管理与学习型组织整合过程模型研究》共七章，主要研究了知识密集型企业业务流程的知识管理与学习型组织整合过程的模型，介绍了学习型组织以及知识管理、知识资产的基本理论，提出了构建学习型组织整合过程的概念模型，并对概念模型的普适性进行分析，以上海XZ（新致）软件公司的学习型组织的整合过程为案例，分析了整合过程及其中存在的不足之处。

**203. 企业知识管理构面与绩效关系的研究**

著（编）者：娄赤刚　　出版社：经济管理出版社　　出版年：2016

ISBN：978-7-5096-4376-1　　页码：184　　中图分类号：F272.4

主要内容：《企业知识管理构面与绩效关系的研究》是"区域经济发展青年学者论丛"成果，共六章，主要研究了企业知识管理构面与绩效的关系，介绍了知识、知识管理以及知识管理策略、知识管理能动力的基本理论，提出了知识管理构面的理论，重点分析了6种不同的企业知识管理构面模型并选择样本和数据对模型进行了实证。

**204. 产业技术创新战略联盟知识管理研究**

著（编）者：余呈先　　出版社：中国科学技术大学出版社　　出版年：2015

ISBN：978-7-312-03790-0　　页码：146　　中图分类号：F062.4

主要内容：《产业技术创新战略联盟知识管理研究》从知识管理的视角研究影响因素、运行机制，构建了知识管理模型并进行了实证，最后提出了相应的策略。

**205. 中国企业营销能力的构建：组织学习和知识管理视角**

著（编）者：刘泉宏　　出版社：武汉大学出版社　　出版年：2015

ISBN：978-7-307-16141-2　　页码：140　　中图分类号：F279.23

主要内容：《中国企业营销能力的构建：组织学习和知识管理视角》是关于企业营销方面的专著，对中国企业开展了跨省市、跨行业的实证研究，揭示了中国企业当前经营中存在的诸多问题，对企业营销能力的构建的三个层面进行了分析。

**206. 技术创业与知识管理**

著（编）者：宋明顺，吴增源，郑素丽　　出版社：中国标准出版社　　出版年：2015

ISBN：978-7-5066-7867-4　　页码：219　　中图分类号：F273.1

主要内容：《技术创业与知识管理》针对"如何识别具有潜在商业价值的技术，如何开发这些技术，如何利用这些技术进行创业并如何取得成功"的相关内容编写而成。该书共分八章，第一章主要介绍了创业和技术创业的基本概念和知识框架，第二章分析了创业机会和创业模式，第三章围绕创业资源进行论述，第四章主要介绍了创业计划的主要内容和方法，第五章围绕创业管理进行论述，第六章主要介绍了知识管理的基本内涵和框架，第七章主要介绍了企业管理流程，第八章主要介绍了企业知识管理技术。

**207. 基于进化算法的产品研发知识管理研究**

著（编）者：郝占刚　　出版社：西南交通大学出版社　　出版年：2015

ISBN：978-7-5643-3984-5　　页码：154　　中图分类号：F273.2

主要内容：《基于进化算法的产品研发知识管理研究》构建了产品产品研发知识场，对产品研发底层因子的获取进行了研究，最终构建了产品研发的显性和隐性知识地图，并采用数据包络分析法对产品研发中的知识效率进行了评价，对企业发展至关重要。

**208. 创新型企业知识管理**

著（编）者：承文　　出版社：机械工业出版社　　出版年：2015

ISBN：978-7-111-48497-4　　页码：285　　中图分类号：F272.4

主要内容：《创新型企业知识管理》针对创新型企业的特点，深入研究了创新型企业知识管理战略推进与策略制定、知识管理体系建设等方面的问题，探讨了创新型企业知识管理的未来发展方向。

**209. 基于知识管理的产业集群技术创新研究**

著（编）者：王兴鹏　　出版社：河北科学技术出版社　　出版年：2014

ISBN：978-7-5375-7217-0　　页码：186　　中图分类号：F062.9

主要内容：《基于知识管理的产业集群技术创新研究》共六章，主要研究了基于知识管理的产业集群技术创新路径，介绍了产业集群、技术创新和知识管理的基础理论，重点分析了三者之间的逻辑关系，创新性地提出了搭建基于知识管理的产业集群技术创新平台，对平台的实施提出对策及建议。

**210. 项目团队中的隐性知识管理：基于社会网络分析的视角**

著（编）者：王连娟，田烈旭　　出版社：中国社会科学出版社　　出版年：2014

ISBN：978-7-5161-4798-6　　页码：189　　中图分类号：F272.4

主要内容：《项目团队中的隐性知识管理：基于社会网络分析的视角》共八章，主要研究了基于社会网络分析视角的项目团队中隐性知识的管理，并以北京邮电大学大学生创新团队为对象选取样本与案例研究了社会网络关系对项目团队绩效以及隐性知识的影响和作用，构建了基于社会网络分析视角的项目团队中隐性知识管理模型。

**211. 企业信息管理与知识管理系统构建研究**

著（编）者：王悦　　出版社：中国人民大学出版社　　出版年：2014
ISBN：978-7-300-19643-5　　页码：249　　中图分类号：F272.7-39

主要内容：为了克服综合评价过程的随机性与评价专家主观上的不确定性，《企业信息管理与知识管理系统构建研究》在仿真实验的基础上提出了基于人工神经网络的企业知识管理综合评价模型。

**212. 特许经营模式及其知识管理模型构建研究**

著（编）者：马轶男，郭涛力，戴璟　　出版社：云南人民出版社　　出版年：2014

ISBN：978-7-222-11912-3　　页码：184　　中图分类号：F713.3

主要内容：《特许经营模式及其知识管理模型构建研究》采用实证研究的方法研究了国内外的特许经营模式和知识管理的理论与实践，构建了特许经营组织总部到特许门店的知识管理、知识转移过程模型，不仅根据特许经营连锁组织的具体情况提出了新的变量，还根据中国特许经营连锁组织的情况对变量做出了新的定义，研究了将学习机制作为中介变量，使模型结构化和动态化的相关模式。

**213. 流程管理与知识管理概述**

著（编）者：宋娟　　出版社：团结出版社　　出版年：2014

ISBN：978-7-5126-2335-4　　中图分类号：F270

主要内容：《流程管理与知识管理概述》共分为流程管理篇和知识管理篇两部分，从流程管理和知识管理两方面分别就理论定义、实现价值、实施的必要性、实施策略方法、实施标准、实施步骤以及实施评价进行阐述，结合了某个部门或者某个行业的案例以支持其观点。这些观点结合在一起所形成的理论体系不仅能为一些企业的管理层答疑解惑，还能为一些研究流程管理和知识管理的学习者提供相互学习和交流的条件，更让我们更深刻地认识到流程管理和知识管理给企业带来的价值，以及这些价值在企业实际应用中的效果。

**214. 企业集成创新与合作创新契合机理研究：知识管理的视角**

著（编）者：孔凡柱　　出版社：经济管理出版社　　出版年：2013

ISBN：978-7-5096-2470-8　　页码：274　　中图分类号：F273.1

主要内容：人类社会发展的历史是一部创新的历史。《企业集成创新与合作创新契合机理研究：知识管理的视角》尝试构建契合理论框架，并通过中国企业的资料进行实证和检验，这对于我国企业创新实践具有重要的指导和借鉴意义，也丰富了创新理论。该书结构完整、逻辑缜密、语言规范，质量较高。

**215. 敏捷供应链中的客户知识管理：产品评论视角**

著（编）者：郝玫　　出版社：电子工业出版社　　出版年：2013

ISBN：978-7-121-20129-5　　页码：186　　中图分类号：F252;F713.3

主要内容：《敏捷供应链中的客户知识管理：产品评论视角》在敏捷供应链、客户知识管理和评论挖掘的相关理论及研究成果的基础上对产品评价和推荐系统进行了深入研究，提供了切实可行的方法指导。

### 216. 知识管理：冲击与改进战略研究

著（编）者：王广宇　　出版社：中国经济出版社　　出版年：2012

ISBN：978-7-5136-1815-1　　页码：280　　中图分类号：F272.4

主要内容：《知识管理：冲击与改进战略研究》共六章，主要研究了知识管理的创新策略研究，分析了互联网的特点以及传统企业的不利条件，提出了企业应用知识管理的必要性和重要性，重点介绍了知识管理生态体系与全流程企业的特点，创新性地提出了企业应用知识管理的改进和优化策略。

### 217. 基于知识管理的市场营销创新

著（编）者：周秀玲，王信东　　出版社：社会科学文献出版社　　出版年：2012

ISBN：978-7-5097-3480-3　　页码：310　　中图分类号：F274

主要内容：《基于知识管理的市场营销创新》共十章，主要研究了基于知识管理的市场营销创新策略，介绍了知识经济、知识管理和市场营销的概念以及三者之间互相影响和互为因素的联系，分析了市场营销环境变化下，关于营销方式、产品策略、品牌策略、促销策略、服务营销策略、知识型产品营销策略和分销渠道策略的创新应用。

### 218. 集群创新：FDI 技术外溢与知识管理战略

著（编）者：屈韬　　出版社：人民出版社　　出版年：2012

ISBN：978-7-01-010902-2　　页码：245　　中图分类号：F279.247.31

主要内容：《集群创新：FDI 技术外溢与知识管理战略》立足于国内外文献比较，跨国公司跨国研发的现状、功能、研发活动的性质，探寻其变化规律和趋势，以期为中国外商投资政策的制定提供决策依据。

### 219. 网络组织的知识管理

著（编）者：姜文　　出版社：海南出版社　　出版年：2011

ISBN：978-7-5443-3795-3　　　页码：214　　　中图分类号：F272.9

主要内容：网络组织是指在信息技术基础上建立起来的、介于市场与企业之间的网络形态的企业联盟。《网络组织的知识管理》是研究网络组织知识管理的著作，主要涉及关于网络组织知识共享方面的内容。作者在书中主要突出三个方面的研究特点，分别是对网络组织企业间的知识共享进行比较系统的分析、在对问题的分析中注意各种现代科学方法的运用、在分析中注意图表的运用。

**220. 基于管理熵理论的组织知识管理绩效综合集成评价研究**

著（编）者：熊学兵　　　出版社：四川大学出版社　　　出版年：2011

ISBN：978-7-5614-5254-7　　　页码：197　　　中图分类号：F272.9

主要内容：《基于管理熵理论的组织知识管理绩效综合集成评价研究》构建了企业知识管理绩效评价的系统模型，分析了其复杂性的深化机理，建立了基于熵的企业知识管理绩效评价模型。运用实证的研究方法，用基于管理熵理论的知识管理绩效综合集成评价验证了企业知识管理绩效模型并对因素赋权。

**221. 跨文化管理：基于知识管理的视角**

著（编）者：[英]尼格尔·霍尔顿；康青，郑彤，韩建军译　　　出版社：中国人民大学出版社　　　出版年：2011

ISBN：978-7-300-13746-9　　　页码：308　　　中图分类号：F276.7

主要内容：《跨文化管理：基于知识管理的视角》共三篇十三章，主要研究了基于知识管理视角的跨文化管理，首先揭示了现存跨文化管理的弊端，以《文化后果》一书的影响提出对跨文化管理进行改革，重点分析了诺和诺德公司、松下电器公司、乐高集团和苏兹尔基建公司跨文化管理的成功案例，提出了跨文化管理的创新路径。

**222. 网络环境下新产品开发知识管理理论与方法**

著（编）者：李海刚　　　出版社：上海交通大学出版社　　　出版年：2011

ISBN：978-7-313-06996-2　　页码：174　　中图分类号：F273.2

主要内容：《网络环境下新产品开发知识管理理论与方法》共七章，主要研究了网络环境下新产品开发知识管理的理论与方法。网络环境下知识管理从"以人为本"逐渐转向"以能为本"，在此背景下，该书创新了新产品开发知识管理理论，分析了在新产品开发过程中如何管理、表达和检索新知识，并以手机为例分析了优化新产品开发中知识管理的流程和环节。

**223. 知识管理战略对组织文化的适应性研究**

著（编）者：胡玮玮　　出版社：经济科学出版社　　出版年：2011

ISBN：978-7-5141-0143-0　　页码：184　　中图分类号：F270

主要内容：《知识管理战略对组织文化的适应性研究》共八章，主要研究了知识管理战略适应组织文化的路径和策略，介绍了知识、知识管理以及组织文化的基本理论以及逻辑关系，分析了竞争价值观框架下的组织文化对知识管理的内在作用和绩效理论，通过构建模型和收集数据对竞争价值观框架下的组织文化对知识管理的内在作用和绩效理论进行验证，得出相关结论并提出展望。

**224. IT 项目管理与知识管理**

著（编）者：游静　　出版社：武汉大学出版社　　出版年：2010

ISBN：978-7-307-08265-6　　页码：253　　中图分类号：F49

主要内容：《IT 项目管理与知识管理》共九章，主要介绍了 IT 项目管理与知识管理的关系和应用，研究了信息系统项目管理的内容和实施路径以及知识管理的相关概念，重点分析了信息系统项目与知识管理的逻辑关系，以及在信息系统项目应用知识管理的优化和激励策略，介绍了知识管理工具以及信息系统项目应用知识管理的案例。

**225. 集成情境知识管理理论、技术与应用**

著（编）者：潘旭伟，祝锡永　　出版社：经济科学出版社　　出版年：2010

ISBN：978-7-5058-9854-7　　　页码：237　　　中图分类号：F270.7

主要内容：《集成情境知识管理理论、技术与应用》以企业在应用实践知识管理过程中遇到的问题和困难为出发点，把情境作为一种重要手段和方法，使读者从整体上对集成情境知识管理有一个比较系统和深入的理解。

### 226. 知识管理导论

著（编）者：朱晓敏，张润彤　　　出版社：高等教育出版社　　　出版年：2010

ISBN：978-7-04-029016-5　　　页码：316　　　中图分类号：F272.4-43

主要内容：《知识管理导论》共六章，主要研究了知识管理导论相关知识，以经济和科技飞速发展的宏观背景提出了知识经济应用的必要性和重要性，重新定义和发展了知识经济发展中知识管理的概念和基本理论，研究了不同行业实施知识管理的重点路径，分析了实施中的风险防范，并基于国内外知识管理案例剖析深化了相关研究结论。

### 227. 业务流程导向的知识管理

著（编）者：张玲玲，汪寿阳　　　出版社：科学出版社　　　出版年：2010

ISBN：978-7-03-027186-0　　　页码：259　　　中图分类号：F270.7

主要内容：《业务流程导向的知识管理》是浙江自然科学基金研究成果，共七章，主要研究了知识密集型业务流程导向的知识管理与学习型组织整合过程模型，在基本理论研究的基础上构建了企业学习型组织的整合过程模型，并以数据分析等方法对模型的普适性进行检验，最后以 ZGSM Group 公司 IT 项目业务流程导向的学习型组织整合过程为实践案例，深化对理论的理解和完善。

### 228. 知识管理：原理与应用

著（编）者：廖开际　　　出版社：清华大学出版社　　　出版年：2010

ISBN：978-7-302-22139-5　　　页码：423　　　中图分类号：F270.7

主要内容：《知识管理：原理与应用》共十四章，主要介绍了知识管理的原理与应用，研究了知识以及知识管理的理论和框架，重点分析了知识管理战略以及在生产、加工、存储、访问、共享与转移的全流程中组织知识的原理与方法，阐述了知识管理的评估和组织实施，并以 18 个相关案例对该书的理论内容进行了实证分析。

### 229. 基于产业集群的知识管理模式研究

著（编）者：刘春芝，姜莹，索柏民　　出版社：中国社会科学出版社

出版年：2010

　　ISBN：978-7-5004-8571-1　　页码：197　　中图分类号：F121.3;F279.23

　　主要内容：《基于产业集群的知识管理模式研究》共七章，主要研究了基于产业集群的知识管理模式，分析了产业集群知识管理理论以及我国产业集群知识管理的现状，从知识管理能力和知识审计角度评价了我国产业集群知识管理水平，并以沈阳华晨汽车为例进行实证分析，提出了优化我国产业集群知识管理的相关策略。

### 230. 知识管理原理、技术与应用

著（编）者：李志刚　　出版社：电子工业出版社　　出版年：2010

　　ISBN：978-7-121-09855-0　　页码：340　　中图分类号：F270.7

　　主要内容：《知识管理原理、技术与应用》全面、系统地介绍了知识管理的基本概念、原理、技术及实践应用，介绍了知识管理的概念、知识的基本规律及知识运作的方法和技巧，讨论了知识管理系统建设的思想、方法和措施，以及知识资本经营和运作的理论和方法，研究了知识创新、国家创新系统的基本知识和内容。

### 231. 思想的共享与创新：知识管理与创新的关系研究

著（编）者：徐修德　　出版社：人民出版社　　出版年：2009

　　ISBN：978-7-01-007934-9　　页码：368　　中图分类号：F062.3

　　主要内容：《思想的共享与创新：知识管理与创新的关系研究》分为思想篇、理论篇和实践篇共三篇十二章，主要研究了知识管理与创新的关系。思想篇从文字的起源和文化传播发展得出知识传播是生产力的结论，理论篇重点研究了知识管理

理论和国家创新体系理论的关系，实践篇分享了美国、日本和中国的国家创新体系以及发展状况，提出构建创新型城市的理论和实现路径。

**232. 高新技术企业知识管理**

著（编）者：陈加奎　　出版社：经济科学出版社　　出版年：2009

ISBN：978-7-5058-8262-1　　页码：179　　中图分类号：F276.44

主要内容：《高新技术企业知识管理》共八章，主要介绍了高新技术企业知识管理路径和策略，立足于企业知识管理理论的基础重点分析了高新技术企业知识管理绩效评价策略，以山东省高新技术企业知识管理绩效和效率评价为例，提出了企业知识管理的策略和路径。

**233. 知识管理：知识经济时代出版企业管理模式探索**

著（编）者：王壮　　出版社：中国传媒大学出版社　　出版年：2009

ISBN：978-7-81127-446-2　　页码：240　　中图分类号：F270

主要内容：《知识管理：知识经济时代出版企业管理模式探索》共九章，主要研究了知识经济时代出版企业的管理模式探索，从出版企业所处时代环境的变化介绍了出版企业的特点和职能，分析了出版企业核心竞争力的必要性，探索了出版企业知识管理模式以及激励和评估策略。

**234. 知识管理：实现模式与能力评价**

著（编）者：索柏民　　出版社：中国社会科学出版社　　出版年：2009

ISBN：978-7-5004-7820-1　　页码：170　　中图分类号：F270

主要内容：《知识管理：实现模式与能力评价》结合知识活动系统和知识系统工程的理论与思想，研究知识管理能力的形成和与企业管理实践有机结合的问题，探索了我国企业实施知识管理的新方法和新途径。

**235. 企业创新中的知识管理**

著（编）者：李浩　　出版社：人民出版社　　出版年：2009

ISBN：978-7-01-007813-7　　页码：319　　中图分类号：F270.7

主要内容：《企业创新中的知识管理》提出了企业创新中的知识价值实现方法和策略，并指出了未来可能的研究方向。

# 参考文献

[1] 孙洪林，陈秀英，任延安.地方文献阅读推广新论[M].北京：新华出版社，2022.

[2] 柯平等.图书馆知识管理研究［M］.北京：北京图书馆出版社，2006.

[3] 储节旺，郭春侠.文献计量分析的知识管理学科规范研究［M］.北京：中国社会科学出版社，2015.

[4] 詹福瑞.中国博士学位论文提要［M］.北京：北京图书馆出版社，2011.

[5] 刘璇，张朋柱.知识管理在科研网络及企业中的应用研究［M］.上海：上海交通大学出版社，2015.

[6] 王连娟，田烈旭.项目团队中的隐性知识管理 基于社会网络分析的视角［M］.北京：中国社会科学出版社，2014.

[7] 李健康，夏旭.现代医药信息检索［M］.北京：人民军医出版社，2009.

[8] 宋诚英，时东晓.网络信息检索实例分析与操作训练［M］.3版.北京：电子工业出版社，2019.

[9] 中国标准化研究院国家标准馆.永不衰竭的宝库 走进国家标准馆［M］.北京：中国质检出版社，2012.

[10] 杨庆育，黄朝永，吴敏.统筹城乡新论［M］.北京：科学出版社，2017.

[11] 万群华，贺定安.图书馆服务与资源共享：第十届中国社区乡镇图书馆发展战略研讨会论文集.上［C］.武汉：湖北科学技术出版社，2011.

[12] 梁瑞华.高校图书馆知识服务体系研究［M］.开封：河南大学出版社，2010.

[13] 刘畅.知识管理与实践［M］.长春：吉林人民出版社，2021.

[14] 谢保生.高校知识管理体系创新研究［M］.长春：吉林文史出版社，2020.

[15] 杨秀臻.图书馆知识管理与服务研究［M］.天津：天津科学技术出版社，2018.

[16] 李红霞，冀颖，王金英.高校图书馆微服务体系概论［M］.北京：新华出版社，2022.

[17] 李红梅，罗希莹，冯勤，等.医学信息检索与利用 案例版［M］.2版.北京：科学出版社，2023.

[18] 余呈先.产业技术创新战略联盟知识管理研究［M］.合肥：中国科学技术大学出版社，2015.

[19] 姚乐野，蔡娜.走向知识管理与知识服务 数字档案馆建设研究［M］.成都：四川人民出版社，2010.

[20] 万群华，李小强.新环境下图书馆建设与发展：上［M］.武汉：武汉出版社，2007.

[21] 万群华，胡银仿.新环境下图书馆建设与发展：下［M］.武汉：武汉出版社，2007.

[22] 龚胜泉，汪红军.知识管理与数字图书馆建设研究［M］.成都：四川大学出版社，2014.

[23] 蒋国彬.浅析新时代传统纸媒的新闻价值和影响力［J］.记者摇篮，2023，（11）：54-56.

[24] 程晓燕.公共图书馆少儿阅读推广服务转型创新分析［J］.时代报告（奔流），2023，（9）：116-118.

[25] 吴丹岫.基于知识管理的企业档案管理模式探索［J］.兰台世界，2022（12）：94-96.

[26] 曹小华，张雯，王娜，等.突发公共卫生事件下山东省大学生健康知识现状及影响因素分析［J］.中国卫生事业管理，2022，39（3）：231-234.

[27] 张婧，杨永琴.高校图书馆社会化服务的功能定位与服务方式分析［J］.参花（上），2021（11）：96-97.

[28] 郭瑞，杨天通.高校智库评价指标体系的构建及实证研究：基于第四代评估理论视角［J］.智库理论与实践，2021，6（5）：33-44.

[29] 张万民.高校智慧图书馆知识服务模式与服务现状：评《高校智慧图书馆知识服务研究》［J］.热带作物学报，2021，42（9）：2807.

[30] 谢瑞娟.基于知识管理视角的高校图书馆学科服务构建［J］.湖北开放职业学院学报，2021，34（17）：28-30.

[31] 艾毓茜，徐健，何琳，等.面向典籍内容分析的分类体系构建方法研究［J］.农业图书情报学报，2021，33（9）：18-26.

[32] 崔隆.互联网背景下高校图书馆学科化服务的优化策略：评《"互联网＋"时代高校图书馆学科服务研究》［J］.中国科技论文，2021，16（7）：8-13.

[33] 王星星，李博昕，许沁怡.国外图书馆界应对突发公共卫生事件的反应机制及其启示：以新冠肺炎疫情应对为例［J］.新世纪图书馆，2021（3）：75-80.

[34]刘淼淼.面向知识图谱的关系抽取算法研究[D].南京：南京理工大学，2021.

[35]李汉宁，李杨，王彪.大数据驱动下军校图书馆学科化知识管理模式研究[J].信息与电脑（理论版），2020，32（17）：208-210.

[36]梁益铭，谢小燕.高校图书馆公共卫生治理与服务体系研究：以新冠肺炎疫情防控为例[J].高校图书馆工作，2020，40（3）：29-36.

[37]韩雨亭.知识图谱中的逻辑关系抽取技术研究[D].重庆：重庆邮电大学，2020.

[38]韩萌.面向探究式实验课程的知识图谱的研究与应用[D].南京：南京理工大学，2019.

[39]金泽龙.图书馆知识管理与学科服务守正创新研究[J].新世纪图书馆，2019（7）：39-43.

[40]徐小芳，高雅娟，王珏.基于数据挖掘的飞机健康预测模型构建研究[C]//航空工业测控技术发展中心，中国航空学会测试技术分会，状态监测特种传感技术航空科技重点实验室.第十六届中国航空测控技术年会论文集.中国飞行试验研究院，2019：4.

[41]史拓.少年儿童图书馆读者满意度调查设计及分析实例：基于2017年广州少年儿童图书馆读者满意度调研[J].图书馆研究，2018，48（6）：100-105.

[42]丛挺，史矛.我国数字内容产业知识服务发展现状及趋势探析[J].浙江传媒学院学报，2018，25（2）：77-81.

[43]胡春波，陆幸幸.乡镇居民阅读习惯与公共图书馆发展对策探讨[J].图书馆研究与工作，2018（3）：75-78.

[44]张胜，黄欢，郭英远，等.陕西省军民科技资源开放共享的实现路径研究[J].情报杂志，2017，36（9）：171-177+118.

[45]冯娜.浅析城乡数字化图书馆资源共建共享[J].农业网络信息，2016（10）：92-94+97.

[46]何雪琴，张利，宫志壕.基于推广NSTL信息服务视角下的文献检索课改革[J].黑龙江科技信息，2016（29）：212-213.

[47]冯颖.基于社交媒体的图书馆参考咨询服务体系构建[J].图书馆学刊，2016，38（7）：84-86.

[48]周宇.基于知识管理的高校图书馆学科服务探讨[J].山东社会科学，2016，（S1）：620-621.

［49］孙宇，宫平.图书馆知识管理研究综述［J］.情报探索，2016（4）：114-117+121.

［50］尤维玲.公共文化服务体系中县级图书馆建设与服务原则思考［C］//《决策与信息》杂志社，北京大学经济管理学院.决策论坛：政用产学研一体化协同发展学术研讨会论文集（上）.富裕县图书馆，2015：1.

［51］何小红.地方高校图书馆为新农村建设提供信息服务的探讨［J］.内蒙古科技与经济，2015（8）：146-147.

［52］郑建明.文化大发展大繁荣背景下的图书馆管理及业务工作变革［J］.新世纪图书馆，2014（3）：65-71.

［53］张瑶瑶，储节旺.近十年我国虚拟企业知识管理研究进展［J］.现代情报，2013，33（8）：53-57.

［54］李贺，毛刚，李琳.我国图书馆用户需求研究综述［J］.图书馆学研，2013（10）：5-15.

［55］李景，李国鹏，汪滨.标准文献语料库的构建与应用研究［J］.标准科学，2013（5）：6-11.

［56］刘晶.基于Wiki的高校图书馆虚拟参考咨询服务体系研究［D］.大连：辽宁师范大学，2012.

［57］陈喜红，张国杰.广东第二师范学院图书馆藏书清点工作实践体会［J］.农业图书情报学刊，2012，24（4）：143-146.

［58］刘兰，吴华.NSTL拉萨服务站文献信息服务与发展［J］.西藏科技，2011（12）：75-76.

［59］张月群.21世纪以来我国图书馆知识管理与知识服务文献研究综述［J］.科技情报开发与经济，2011，21（28）：150-152+206.

［60］黄存勋，王阿陶.探寻数字档案馆的未来走向：《走向知识管理与知识服务——数字档案馆建设研究》述评［J］.四川大学学报（哲学社会科学版），2011（2）：143-144.

［61］罗映红，董小朋.地方性本科院校图书馆为新农村文化建设服务的调查研究［J］.湖南科技学院学报，2011，32（3）：202-204.

［62］颜海亮.我国知识服务研究现状及发展趋势［J］.山东图书馆学刊，2010（4）：29-33.

［63］于淑娟，周月萍，陈志明.高校图书馆在服务"三农"过程中应建立三项机制［J］.河北北方学院学报（社会科学版），2010，26（4）：67-69.

[64] 王晓君. 高校图书馆学生用户信息养质教育的思考 [J]. 江西图书馆学刊, 2009, 39 (2): 111-112.

[65] 王悦. 基于知识链的供应链协同知识创新模式研究 [J]. 工业技术经济, 2009, 28 (1): 125-128.

[66] 王淑云. NSTL哈尔滨镜像站文献信息服务与发展 [J]. 图书馆建设, 2008 (5): 73-74.

[67] 黄雪雄. 广东农业院校图书馆为建设新农村服务的构想 [J]. 图书馆论坛, 2008 (2): 32-35.

[68] 王悦. 虚拟供应链合作伙伴的知识共享模式研究 [J]. 中国市场, 2008 (2): 124-126.

[69] 王悦. 基于知识链的企业知识管理系统框架及实现技术 [J]. 情报杂志, 2007 (2): 62-64.

[70] 吕明, 武继芬. 互利互惠 资源共享: 建立大学城图书馆联盟的构想 [J]. 科技情报开发与经济, 2006 (23): 16-18.